本书系山东省研究生教育创新计划项目

"外语类硕士研究生专业能力监测指标体系的研制"

（SDYY16109）研究成果之一

跨文化交际视域下的日语教学探究

李明姬 著

新华出版社

图书在版编目（CIP）数据

跨文化交际视域下的日语教学探究 / 李明姬著.
-- 北京：新华出版社，2023.9
ISBN 978-7-5166-7038-5

Ⅰ.①跨…　Ⅱ.①李…　Ⅲ.①日语—教学研究
Ⅳ.①H369.3

中国国家版本馆CIP数据核字（2023）第178218号

跨文化交际视域下的日语教学探究

作　　者： 李明姬

责任编辑： 蒋小云　　　　　　　**封面设计：** 中尚图

出版发行： 新华出版社

地　　址： 北京石景山区京原路8号　　**邮　　编：** 100040

网　　址： http://www.xinhuapub.com

经　　销： 新华书店
　　　　　　新华出版社天猫旗舰店、京东旗舰店及各大网店

购书热线： 010-63077122　　**中国新闻书店购书热线：** 010-63072012

照　　排： 中尚图

印　　刷： 炫彩（天津）印刷有限责任公司

成品尺寸： 240mm×170mm，1/16

印　　张： 16　　　　　　　　**字　　数：** 250千字

版　　次： 2023年9月第一版　　**印　　次：** 2023年9月第一次印刷

书　　号： ISBN 978-7-5166-7038-5

定　　价： 69.00元

前　言

21世纪可以说是全球一体化发展的关键世纪，世界经济的快速发展、科学技术的大范围运用，为全球走向一体化发展道路奠定了坚实的基础。在全球一体化发展的浪潮下，人类不但实现了信息和资源共享，还促进了文化的深度融合，而这种文化沟通与融合可以切实推进社会经济发展。

在这样的时代背景下，我们进行多民族和多地区的差异性文化研究具有重要的现实意义。日语教学的核心目标是增强当代大学生的跨文化交际能力和素养，不但要培养大学生的日语听、说、读、写技能，还要培养大学生的文化交流技能。大学生是社会发展的引领者，具备跨文化交际能力是个人成长之需，也是时代发展之要。

本书从日语教学概述入手，研究日语教学与跨文化交际融合的相关理论，从听力教学、口语教学、阅读教学、写作教学、翻译教学五个维度探索跨文化交际视域下的日语教学方法与策略、高效课堂构建与实施，提出大学日语教学中主要存在的问题及解决策略，旨在从根本上促进文化交际和日语教学的有效融合。

本书作为山东省研究生教育质量提升计划项目"外语类硕士生专业能力监测指标体系的研制（SDYY16109）"的研究成果之一，被项目组列为"监测指标体系"指标知识点要素来源书籍。

作者在撰写本书的过程中，参考了大量的文献和资料，在此对相关文献资料的作者表示由衷的感谢。此外，笔者由于时间和精力有限，书中难免会存在不妥之处，敬请广大读者和各位同行予以批评雅正。

目 录

第一章

日语教学概述

第一节　日语基础知识

一、日语的分类

（一）日语动词的分类

在多种日语分类方法当中，日语动词分类法很常见，主要是指从动词分析的角度上做出日语词汇分类。下面，我们从日语动词的语义分类和动词语态分类两大方面做出阐释。

1.日语动词语义分类

从语义的角度，日语动词可分为三类：第一类是动作动词，第二类是变化动词，第三类是状态动词。

（1）动作动词

我们从动作的角度分析动词，最终就可以得出关于动作动词的定义。动作动词涉及的动作要素有四种，第一是施动者，第二是受动者，第三是动作过程，第四是施动结果。施动者可以说是做出实施动作的主要人员，受动者则主要接受行为动作，动作过程是动作展现的全过程，施动结果是受动者接受行为动作之后做出的改变，不仅有状态改变，还有位置上的改变等。下面结合具体例子进行说明。たたむひろげるまくとくむすぶしばるけるしめる。从这里，我们可以清楚地了解动作动词的主要施动者、受动者、动作环节和

施动结果等。另外，在多种动作动词中当中，还存有一种再归动词，其是自身给予自身行为动作的一种动词。在这种再归动词当中，施动者和受动者可以说是一种主体，动作主体和客体没有什么差别。因此，维持再归动词的持续态有两大作用，第一是促进动作的持续变化，第二是维护变化结果的状态。我们科学了解再归动词，往往能够全面掌握动作动词的使用方法。

（2）变化动词

我们站在变化的角度了解动词，最后可以得出变化动词的分类定义。结合词义来看的话，变化动词涉及四大要素，第一是不断改变的事物，第二是发生变化之前的动词状态，第三是发生变化后形成的新状态，第四是旧状态转变为新状态的过程。我们通常使用变化动词来分析变化内容和实际含义。

（3）状态动词

我们站在状态的角度了解和分析动词，能得出关于状态动词的定义。状态动词对应的状态和动作动词对应的状态不同，动作动词对应的状态具备持续性，而状态动词对应的状态具备短暂性、不可持续性、简单化，其不是一大整体，不像动作动词状态那种无法被分割。与此同时，状态动词和变化动词对应的状态也不同，前者不涉及变化前的状态，也不涉及变化后的状态，可以说不但很单纯，而且很短暂。日语领域的状态动词比较多，比如用于表达人们心理状态的动词、用于展现气象新闻的动词、用于展现场所状态的动词等。

2.日语动词语态分类

如果我们站在语态角度分析日语动词的话，可知其日语动词对应三大分类标准，进而形成三大动词。第一种分类标准是指动词能不能后接宾语。结合该分类标准，我们可以将动词分成两种，第一种是自动词，第二种是他动词。第二个分类标准是指动词表达的行为动作属性。结合该分类标准，我们可以将动词分成四种，一是继续动词，二是状态动词，三是瞬间动词，四是第四类动词。第三个分类标准是指动词有无意志性。结合该分类标准，我们可以将动词分成两种，一是意志动词，二是非意志动词。

（1）按该动词是否要接宾语分类

根据动词能不能后接宾语，我们也可以进行动词标准分类。日语动词主要有两种，一是自动词，二是他动词，它们都和语法领域内的"态"密切相关。

①他动词。他动词指的是和动作和意义有关的动词。我们在理解和分析他动词和自动词的时候，往往要了解"态"的分类方法，蕴含在动词中的"态"不仅有可能态、自发态，还有使役态、被动态等。他动词往往和语态息息相关，这主要涉及三大方面：第一，他动词能够后接宾语；第二，他动词可以通过"石"形式来展现结果体，而且不会被相关因素影响；第三，他动词句子不但能够转化为使役句，还能够转化为可能句等。我们在掌握他动词相关属性和特点之后，就能够准确、合理地运用他动词。

②自动词。通常来说，我们使用自动词，可以表示主体自身，这里不仅涉及主体状态，还涉及主体行为动作等。自动词和"态"之间的关系密切，体现在三大方面。第一，自动词后面不能接宾语；第二，自动词构成被动语态，会被相关因素影响和限制，若自动词表示状态和可能，就无法形成被动态，另外，若自动词自身内涵被动内容，也无法构成被动语态。第三，自动词的使役态，若自动词缺乏他动词，那么其就具备使役态，相反则没有使役态。另外，可以展现具体状态和可能内容的自动词也不具备使役态。我们掌握和分析自动词的这几大特性，就可以科学运用自动词。

（2）按该动词所表达动作的性质分类

我们结合动词动作特点和要求做出类型分析，可知日语动词主要有四种，第一种是状态动词，第二种是继续动词，第三种是瞬间动词，第四种是第四类动词。这四大动词和语法对应的"体"密不可分。语法体系下的"体"指的是表现某时间动作对应状态的方法，这里的状态也包括三种，一是动作开始状态，二是动作持续状态，三是动作终结状态。从这里能够看出，基于语法"体"之下，我国日语动词对应的模式不仅包括完成体、远离体，还包括靠近体、继续体等。下面笔者对四大动词以及其对应"体"做出分析。

①状态动词。在日语中，所谓的状态动词指的是那些代表静止状态和行动的一类动词。这类状态动词是没有"ている""てある"等形式的。

②继续动词。在日语体系当中，继续动词代表的是动词指代的动作可以在规定时间范畴内持续产生，持续发挥价值。

③瞬间动词。日语体系当中的瞬间动词指的是动词指代的动作可能瞬时终止，或者瞬时不再有意义和价值，该动词对应两大环节，第一是始发环节，第二是完了环节。

④第四种动词。日语体系当中的第四种动词指代的是能够展现事物特点和某性质的动词。这种动词只在定语"大"形与结尾发挥作用，展现的是一种恒常状态。

（3）按该动词有无意志性分类

结合动词是否有对应意志性标准和要求做出分类的话，可知日语动词主要包括两大类，第一种是有意志动词，第二种是无意志动词。这两大动词和语法体系下的"情态语气"密不可分。语法体系下的"情态语气"内涵多元化，不仅可以代表交际者的态度，还可以代表交际者的评价，另外也能代表交际者的思想和意志，以及其做出的命令和邀请等。而"情态语气"属于核心语法范畴内的一大动词，有利于学生深入掌握动词词性。

①意志动词。日语体系下的意志动词指的是结合"有情物"的思想和意志来做出动作的词汇。因此，意志动词与人们的"情态语气"是密不可分的。具体体现为四大方面：第一个方面是意志动词用命令形表示命令、请求等，第二个方面是意志动词可以后续"う""よう"等助动词和"ほうがいい"等表示劝诱或劝告，第三个方面是意志动词可以后续"大""大石"等助动词，第四个方面是意志动词可以后续"やる""くれる""おく"等与意志有关的补助动词。掌握意志动词相关属性和特点，有利于我们科学运用这些词汇。

②无意志动词。无意志动词指的是结合人的生理、心理、素养等做出动作的动词，可以是一种自发性动作，也可以是一种"非情物"的动作。无意志动词往往脱离不了人们的"情态语气"，具体设计四方面。第一个方面，无意志动词通常缺少命令、请求式的动作表现；第二个方面，无意志动词属于后续助动词，单纯代表推测和评估，不涉及劝诱意思；第三个方面，无意志动词后面不能有希望的动词，如"たい""つもり""ため"等；第四个方面，无意志动词后面不能有指代接受意义的补助动词、指代交际者意志的补助动词。总之只有了解动词特性，才能更好地运用它。

（二）日语敬语分类

日语体系中的敬语词汇也很多，我们要想合理掌握和运用，就必须做出合理分类。敬语分类模式主要有两种，一是经典分类，二是现代化新分类，只有准确了解这两大分类法，才能真正掌握敬语词汇。

1.传统分类法

基于经典分类法，我们可以将日语敬语分成三类，第一是尊敬语，第二是自谦语，第三是郑重语。这一分类依照的是日语语法理论这一依据，涉及日语交际者的实际年龄、地位、交际对象和双方关系等。该分类法是中国日语教科书使用的一种比较传统的分类法，历史悠久，影响广泛，对传统分类方法的理解，对理解日语及日本文化都是很有帮助的。

（1）尊敬语

基于经典分类模式下的尊敬语主要被用于表示尊敬，使用者对交际对象比较敬重，交际者也比较有教养和素质。再具体地说，尊敬语还能够分成两类，第一是体言尊敬语，第二是用言尊敬语。前面这种代表的是敬语交际中的体言自身就富含尊敬词汇，往往采取增加前缀和后缀的方法表达敬语，这一方法通常应用于称呼对方时。在用言的尊敬语中，一部分用言离不开针对性的尊敬动词。此外，还存在一些富含尊敬意义的日语句型。总之只有有效区分尊敬语，才能真正掌握与合理运用它。

（2）自谦语

基于经典分类法下的自谦语代表的是在日语交际当中，交际者采取自谦模式向交际对象表达尊敬，这属于一种间接表达的方法，比较含蓄。在日语中，自谦语主要包括两大类，第一是体言自谦语，其基于加前缀的模式形成专门的谦让语；第二是动词自谦语，通常是采取自谦动词和使用谦让句型来表达对交际对象的自谦。

（3）郑重语

基于经典分类模式下的郑重语指代的是可以表达庄重和尊敬之感的语句形式。有时，我们也能够将接头词融入郑重语当中。只有正确区分和科学运用日语郑重语，才能有效学习日语敬语。

2.新的分类法

经典分类模式和标准是日语敬语合理分类的基础标准，然而，在这个世界上，互联网已经成了人们获取和交流信息的一个主要渠道，在这个世界上，人们所使用的交流语言的格式更加多样化，敬语的格式也更加具有时代性和多样性。随着时代的发展，人们对敬语的定义、敬语的类别以及对其的理解都有了新的要求。鉴于此，日本日语敬语研究小组进行了新的研究，将目前使用的敬语分成了五个类别。在如今的新敬语分类模式下，日语尊敬语分类没改变，但是谦让语和郑重语有所改变。

（三）日语叹词分类

1.表示感叹的叹词

叹词是指表示感叹意思的词语，我们可以从下面的例句当中了解这种词语的用法。

（1）あ、危ない。/啊，危险！

（2）まあ、きれい。/啊，真漂亮。

（3）ええ、そんなことがあったのですか？/啊，有这样的事？

（4）あら、本当かしら。/哎呀，真的吗。

（5）仕事が多くて大変でしょう。/工作很多很辛苦吧。

（6）ははあ、分かった。/哦，我明白了。

（7）はてさて困った。/哎呀，可真难办。

（8）へえ、その話は本当ですか。/啊，这话是真的吗？

2.表示呼唤的叹词

在多种日语叹词当中，有某种可以表示呼唤的意思，我们可以将其称为呼唤叹词。该叹词使用后可以吸引交际对象注意，其使用和场合息息相关，可以说可以随着场合而随时改变。我们结合下面的例句进行了解。

（1）これこんなに立派になった。/呃，变得这么出色了。

（2）ね、そうでしょう。/哎，是那样的吧。

（3）やあ、お待たせしました。/呃，让您久等了。

（4）やいやい、何をしているんだ。/喂喂，干什么呢！

（5）さあ、どうぞお入りください。/来来，快请进。

（6）な、そう思うだろう。/喂，你也这么想吧。

3.表示应答的叹词

日语叹词当中有能够表达应答意思的词语，即所谓的应答叹词。我们来分析下面的几个例句，了解其用法。

（1）はい、それはわたしのではありません。/对，那不是我的。

（2）ええ、おかげさまで。/嗯，托您的福。

（3）おお、あたりまえだ。/嗯，当然了。

（4）いいえ、行きませんでした。/不，没去。

（5）いや、ぼくのじゃない。/不，不是我的。

（6）いやいや、どういたしまして。/不，不用谢。

（7）えっ、そう？/啊，是吗？

二、日语的语言单位及特点

语言是人类生活的一部分。虽然人类的生活和语言息息相关，但当他们想要去研究的时候，却发现自己根本没有任何头绪。因为任何一种语言，在不同的时间，不同的地方，都是不一样的。虽然都是日语，但每个时期的日语都不一样。虽然同样是现代日语，但成年人说的日语与学生说的日语还是有区别的，男性说的日语与女性说的日语也是有区别的。也就是说，每个人说的话，都不一样。但同时，它也具有一定的规律，而且它的变化是逐步进行的。针对以上几个方面，这一部分着重阐述了日语的语言单元及其特征。

语言很难理解。在研究和调查一个复杂的东西时，必须先分析它。人类的语言具有可解析性，这也是一种与普通动物截然不同的讯号。每个人所说的每个字，都可以被分解为一些更小的单元，这些单元有某种含义。用来表示日语的这个单元被称为"句子成分"（根据汉语语言的习惯，又被称为"词组""短语"）。例如，きれいな桜の花が咲いた。就可以将其分析为"きれいな""桜の""花が""咲いた"这样四个句子成分。分析出来的句子成分还可以细分为"词「語」"或者叫"单词「単嗣」"。"きれいな「きれいだ」"是一个单词，这表明，在日语中，某些词汇能够单独形成一个句子。这就是

说，句中的要素（"词组"或者"短语"）不必超过两个字。单个或多个音素组成一个音节，但是日语音节当中的因素不能多于三个，如"ぇャ"由"s""h""a"等三个音素组成。日语的音节又称"拍「拍」"。音素和音节往往只有一定的形态，缺乏实际含义。在实际的语言分析当中，我们可以针对这种形态模式下的音素和音节当成研究内容，这种研究学问就是所谓的"音韵学「音韻論」"。单词就不同于音素和音节了，它不但有了形式，也有了含义。作为单词的"於""大"与作为音节的"办""大"的不同点是，第一个字是有语法含义的助词，第二个字是无语法含义的音节。单词又有"单纯词「単純語」"和"复合词「複合語」"之分。如"楼「这<6」"和"花「仗存」"是简单词，"雨伞「的水这」"就是一个复合词了。复合词往往是由多个小的语言单位组合而成的。如"雨伞「杨的加这」"就是由"雨「的」"和"伞「这」"这样两部分组成的。把这种构成复合词的、具有意义的单位叫作"语素或'词素'「形態素」"。实际上，单纯词也是由多个语素组合而成的。因此，词素是表示语义的最小语言单元。还有人认为，词语是最小的有意义的语言单元，但如果把复合词等都算进去，也许应该把词素作为有意义的最小语言单元。此外，日语中很多词汇既有概念意义，又有句法作用，可以组成句法成分。所以，对词素进行识别是非常重要的。根据特定的句式可以构成一个完整的句子。任何一种语言，从一个没有任何意义的音位，到一个完整的句子，都存在着自己的规则，日语也是如此。但是，无论是哪一种语言，它都是按照一定的时间和次序来发展的。这就是语言的"线性性质（线条性）"。

第二节　日语教学的文化内涵

　　语言是记录和保存文化的主要手段，也是探究国家特色的宝贵材料，语言的形态是由文化所决定的。日本是一个讲究"心照不宣"的国家，日本人性格内敛，说话也比较委婉。日本有独特的地理位置、历史文化、思维方式，日语模糊语言的发展得益于其社会性和人性化。在研究日语的过程中，首先要对产生日语的社会环境有一个深刻的认识，这样我们就可以对日语有一个较深刻的认识。

一、研究目的

日本人生性内敛、委婉，日语的一大特色就是"暧昧"。大江健三郎获得诺贝尔文学奖时，就做了专题演讲《我在暧昧的日本》。为什么日语听起来这么暧昧？笔者运用文化语言学理论，剖析了日语含糊表述的特征及所蕴含的文化意蕴，探讨了含糊表述的社会文化渊源。

二、日语暧昧表达特点

日本人喜欢使用模棱两可、含蓄含糊的词语。在不同的情况下，人们可以说"谢谢""对不起""失礼""好久不见""打扰""辛苦了"等等，具体是什么意思，要看对方的情况。日本人在评判第三个人的时候，有在评判的对象后面加一句的习惯，ようだ、みたいだ、そうだ、らしい（好像），例如隣の家には誰もいないみたいだ（邻居家好像没有人）。总而言之，日本人在讲话时爱留些空隙，不把事情说得太明白，以免将自己的思想强加于人。而且，听者也会习惯性地猜测。如果不明白日本人这样顾及对方、点到为止的表达方式，那么你与日本人的交流就会变得困难。

三、日语暧昧表达形成的背景

（一）岛国特性

这个岛屿国家就是日语的发源地。日本从古至今都是四面环海，与世隔绝。由于岛屿的封闭，日本形成了一个日本人种共和的状态。在一个民族中，人们的世界观和人生观比较简单，人们有更多的共同点，更容易沟通和了解。

（二）农耕文化

在弥生时期，农业文化通过渡来的方式传入日本，并在日本列岛上逐步推广开来。在这个多地震、多台风、多火灾的国家里，想要确保粮食充足，就必须团结起来。日本为了满足农业生产的需求，出现了"乡"和"村"两个分类法。家庭内部没有隔断，没有单独的房间，是社会生活的基本单元。村庄是一个家庭的聚集地，它是一个团体，把家庭的成员都组织起来从事农业生产。

第三节　日语教学的发展

一、日语教育发展的现状

（一）学校教育

我国日语教育课程除部分地区和学校之外，主要在大学阶段开设，这里我们只对这个日语教育的主阵地进行讨论。据中国教育机关大学招收专业目录以及中国大学教育学生信息网的报道，截至2016年，全国四年制本科中，设置四年制日语专业的本科的学校有500多所，超过50%的院校开设了口语专业，日语是除英语专业之外最大的外语专业，在所有语言类专业中排名第二位。

（二）机构教育

进入21世纪，在经济全球化的影响下社会上成立了各种各样的非正式日语学习机构，面向成人的日语培训班学习的人数不断攀升，越来越多对日本的漫画、游戏感兴趣的青少年，也进入日语语言学校接触日语。此外，工作上为了晋升或为参加各种资格考试而学习日语的日语学习者也很多。这种在非正式日语学习机构的学习者，不仅从老师那儿学习日语知识，还去书店购买日语相关的教科书、DVD等自学教材自己学习。相应的民间办学力量明确提出了日语学习的阶段性四目标，为学生的日语学习出路指明方向，这包括兴趣引导、考试通关、就业辅助、日本留学。

二、日语教育的存在的问题

（一）缺乏日语教学环境

日语教学环境是指对日语教学的支持，它包括日语教学所需的语言环境、专业教材，以及教学设备等。就目前大学的日语教学而言，从软件上看，专攻日语的日本外籍教师寥寥无几，并且他们在课堂上很少露面，完全不能满足实际教学的需要。在学校里，除了一些学生自己组织的日语学会之外，几乎没有什么日语交流的机会。在硬件上，本校只有少数几本可供学生阅读的日语原书，而本校图书馆中的日语书，也多是日本大学与本校有往来所捐赠的，书籍数目、品种都十分有限。

（二）日语教学亟待革新，教育内容陈旧

目前，国内许多日语教育机构使用的日语教材和课程表都是一成不变的，已经多年没有更新过了。许多老师仍然使用学校的教科书。在没有改变教科书内容和培养计划的情况下，许多老师都不会对自己的教案进行修改。随着时间的推移，日语的课程也会改变，现在的社会，更多的是培养学生的动手能力。现在的学生生活在一个知识更新速度很快的年代，他们更愿意接受一些与自己的日常生活有密切联系的教学内容，过时的教学内容讲授很难取得好的教育效果。现在的日语教育方法过时了。日语是一种难度较大的小语种，教师在教学中灵活运用多种方法，才能取得良好的教学效果。目前，国内日语院校在教学方法上存在着相对单一的现状。首先，老师们还在"填鸭式"地讲授，老师们只是照着课本上的内容讲，而学生们则是被动地接受，这就造成了学生们在课堂上缺乏学习的热情，当然，教学效果也就差了。其次，在课堂上，教师对多媒体技术的运用也没有给予足够的重视，使得课堂上的教学内容显得平淡而单调，缺乏系统性，使学生无法找到学习的重点。第三，教师对师生之间的沟通和互动不够重视，对学生的学习情况缺乏了解。另外，教师不能站在学生的角度思考问题，教学逻辑不够严谨。在这样的教育模式下，学生对日语知识的学习兴趣越来越淡，学习态度也越来越消极。

（三）对外交流匮乏

我国日语教学与日本大学之间交流少，特别是日语专业学生与日本各所大学学生之间的交流互动。我国高校与日本大学的交流活动主要局限在某些学术问题上，这类交往主要是校际交往，而很少有学生间的交往。

三、日语教育发展趋势

（一）日语实用功能教育地位提升

当前的市场发展对于语言类人才素质的要求越来越高，日语类专业人才不仅需要过硬的日语专业知识，还需要有较强的与人交流的交际能力。另外，日语专业人才还需要有比较科学的知识结构，即了解日语文化、懂得相关工作岗位的一些基础专业知识，如汽车类企业的日语人才需要了解汽车的设计、生产流程等。在教学中，教师可以通过互动式教学、情境教学等方式，提高学生的学习兴趣，通过更多的日语交流来提高学生的实践能力。

（二）日语复合型人才培养成为主流

现代社会发展需要更多的复合型日语人才。针对这个问题，高职学校可以通过采取有效措施，有意识地将学生培养成复合型人才。首先，通过学科交叉学习。学校可以在学科设置方面实现日语专业与法律、政治、经济等专业学科的有机结合，使学生形成合理、完善的知识结构。或者通过设置选修课的方式，让学生们以自己的兴趣和爱好为基础，自由地挑选所需的科目。其次，鼓励学生多参与多样化的交流实践活动。如学生参与管理专业的营销策划活动，可以学到很多营销方面的知识等。学生通过与不同专业的学生交流，还可以开阔思路和视野。

（三）日本文化教育研究变热联盟

日语专业人才在工作中要想更好地理解日本人的言行举止，就需要了解日本文化。日本文化的学习可以使日语学习有事半功倍的效果。为了适应这些需求，高职日语教育也要注重文化素质培养的发展趋势。通过对日本文化的学习，学生可以从根本上抓住日语的特点，进而在实际运用时可以更加灵活自如。在学习日本文化的过程中，教师能够帮助学生们更好地理解日本人的价值观和心理，以及做人的准则，这样，在工作中他们就能更加深刻地理解对方的意图，使工作更加高效。

第四节　日语教学的目标

一、日语教学目标的概念

论日语教学目标的时候，可能有人会问，这里说的教学目标与教育目的有什么不同？

在教育领域，教育目标通常指的是，一个国家和一个社会，对教育所要培养出来的人的品质标准所做出的一个整体的规定和要求，也就是说，人们对受教育者所达成的一种状态的期待。在教育过程中，受教育者需要考虑自己在身体和精神等各方面会产生何种改变，或者能够得到何种的预期效果。而教学目标则是指开展教学活动的方向以及期望达到的结果，是所有教学活动的起点和终点，与教育目的、培养目标之间既存在着一定的联系，也存在着一定的差异。在一套明确的、有针对性的、高质量的、高素质的、高水平的人才培养过程中，实现了人才的全面发展。日语课程的教学目的是更好地体现日语的教育宗旨和人才培养宗旨。

日语教学目标须以日语课程内容为媒介，这一点与日语专业教学中所涉及的特定教学内容有着紧密的联系，同时也与教学中所涉及的特定教学内容紧密相连。教学目标可以被划分成不同的层级，具体有总目标、不同阶段的目标、不同课次的目标等。而能够直接体现某一项或某一组的教学目标又被称为教学任务，这其中包含了学生所要把握的教学内容。因此，能否达到教学目的，在何种程度上得到了体现的，都需要我们深入研究。

具体的日语教学目标同时也是测量和评价日语教学质量的指标，可以经过适当的定性和定量分析，用一定的数据衡量学生在日语学习方面的发展水平。因而，日语教育的目的不仅是教育的起点，而且是教育的终点。为确保日语教育工作获得期望的成果，应制定一个具体、清晰的教育目标，并在此基础上开展教育工作，最后通过检验查看教学目标是否达到，判定教学工作是否取得成功。

由此可以看出，确立目标是日语教学中十分重要的一环，需要也值得进行全面、深入的探讨。

二、日语教学目标的分类

（一）教育目标分类理论

早在1920年前后，美国教育家鲍比特和查特斯就在做出关于"成人社会"的活动科研之后制定了相应的课程目标。后来，经过查特斯的门生泰勒（Ralph Tyler）和泰勒的门生布鲁姆（Benjamin Bloom）的研究，形成了完整的教学目标分类理论。1956年，布鲁姆出版了《教学目标分类学》，之后研究形成了认知意义模式下的教育目标分类系统。1964年，克拉斯沃尔等学者经过研究得出了关于情感的教育目标分类系统。1965年和1972年，辛普生和哈罗又分别提出了动作技能领域目标分类提纲。此外，著名学者加涅（Robert Mills Gagne）提出了学习结果分类理论；著名学者梅瑞尔提出了教学目标分类理论等。上面这些目标分类理论并没有对当时的日语教学产生太大的影响。尤其是在20世纪50年代，我国被苏联教育制度影响深远，苏联教育领域的目标体系要素主要包括知识、技能和技巧。1983年，巴班斯基创作出了《教育学》，针对教学目标做出了详细、完整分类研究，得出教学执行职能主要有三种，第一是教养职能，第二是教育职能，第三是发展职能。其实是将教学目标分成了三种，第一种是教养目标，第二种是教育目标，第三种是发展目标。教养目标涉及理论知识学习情况，专业学习技能和水平，以及学习技巧和方法；教育目标涉及道德素养、审美能力、信念高低等，影响社会行为模式和活动方案，形成一定的态度和思想情感等；发展目标涉及感知能力、意志力、动机等要。但是，21世纪以前，这些理论对于我们日语教育的作用却是相当小，十分有限。

（二）我国具体日语教育目标梳理

从我国各阶段的日语教学大纲和课程标准可以看出日语教学目标的变化。中华人民共和国成立至今，我国针对高等教育的日语教学一共出版了10部教学大纲或教学要求。

这里仅以基础教育日语教学大纲或课程标准为例，揭示日语教学目标及其分类的变化。

1.20世纪90年代后期的日语教育目标

1996年国家教育委员会（以下简称"国家教委"）基础教育司编订的《全日制普通高级中学日语教学大纲（供试验用）》及2000年颁布的其试验修订版首次在教学目的下设置了教学目标。

根据《全日制普通高级中学课程计划（试验修订稿）》，《全日制普通高级中学日语教学大纲（试验修订版）》把全日制高级中学日语教学目标分为一、二级。一级目标是全日制普通高级中学毕业的较低水平；二级目标是普通高级中学毕业的较高水平。在教学内容方面，一、二级目标相同，但在培养学生的语言应用能力方面存在差异。一、二级目标分别规定了听、说、读、写、语音、词汇、语法等方面的需求，但没有涉及范围更广的目标。不过，以往教学大纲中虽然没有单独设立教学目标，但应该说教学目的和教学要求中包含了教学目标的内容。1996年颁布的《全日制普通高级中学日语教学大纲（供试验用）》及2000年的其试验修订版的教学目的与以往有所不同，这里做如下对比。

普通高校日语课程教学，其目标为：以义务性学校之日语课程为基础，使学生于基础知识之上，加以巩固与拓展，并能发展听、说、读、写能力；写作的基础技巧，主要是培养学生使用日语进行交流的能力，重点是培养学生的阅读能力。通过日语的知识学习，不仅可以培养学生的思想道德，还可以培养学生对中日两国文化的理解和感悟，同时还可以培养学生的爱国主义和社会主义意识。在教学过程中，促进了学生智能的开发，学生创新精神、动手能力的提高，并形成了有效的教学策略，为以后的永续发展打下坚实的基础。

通过对文章内容的分析，我们发现日语的教学既要重视掌握语言技巧，又要重视培养学生使用日语进行语言交流的能力，同时也要重视对学生进行思想道德、爱国主义、社会主义等方面的教育，尤其是要认识中日两国之间的不同与相同之处，并指出要开发学生的智力，培养学生的创新精神和动手能力，并指引学生养成良好的学习习惯。其中，文化异同、创新精神和实践能力及学习策略等是以往日语教学大纲中未曾涉及的。从中可以窥视到所含教学目标的变化。这些变化映射出国内教学论在吸收国际学术思想方面对日语教学大纲研制的影响。

整体上看，课程目标分类与苏联的教学理论比较接近，即教学目标主要包括三大种，第一是教养目标，第二是教育目标，第三是发展目标。教养目标主要体现在掌握日语知识，形成一定的言语技能和有效的学习策略；教育目标主要体现在思想品德、爱国主义和社会主义教育以及创新精神和实践能力的培养；"素质教育"是指对学生进行智力开发，并对其展开人文素质的培养与提高。值得注意的是，巴班斯基等在发展目标中包含的发展运动、意志、情感、动机等个性方面在日语教学大纲中还没有体现。布鲁姆等提出的教学目标包括三个主要方面，称为"认知领域""情感领域""技能领域"。其中，情感领域是由克拉斯沃尔（David R. Krathwohl）于1964年提出的，曾引发不同意见，例如，认为情感目标难以用行为变化描述，所以没有意义；情感因素，特别是价值观、态度等是潜移默化的，教学中难以控制；等等。这些理论上的争论是不是当时我国基础教育阶段日语教学大纲在发展目标上尚未提及情感因素的原因呢？

2.进入21世纪以后的日语教育目标

依据《基础教育课程改革纲要（试行）》《全日制义务教育日语课程标准（实验稿）》和《普通高中日语课程标准（实验）》，确定了日语课程的特色，在新的教学理念的指引下，明确了日语课程的培养目标，实现了全面发展。课程目标可以分为总的目标和分层次目标两类；整体目的是培养学生的综合语言运用能力，而这一能力的形成是建立在语言知识，语言技能，文化素养，情感态度，学习策略等之上的。分级目标采取了国际通行做法，将日语在义务教育阶段的教学目标设置为一级、二级、三级；高中阶段设定为四、五、六级。这样的目标分类突破了以往历次日语教学大纲的描述，体现出日语教学目标多视角的层次和水平。另外，与以前的日语课程内容的另一个不同之处在于，以上的日语课程内容，都是以"考试通过"为中心，关注学生获得的成果，学生能够使用日语做一些事情。这就不仅有了巴班斯基提倡的教养目标、教育目标和发展目标，布鲁姆等划分的认知领域、情感领域和行为技能领域的教育目标也显现出来了。例如，《全日制义务教育日语课程标准（实验稿）》提出的一级目标是指：可以通过教师的指引参与游戏，可以唱一些日语歌，能以日语交流一些生活用品、学习用品、家居用品等简单的私人事物；在校内校外等课题上，可以开展各种学习活动；学会打招呼、道别、致谢等；能够按照图画和线索写出简单的句子；了解日语学习过程中所涉及的不同文化背景；喜欢学习外国文化，对日语有浓厚的兴趣，愿意主动学习，并能与人合作；能够在学习中主动向他人咨询问题，并积极探讨适合自己的学习方式。《普通高中日语课程标准（实验）》提出的四级目标是指：日语知识学习动机清晰，敢于通过日语来和其他人沟通与交谈；从本课程所涉及的音像资料或文字资料中提取要点，并简要地陈述个人的想法和意见；用更标准的形式写笔记和信息，并更精确地介绍周围的事情；通过对日语教学中所涉及的语言文化的理解，学习日语教学中所涉及的语言文化，相对来说，制定了一个有目标的学习方案，可以优化日语的学习效果；能在老师的指导下，有效地向老师求助，积极地参与各种口语练习。《义务教育日语课程标准（2011年版）》并未对课程目标进行显著修改，《普通高中日语课程标准（2017年版）》则对其进行了重大修改，提出了日语学科素养包括语言能力、文化意识、思维品质及学习能力等，它们之间存在着相互联系、相互融合的关系，是培养日语人才的基本要求。它改变了以往按级划分的教学模式，突出了"立德树人"的理念，将日语学习中的知识与技巧、过程与方法、情感态度与价值等有机结合起来，以"表达与交流"以及"探索与构建"等为主线，在日语实践中实现了"语言能力"及"文化意识"等的平衡发展。它包括了认知性和非认知性两个方面。认知教学的目的，主要表现在对"行为"的要求上；而非认知型的教育目标，例如，培养学生的人格和创造力，必须以表现型的目标来表达。《普通高中日语课程标准（2017年版）》提出了新的教学目标，并对此做了进一步的探讨。

3.日语教育目标分类分析

2012年，马扎诺（Robert J. Marzano）与肯德尔（John S. Kendall）合作，修订了该书第一版的部分内容，出版了《教育目标的新分类学》（The New Taxonomy of Educational Objectives）第二版，进一步明确和完善了马扎诺新教育目标分类学的二维框架模型，如图1-1所示。

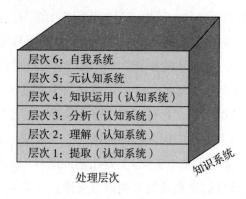

图1-1 马扎诺教育分类模型

这个分类模型建立在人的学习行为模式基础之上，它构成一个立方体。这个模型描述了三个思维系统在心智加工处理过程中的六个层次，分别是自我系统、元认知系统和认知系统。其中认知系统还包括四个组成部分：提取、理解、分析、知识运用。第五层是元认知系统，第六层是自我系统。该模型还从知识领域的角度，描述了三种不同类型的领域：信息、心智过程和心因性动作过程。这为理解思维过程在不同环境下的变化和挑战提供了新的视角和思路。马扎诺的新教育目标分类学对布鲁姆学说的改进主要体现在两个方面：一是将知识从心智活动中分离出来，将元认知定位于认知过程之上，将自我系统置于加工水平的顶端；二是重构了学习活动中思维水平层次，即三个知识领域贯穿心智处理过程中加工水平的六个层次，并以不同的方式相互作用。布鲁姆在《教育目标分类学》中提出了四个知识层次：事实性知识、概念性知识、程序性知识和元认知知识，全面而细致地描述了知识的特征和内涵。这四种知识相互作用、递进和融合，在教育实践中提供了可操作的指导和方法。在日语教学中，事实性知识指学习者在掌握日语时必须知道和了解的基本要素，如日语词汇。概念性知识指按一定结构组织起来的能够使语言要素互相作用、互相影响的知识，如日语语法规则。程序性知识可以说是系统做事的一个流程，我们关键要弄明白怎么做，如日语五段动词的词尾变化怎么呈现、日语阅读技巧、日语写作步骤等。元认知知识不但包括那些基于基础认知的知识，还包括基于自我认知的知识，比如对自己的兴趣爱好和学习习惯的正确理解，对自己的能力和局限性的理解。认识到记忆、理解存在着不同的层次，认识到在认知活动中注意力的重要性，人的认知能力会发生变化；认识到不同的认知活动，其目标和任务会有差异，有些认知活动的需求会更多。了解了认知活动中存在着什么样的策略，了解了这些策略的优势和缺陷，了解了这些策略适用的条件和环境，并了解了这些策略在不同认知活动中的作用，等等。

通过上述分析，我们可以得知日语课程标准中的教育目标包含了多个方面和层次。其中，语言知识、技能和文化素养等多属于事实性或概念性知识，部分涉及程序性知识，而情感态度和学习策略则更多涉及元认知知识。在马扎诺教育目标分类学中，"心因性动作技能"被划分为单个动作、简单动作组合和复杂动作组合三个层次。类似地，日语课程标准中的听、说、读、写以及文化素养中的言语行为特征和非言语行为特征可以是单一技能，也可以是不同技能的简单或复杂组合。针对情感、态度和价值观的要求，不同的教育目标分类理论有不同的看法。在研究态度时，有些理论强调认知因素，如马扎诺的自我系统思维；而克拉斯沃尔、布鲁姆等则更注重情感成分。关于价值观，布鲁姆认为，其中少数部分是个人的价值评价，而大多数部分则是社会产物，被学生视作个人价值准则。在布鲁姆教育目标分类学的五个情感领域中，前两个类别"接受"和"反应"不涉及价值，且行为不稳定；第三个类别"价值评价"则明确与价值有关。布鲁姆将前三个类别视为"情感连续体"，从认知层面出发，经过留意某些现象逐渐形成对情感的认知和反应，然后，对这些现象作出反应，产生正面的情绪，最终，这种情绪如此之强，以至于身体都要做出特殊的反应。在这样的过程中，个人将他的行动与情绪加以总结，并将其组织为一个持续变得复杂的结构活动，从而成为一个人对生活的看法。举个例子来说，学生阅读一个有关处理垃圾的日语网页，对其中涉及的垃圾分类方法感兴趣，于是非常关注这个网页，并学会用日语表示相关事项，联想到身边的垃圾和自身的行动，与同伴们讨论应该为处理垃圾和再生资源做什么。长此以往，学生不仅学习了日语，认识了垃圾分类的方法，学会了处理垃圾的方法，也会逐渐养成节约能源、资源再利用的好习惯，以至形成自己的人生观、价值观的一部分。因此，日语教学不仅是帮助学生学习日语，还需要按照课程标准的教育目标分类来组织教学活动，使学生既能掌握知识和技能，又能通过这种学习及情感体验把所学的东西内化成习惯，在发现问题、分析问题、解决问题的历练中促进价值观的生成和发展。

（三）日语教学目标的设计

设计日语教学目标需要思考许多问题，重点有以下几个方面。

1.课程标准

日语课程标准是当下设计日语教学目标的重要依据，其中规定了总的课程目标、内容标准、实施建议等，同时提供了具体的案例。课程标准对日语教学具有指导性、导向性，是学校和课堂教学都必须遵循的。

2.日语学生设计

日语教学目标还必须研究自己学生的具体情况，既要注重分析学生的总体特点，又要注重学生的能力培养。所谓"真实的能力"，就是学生在开始学习以前所拥有的知识、技能，以及他们对所学知识的理解和看法。教师应根据学生的实际情况，在教学中注意区分学生的年龄特点。儿童和青少年需要获得一定的系统知识，为今后的学习打下牢固的基础。当他们具备一定基础和经验后，这样才能不停地提问，学习如何分析问题、如何解决问题。从学习者的个体差异看，每个学生获取信息的速度、对外界刺激的感知和反应不同，显现出来的学习特点和思维方向也不同。有的学生动手能力强，有的学生勤于思考，还有的学生乐于表达、愿意与人交流。根据学生的特点制定日语教学目标，可以提高教学的准确性和教学效率。从学习者的实际能力看，需要了解他们学习某项内容之前已经具有的相关技能、知识，以及对即将学习的内容是否感兴趣。一个学生如果对此表示肯定，那就意味着他有学习的动力，并对掌握这项内容有一定的信息，如果按照预期实现教学目标，学生会产生满足感。这与学生的现有水平和可能发展的水平相关，维果茨基（Lev Vygotsky）针对学生当前学习能力和未来发展能力得出了一个差距，即所谓的"最近发展区"。在日语的教育中，我们要抓住这一可开发的领域，给学生一些有挑战性的东西，激发学生的学习热情，挖掘学生的潜力，让学生努力在自己的发展区之外取得更高层次的进步，并以此作为下一阶段的起点。对学习者的受教育程度和基本技能的水平进行判断，通过这种方式，就可以对学习者的最接近发展范围做出判断，进而对学习者展开系统化学习起到积极的作用。

3.教学内容

对基础教育而言，教学内容主要指教学大纲或课程标准中规定的相关知识和技能。就日语教学来说，分析教学内容是为了确定具体教什么，用什么方式和策略来教。这就要求对课程纲要和课程标准中所列的要点进行细化，根据不同时期、不同阶段、不同类别确定教学目标。分析教学内容分为两个步骤：第一，按照学习类型将日语教学要求分类；第二，分析教学要求，确定达到该要求的主要步骤。

4.环境分析

这里的环境分析包括学习环境分析和应用环境分析。本书主要从两个方面进行研究，一是研究对象的现状，二是研究对象应具备的条件。现状指教学将发生在一个什么样的环境中，如教室、校园或是所需的校外场所，分析这个教学环境及其对教学产生的影响。应该具有的条件指支持教学所需的设施、设备和教学资源。应用环境分析指所学知识和技能将在什么环境下应用，这个环境的特点是什么。学习日语不仅是为了应付考试，重要的是所掌握的知识和技能及学习态度会被应用到课堂以外的某个场合，如从事翻译工作、进行外事接待等。从建构主义的观点看，详细分析应用环境，可以帮助学生建构知识，提升应用意识。

第五节　日语教学的原则

一、日语教学原则的概念

教学原则指的是结合日语教学要求、目标和规律制定出的有利于教学活动开展的基础标准和要求，也属于一种一般原理。

日语教育方针制定的目标根据有如下内容。

（一）教学原则来自教学经验的总结和提升

在长期从事日语教学的过程中，我们总是在不断地摸索，总结出一些成功的或失败的经验，并对其进行反反复复的认知，并加以深化；由感性认识上升到理性认识，再经过概括、抽象就可以提炼成为教学原则。比如"听、说领先，读、写跟上"。当然，先哲们自古以来提出的"学而时习之""因材施教""教学相长"等教学原则同样适用于日语学科。这些教学原则是从教学实践中总结归纳的，其又反过来指导着教学实践。

（二）教学原则反映教学规律

古今中外，教育活动的层次和类型虽然不同，但是它是一种认知过程，具有不以人的主观意志为转移的共性。从实践中总结归纳的教学原则之所以被广泛采纳，是因为它们符合教学规律。

教学原则是教育者根据主观判断提出来的，它受到人们对客观规律认识的制约，越符合客观规律就越会被长期使用。当然，教学原则也会随着时代的变迁有所变更，并留下时代的印迹。我国自1949年以来，在一段时间内受苏联教育思想影响很大。苏联教育家凯洛夫（N. A. Kaiipob）提出了以下五个教学原则：直观性原则；自觉性与积极性原则；巩固性原则；系统性与连贯性原则；通俗性与可接受性原则。随着社会和教育事业的发展，教学原则也在不断发展、完善。

（三）教学原则受教学目的的制约

所有的教条都必须遵照某种教育目标而制定。我国的教育目的是培养德、智、体、美全面发展的社会主义建设者和接班人。在这样的教育目的指导下，教学原则中必须包括促进学生全面发展、理论联系实际等内容。注重培养创造性、因材施教等内容也从不同侧面体现出社会主义教育目的的要求和教育工作的基本方向。

（四）教学原则与教学规律和教学原理的关系

日语教学原则不仅和教学发展规律息息相关，还和实际教学原理密不可分，但它们的范畴并不相同。日语教学规律是客观存在的，它可能会被我们意识到，也可能不被我们所意识。日语教学原理是教育研究者归纳和表述的日语教学规律。

教学原则的使命和内容是阐明教育规律，日语教育原则具有明确的目的性和实用性，体现了日语教育规律。日语教法应从教法中引申出具体的操作要求。在日语教学中，由于目标与实际需要的差异，根据相同的教学规则，所形成的教学原理也就会不尽相同。例如，"教学永远具有教育性"是一条客观的教学规律，但是在不同的社会、不同的阶级，人们往往提出了不同的教学原则。

教学原则并非直接反映日语教学规律，而是通过教学原理进行反映的。具体来说，教学原则对教学规律的反映程度取决于研究者对教学规律的主观理解。由于人们对客观教学规律的认识存在差异，在遇到相同规律时，不同人可能会提出不同的教学原则。

因此，在一些情况下，教学原则、教学原理和教学规律是相互符合且可以重叠的。例如，我们提出了一些教学原则，如思想性和科学性统一原则等，这些既可以视为教学原则，也可以看作是教学原理，同样也可以被视为教学规律，但两者并不完全相同，只不过在一定情况下，教育目的、对教学客观规律的认识与客观规律达到或基本达到一致。但实际上，这种事情并不多见。"互不一致"是指教学原则、教学原理和教学规律不是一对一的关系，一个教学原则可能反映多个教学规律，或者一个教学规律在多个教学原则中有所体现。例如，学生在日语教学中主要掌握的是间接经验的规律，教师主要掌握的是指导的规律等，这些规律几乎都贯穿在各个教学原则中。

总之，教学原则、教学规律、教学原理三者之间不仅有相关性，也有差异性，我们不可以混合运用。

（五）教学原则需要一个完整的体系

日语教学原则对教学工作具有指导作用，但这种作用并不是某一项教学原则能够发挥和完成的，要想在日语教学中起到有效的引导作用，就必须建立起一套完整的、有机的教学原理系统。日语教育的基本原理是什么？至今尚无研究成果问世。从教育理论界来看，学者对这个问题的看法并不一致。这主要是由于讨论的起点不同，有些人更倾向于心理学研究，有些人更倾向于教育历史分析，有些人则更倾向于控制理论研究。

建立教学原则体系需要注意哪几点呢？

1.因为教学原则是用来指导教学的，所以其必须是有针对性的，而不是抽象的。

2.确定一个合理的统一视角、划分基础或标准有利于建立日语学科教学原则体系。

3.应全面理解和认识日语教学过程及其中涉及的各种矛盾之间的关系。

二、我国基础教育阶段的日语教学原则

日语教学是学科教学的一部分，教学原则体系的建立不能脱离一般教学论，当然也要有日语学科自己的特点。中华人民共和国成立之初，日语教育基本处于停滞状态。1972年中日邦交恢复正常，两国交往日益频繁，日语教育也从自发兴起到逐步走上正轨。鉴于日语教学的实际情况，这里仅以1982年以来颁布的基础教育阶段日语教学大纲、课程标准为例，分析和归纳日语教学原则。

（一）《中学日语教学纲要》中的教学原则

《中学日语教学纲要》是1982年由教育部颁布、人民教育出版社出版的基

础教育阶段的指导性文件。从此，日语成为我国中学外语教育必修课程的语种之一。其中，列出了以下教学原则。

1.日语教学要注意研究总结

掌握中国人对日语的基本认识和了解，以达到让学生逐步掌握日语标准的目的，从而优化他们的日语教学效果。在初级阶段，要以简单的句子结构，选择在日常生活中使用最多的词语，以及学生熟知的主题。在提升学生的日语水平的同时，要逐渐拓宽材料的范围，要选取那些简单易懂的、被改编过的原文，以及有关科学文化、历史地理等方面的知识，同时也要选取能够反映日本习俗的材料。在选择材料时，要注重思想性、科学性，同时要注重内容的多样性、趣味性和实用性。

2.日语教学应重视培养学生实际运用日语的能力

在教学中，应注意掌握语音、词汇、语法知识与语言运用等方面的基本知识，并注意处理好语音、词汇、语法知识与语言运用之间的关系。在教学中，一般情况下，教师在教学中首先要进行适度的口语训练，待学生对所学内容有一定的感性理解后，再进行相应的教学；然后做一个简单的归纳和说明，这样效果会更好。只要有足够的练习和正确的总结，就可以对语言教学起到更好的指导作用。当然，在教学过程中，我们也可以通过简单讲解来指导学生的口语训练。

3.日语教学必须进行听、说、读、写全面训练

在日语学习的各个时期，要注意日语学习的侧重点研究。在日语教学中，教师要注重学生听力能力的培养，同时适当考虑学生阅读和写作能力的培养，两者互补。在培养学生听、说能力的基础上，培养他们阅读、写作的基本技能。在语言教学中，要对基础语法知识进行归纳和分析，注重对语法知识的学习，重视对语法写作能力的锻炼，提高日语水平。但是，在培养学生听力、口语、书面表达能力方面，如今仍然要继续加强。口头培训是书面培训的基础，通过进行书面培训，能够让学生的口语表达结果精准度得到提升，从而进一步提升他们的听说技能。

4.要重视教师在教学中的主导作用

老师们要努力做到发音准确、字迹端正、用词娴熟，要在日语口语方面

下功夫，尽可能在课堂上使用日语进行活动组织。教师要根据青年学生的年龄特征、研究教法，精心准备，使课堂教学质量得到提高。老师应该关注德、智、体等各个方面，使学生得到全面的发展，培养学生对日语的认知能力，通过对大学生正确读书态度的培养，可以使他们获得一种科学的读书方式和一种好的读书习惯。老师要使他的学生知道只有经过刻苦的学习，才能把一种语言学好。教师要鼓励学生大胆说话、认真模仿、反复练习、用心记忆、勇于发问、勤奋学习，要因材施教，适时给予激励。对于有困难的学生，教师要有耐性地帮助他们。老师要想尽一切办法，在课余时间里，在日语教学中，为学生创设更多的语言练习情境，让他们在课堂上活跃起来。从上述内容可以看出，这份日语教学纲要从总结规律提高效率，重视培养实际运用日语的能力，在听、说、读、写训练和发挥教师主导作用等几个方面提出了要求。其中，在总结日语教学规律提高效率时从选材角度提到了"思想性、科学性、多样性、趣味性、实用性"的原则；在培养日语运用能力方面提出"处理好语音、词汇、语法知识和语言实践的关系"等原则：在技能训练方面，提出初中阶段"从听、说训练入手，以听、说训练为主，适当兼顾读、写训练，并使之与听、说训练相互为用"，高中阶段"侧重进行读、写训练，培养阅读理解能力，同时继续进行听、说和写的训练"等原则；同时，提出发挥教师主导作用的原则。从这些原则可以看出，20世纪80年代的日语教学非常注重日语教学中的选材；重视从听、说入手开展语言技能的全面训练，更侧重阅读能力的培养；重视日语教学中教师的主导作用。

（二）《全日制中学日语教学大纲》中的教学原则

《全日制中学日语教学大纲》是在上述纲要的基础上，根据国家教学计划制定的，是中华人民共和国成立后第一部日语教学大纲。这个大纲于1986年12月由国家教委颁布实施，其中提出了以下教学原则。

1.遵循语言教学的基本原则，把思辨融入语言的教学中。

2.加强对语言基本知识的教学，提高学生的语言应用能力。

3.展开全面的技能训练，分环节侧重性地进行。

4.在课堂上尽可能多地运用日语，合理地运用自己的民族语言。

5.在教学中充分利用老师的优势，激发学生的学习热情。

6.采取直观教学法，辅以电化教学，并有效创造良好的日语教学环境。

大纲中对上述教学原则做了进一步阐述，这里不再赘述。从整体上看，这个日语教学大纲的教学原则比《日语教学纲要》更加清晰，从思想教育、语言知识和技能训练、教学方法、教学策略和教学资源、教学环境等方面显现出一定的体系。在思想教育方面，强调将思想教育渗透到教材和教学之中；语言知识讲解不要求全面、系统，提倡精讲多练，虽然要求技能的全面训练，但初中阶段以听、说为主，高中阶段侧重培养阅读理解能力的原则没有变化；教学方法上提出尽量采用日语讲解，在语言教学中，应尽可能减少或基本不使用学生的母语。同时，要指出两种语言之间的相似和不同之处，并充分发挥母语的积极迁移作用。在教学策略方面，仍然强调教师的主导作用，但也需要关注学生的积极性，及时鼓励他们的进步，对有困难的学生要热情、耐心地提供帮助。在教学资源方面，需要重视使用直观的教学工具（如实物、模型、图片、表情和动作等），创造日语环境，以帮助学生更好地理解和记忆语言知识，帮助学生在语言和实物、动作、情景之间建立起一种联系，并利用与学生语言水平和年龄特征相适应的课外活动来增加语言实践的机会。从以上几点可以看出，日语教育理念已随时间而发生了某些改变。1990年，根据国家教委《现行普通高中教学计划的调整意见》（教基〔1990〕004号文件），这个大纲做了修订并发行第二版，即《全日制日语教学大纲（修订本）》，这个版本在教学原则方面没有变化。

（三）《九年制义务教育全日制中学日语教学大纲》中的教学原则

这个大纲与各学科义务教育教学大纲一样，经过初审稿、试用版两个阶段。以1986年颁布的《全日制中学日语教学大纲》为基础，该教学大纲没有独立的"教学原则"一项，而是以"教学中应该注意的几个问题"的方式来阐述对教学的要求，包括以下几个方面。

1.寓思想教育于语言教学之中。

2.重视言语实践。

3.正确对待本族语。

4.培养学习兴趣与自觉性。

5.加强视听觉直观教学。

6.从实际出发改进教学方法。

7.注意发展智力。

大纲中对上述条目做了进一步阐述。不难看出，这些条目是针对日语教学中实际存在的问题提出的改进措施。与1986年的《全日制中学日语教学大纲》相比，有了一些改变：该大纲强调语言的工具性，更加重视言语实践；由于日语在汉字及汉字词上与汉语有相同或相近之处，可以触类旁通，建议采用与少数民族语言地区同样的教学原则，但尽可能少用本族语；强调培养学生的兴趣是日语教学取得成效的重要心理因素，适当引导学生认识日语规律及与本族语的差异，不局限于课堂，提供更多的言语活动机会；强调教学不能整齐划一，在吸收教学法方面要博采众长，发挥各自优势；提高学生的智力、观察能力和注意力；提高学生的记忆、逻辑思考、日语理解、语言应用等能力。

（四）《全日制普通高级中学日语教学大纲》中的教学原则

该教学大纲经历了"供试验用"和"试验修订版"两个阶段。其中，《全日制普通高级中学日语教学大纲（供试验用）》是依据国家教委发布的《全日制普通高级中学课程计划（试验）》编写而成的，基于已修订的《全日制中学日语教学大纲》，并于1996年5月出版。具体内容如下。

1.寓思想教育于语言教学之中。

2.以提高学生的日语交流能力为重点。

3.开展听、说、读、写的一体化培训活动，重点培养学生的阅读能力。

4.在课堂上尽可能多地运用日语，合理地运用自己的民族语言。

5.论语言教育与文化教育的关系。

6.充分发挥老师的引导作用，把学生的学习积极性和主动性都调动起来。

7.积极开展课外活动。

8.发展形象思维能力，运用电子技术营造良好的日语学习氛围。

与以往的日语教学大纲和上述义务教育阶段日语教学大纲相比，其中最大的改变就是在教学中着重强调了"提高日语交流能力""正确处理语言与文化之间的关系"。在日语交流能力的培养上，努力转变传统的语言教学模式，将交际性教学理念融入语言教学之中。对听力、口语、阅读的要求全面发展；在掌握写作技巧的基础上，进一步掌握日语交流技巧。第二部分主要论述了语言与文化之间的关系，并对其进行了分析。《日语课程纲要》第一次对此进行了论述，其产生与贯彻"交际法"教学理念有关。要学好一门日语，首先要熟悉当地的社会文化，不然就很难明白另一门日语的含义，无法把自己的想法准确地表达出来。这一点与在教学目标中加入了对文化视野和文化素养的论述相一致，其目的是培养学生的语言及思维能力，使学生加深对自己国家、自己民族文化的认识，从而提升学生的文化素养。《全日制普通高级中学日语教学大纲（试验修订版）》对于"教学中应注意的几个问题"进行了调整。

1.以素质教育为核心树立日语教学观念。

2.把握好知识学习与应用之间的关系，提高日语的交流能力。

3.听、说、读、写相结合，注重阅读理解。

4.多用日语，善用本族语言。

5.处理好语言和文化的关系。

6.凸显学生的主体性，充分发挥老师的引导作用。

7.在听力、口语和阅读等方面，提升教学质量；写作的综合性应用，以提高学生的阅读理解力为重点，并在课堂上进行积极的实践。

8.充分运用现代化的教学手段，充分运用并丰富各类教学资源。

从以上内容可以看出，除了文字上的调整，最突出的变化体现在第1和第6点。第1点反映了时代的需求。在21世纪的今天，人们已经看到了知识经济的雏形，在全球的科技竞争、经济竞争，特别是在人才竞争方面，变得愈加激烈起来。一个国家实力的强大程度，已经越来越依赖于劳动力的水平提升，也依赖于各种人才的质量提升。为此，要加强高素质人才的培养。基础教育是国民素质教育的奠基工程。同时，素质教育不是某个学科能够完成的，需要贯彻到教育领域的方方面面，而实施素质教育有一个转变观念的过程。这就不难理解，为什么在日语教学大纲中提出要树立符合素质教育精神的日语教育观这个问题了。第6点体现的突出变化是提出"确立学生的主体地位"。这与20世纪80年代的"重视教师在教学中的主导作用"形成鲜明对比。它反映出学生是学习的主体，唱响了21世纪教育的主旋律。虽然我国自古就有"授人以鱼，不如授人以渔"的教育思想，教育家叶圣陶先生也曾说过"教是为了不需要教"。然而长期以来，"教师一言堂"的现象比比皆是，学生只能被动地听，死记硬背。从以上对"教"与"学"的描述可以明显看出，自20世纪80年代起步，日语教学的轨迹逐渐从重视教师的"教"一顾及教和学双方一向重视学生的"学"的方向转化。到了21世纪，基础教育改革在方向上确立了学生是学习的主体，教师为学而教的理念教师的工作重点从"教"转向了"学"，由"主导"转为"指导"，把以"研究教法"为重心逐渐转变为"研究学法"为重心。

总之，是要让学生爱学习，学会学习，养成良好的学习习惯，让更多的学生参与到学习活动中来，成为认识和学习的主体。

（五）《全日制义务教育日语课程标准》中的教学原则

《全日制义务教育日语课程标准》经历了实验稿和正式版（2011年版）两个阶段。《全日制义务教育日语课程标准（实验稿）》是依据《基础教育课程改革纲要（试行）》，在现状调查研究、国际比较研究的基础上研制的，于2001年7月出版。这个课程标准中没有出现"教学原则"字样，而以"实施建议"的形式对教学提出要求。实施建议分为四个部分，包括教学建议、评价建议、课程资源的开发与利用，以及教材的编写与使用。在教学建议中，又分为三个部分，包括教学案例、内容标准的教学指导和教学注意事项。教学注意事项则包括以下四个方面。

1.实施活动课教学，培养学生的语言综合应用能力。

2.创设贴近现实生活的情境，提高日语交流的适用性。

3.强化学习方法的引导，构建终生学习的基石。

4.合理设置课时，增强课堂实效性。

其突出的变化是提倡活动教学、提出营造接近实际的语言环境、加强学习策略指导。开展活动教学与确立学生是学习主体密切相关，在日语教学中，要考虑到学生的身体与心理的发展水平与特征，创设情景，引导学生凭自己的能力参与阅读、讨论、会话、汇报等。活动教学的特点就是学生不再像以往那样被动地听，更多的是通过声音、视觉、空间感知；在真实的日语实践过程中，触觉等不仅有利于获取日语知识、日语技能，同时能够培养学生的情感态度、文化素养、学习技能及语言应用能力。营造接近实际的语言环境与开展言语活动密切相关，在中国学习日语最缺乏的就是语言环境，所以要想办法让学生在模拟的、接近实际的语言环境中开展学习。语言交流是以"理解"与"表达"为核心的，二者虽分属于交流的各个环节，却都受到语言语境的制约。另外，在口头交流时，如果你能看见另一个人，就会用一些辅助的动作，比如表情、动作、态度、语气等等，使彼此更容易理解。但文字交流就不一样了，如"どこへ行きますか"，这就很让人费解了。一个人对另一个人说只是普通的问好，还是想确认后判断自己要不要同行？是粗声粗气地说的，还是心平气和地说的？没有语境就弄不明白。营造语境并在其中学习日语，是让学生学习在适当的情况下适当地说话，让学生明白只有做到表达得体，才能使交际顺利进行。学习策略这个词在以往的教学大纲中从未出现，而该课程标准强调学习策略与培养学习能力密切相关。伴随着社会的进步与科技的发展，尤其是21世纪，"知识爆炸"与"信息爆炸"不断涌现出新的知识与成果。在这个知识大爆炸的年代，每个人都应该具备自主学习能力。有了自主学习能力，才能更快地学习新知识，紧跟时代步伐，适应社会发展。而学习策略是提高学生学习能力的有效手段。掌握了学习策略，学生就掌握了学会学习的锐利武器，为终身学习提供了有力保障，打下了坚实基础。"在课堂上，以学生的活动和训练为主要内容，从整体上来说，老师讲解的时间不应该比学生的活动和训练时间多。"文化素养的教学、情感态度的教学"应该贯穿语言教学与实践活动的始终"，"在学习策略的教学中，应该与日语的特征相联系，引导学生自觉地根据自身的特征制定相应的学习策略"等。

　　教学案例给出了词汇教学、听力教学、会话教学，提高听说读写四项技巧的交互教育效率，将语言知识与文化背景结合起来，在情境中和小组中学习语法，看图讲故事，等等。这里不做论述。评价建议分为评价注意事项和评价案例两部分。评价注意事项包括以下八项。

1.多元评估为大学生的全面发展提供了动力。

2.评价方式多样化，评价目标多层次。

3.重视形成性评估在促进学生成长中的功能。

4.期末考试以考察学生的语言应用能力为重点。

5.单独考核和综合考核应互补，注重综合考核。

6.注重对评估结果的及时反馈，加强对教学过程的控制。

7.科学合理运用考核方法，突出实效。

8.评估应根据《标准》中提出的课程目标。

　　教学评价是教学整体的一个重要环节。然而多年来，评价基本上局限在期中考试、期末考试、结业时老师给的评语等。而以上内容提出了过去大纲中不曾有的说法，从多个角度、多个方面，对评价进行阐述。这与基础教育课程改革的目标之一"改革课程评价，过于强调评价的甄别与选拔功能，没有充分发挥评价促进学生发展、教师提高和改善教学实践的功能"是相关的。在此，它不但建议了评价主体多元化、评价方式多样化、评价目标多层次，还建议了形成性评价和终结性评价、单项评价和综合评价要相互补充等，形成浑然一体的态势。这对不同个性、不同水平的学生了解自己，通过反思调节和改进自己来发展自评能力非常有利。实施建议里面的第三项内容是"课程资源的科学开发与正确利用"，在日语教学中，教师应对课堂资源进行有效利用，并对其进行有效开发。教材为日语教学资料之中枢，但仅有教科书还不够，报纸杂志、广播影视、录音录像、直观教具和网络都可以成为学习资源，学校里的电视机、计算机、VCD播放器、DVD播放器等设备越来越齐全，发挥的作用也越来越大。鉴于实际状况的改变，这一部分的主要内容就是让学生通过各种途径获得关于日语的理论知识，更好地了解和掌握日语，让他们更好地去学习和使用日语。信息技术的进步和互联网的发展，提供了广泛的知识和信息来源，为学生的个性化学习和自主学习创造了有利条件。学校和教师可以根据当地的经济水平及学生家长的经济承受能力，开发多层次、多类型的日语课程资源，满足不同需求；同时也要充分利用现有资源，适时更新和补充，避免课程资源的闲置和浪费。"教材的编写与使用"也是实施建议的一部分。以往教学大纲的教学原则部分也提到教材编写，例如，初级阶段的教科书内容"选择在日常生活中使用频率最高的词语，以及学生们熟知的主题。在提升学生的日语水平的同时，要逐渐拓宽材料的应用范围，要选取那些简单易懂的、被改编过的原文，以及有关科学文化、历史地理等方面的知识，同时也要选取能够反映日本习俗的材料。材料的选择应注重思想和科学性，还要注意多样性、趣味性和实用性。"该课程标准针对教材编写和使用进行了详细阐述，有八条之多，涉及设定话题、选择地道的有时代感的语言材料、设计以学生为主体并接近实际的教学活动、从易到难、由简到繁、重视信息技术等现代科技对内容的影响、教材品种多样化等内容。

上述四个方面的实施建议是为保证课程标准制定的课程目标和内容能够具体落实到教学实际而提出的。以往的教学大纲，重点在阐述教学目的、教学目标或要求、教学内容，提出教学中应该注意的问题等。课程标准的实施建议则不仅提出要求和建议，还提供具体的案例，使实施建议部分的文字数量超出从前言、课程目标到内容标准部分的字数约一倍，这是以往教学大纲中不曾出现过的。《全日制义务教育日语课程标准（实验稿）》投入实验10年后，《义务教育日语课程标准（2011年版）》对实施建议部分做了修改。虽然还是四个部分，但顺序上有所调整，对教学、评价、教材的编写，以及对课程资源的开发和利用提出了建议。建议主要内容包括三个方面，即"注意事项""具体建议""教学范例"，增加了"更新教学观念"和"实现日语课堂教学公平"等内容。这是针对课程改革实验过程中出现的问题提出的。长期以来，教师传授、学生接受的单一教学模式相当稳定，很难一下子改变。在教学中，教师应由传授知识的角色转换为促进、指导和组织者、协助者，参与者和合作伙伴，不在根本上转变教学观念这样的转变是无法实现的。所以，更新教师的教学观念成为改革能否成功的大问题。"在日语课堂上达到公正教学目的"，这就要求老师要重视每一位学生所拥有的同等的接受教育权和发展的机遇，以较高的工作责任感和社会责任感为出发点，以适应每一位学生的性格特征为导向，采用符合他们性格特征的教学手段或方法。具体建议的结构内容没有大变化，教学案例做了少许调整。评价建议由原来的两项改为与教学建议相同的注意事项、具体建议和评价案例3项。"教材编写建议"与原来相比，不仅顺序上提前了，而且参照2003年出版的《普通高中日语课程标准（实验）》在内容上作了一些调整，由最初的"八项意见"变成了"编写原则"，并删去了"教材使用"一栏。编写原则为思想性、科学性、趣味性和灵活性四个基本原则。

"课程资源开发与利用建议"的整体表述也参照《普通高中日语课程标准（实验）》做了调整，指出日语课程资源涉及两大种，第一种是有形资源，第二种是无形资源，将大段陈述归纳为以下三条建议。

1.努力配备硬件，充分利用设施。

2.积极开发课件，有效利用现代科技手段。

3.挖掘无形资源，鼓励资源共享。其中特别强调有效利用现代科技手段、挖掘无形资源和防止现有设施的闲置和浪费等。

（六）《普通高中日语课程标准》中的教学原则

普通高中日语课程标准经历了实验和正式版两个阶段。2003年，国家颁布了《普通高中日语课程标准（实验）》，依据《普通高中课程方案（实验）》，在现状调查研究、国际比较研究的基础上，与义务教育日语课程标准框架保持基本一致的情况下研制的。标准中没有出现"教学原则"字样，取而代之的是"实施建议"，对其进行了具体的指导。该建议主要由四个方面组成：一是教学建议，二是评价建议，三是教材的编写，四是课程资源的开发和利用。其中，教学建议主要由教学要点、教学内容规范、教学实例三部分组成。教学中应注意的问题有5条。

1.更新教育理念，适应新课程的教学要求。

2.建立一个学生终生发展的共有根基。

3.要有多样化的选项，要强化对选修课程的引导与实践。

4.实施"活动式"教学模式，创设贴近生活的语言情境。

5.加强学习策略指导。

上述注意事项中，提倡活动式教学，创造贴近生活的日语情境，并在教学中强化学生的学习策略引导，其他条目则有差别。这里仅就有差别的条目加以分析。鉴于《全日制义务教育日语课程标准（实验稿）》的实施状况，且高中阶段的日语教学尚未摆脱"高考指挥棒"的困扰，在实践中仍然存在着重语法、轻技能，重知识灌输、轻能力培养的问题，《普通高中日语课程标准（实验）》把更新教学观念提到了重要位置。教师不更新教学观念就不能适应新时代的要求，跟不上课程改革的步伐。为了进一步推进课程改革，日语教师必须更新教学观念，树立适合学生发展需求的教学观。高中阶段的教学任务仍旧是打基础。课程标准针对必修课程和选修课程做出了具体划分，在这些学科中，必修课主要培养学生的日语语言基础知识、日语综合应用能力，选修课主要培养学生的跨文化沟通与交际能力。因此，学校和老师要让学生全面了解、自主选择选修课程，以满足学生的学习需求。评价建议与义务教育课程标准相同，分为评价注意事项和评价案例，其中案例有所不同。评价注意事项与义务教育课程标准基本相同，单纯增加了部分内容，我们需要对必修课教学情况进行评价，建立在一个共有的基础之上，选择课程的评价要把重点放在差异性和多样性上，突破传统的、刻板的评估模型，探索一种生动活泼、灵活多样的评估方法。教科书的编写建议首次提出：为学生学习而设计，在课堂教学中，教师应充分调动学生的积极性和主动性，培养学生的主动学习能力，并确定日语教材编撰的四条原则：思想性原则、科学性原则、趣味性原则和灵活性原则。这些原则在义务教育日语课程标准修订时予以采纳。课程资源的利用与开发主要分为三个部分：能力配备硬件，充分利用设施；积极开发课件，有效利用网络；挖掘无形资源，鼓励资源共享。这些条目在义务教育日语课程标准修订时也予以采纳，并进一步做了调整。时隔多年，普通高中日语课程标准也在实验的基础上修订了。

与之前不一样，《普通高中日语课程标准（2017年版）》针对实施意见制定了教学评估原则，具体如下：

1.日语专业核心素养培养应在整个教学和评估过程中进行。

2.浅谈日语实习的教学和考核效果。

3.课堂教学中的情景设置应以问题分析为中心。

4.要使教学和考核的设计相结合。

5.教学与评价要注重多元化。

6.充分利用信息通信技术进行教育和考核。

基本原则包括核心素养的培养、日语实践活动、情境设计、目标的一致性、注重多元化和运用信息通信技术六个方面，每一条原则都有具体说明。然后在上述原则下又进一步提出了教学与评价建议，包含对日语实习的执行意见以及对日语实习的评估意见。与以往的教学大纲或课程标准只有教学注意事项或教学建议等内容相比，《普通高中日语课程标准（2017年版）》的教学和评价原则更加明确了，只是这些原则是基于教学与评价联动的视角提出的，所以与一般意义上的教学原则并不一样。

第六节　日语教学的内容

一、基本概念

提到日语教学，人们首先想到的是日语知识。学生通过学习各方面的知识，会形成有关人生的认识、见解，最终形成自己的世界观、人生观、价值观，即学生所接受知识会对他的"三观"、政治态度和道德修养产生重要影响。培养正确的"三观"、科学的生活态度、优良的道德修养也应该是教学内容之一。还有，学生以什么方式进行学习，是专心致志还心不在焉，是勤于思考还死记硬背，对学生的学习态度、处事方式和性格都有重要影响。因此，引导学生改善学习方式、掌握终身学习的方法、形成良好性格、处理好学生关系，为走上社会做准备也是重要的教学内容。总的来说，教学内容的总体概念应该包含上述几个方面，而不仅是知识的传递。为此，在《中国大百科全书·教育》中，"教学内容"是指学校向学生提供的知识、技能、观念、习惯、行为等。1985年首次刊印了《中国大百科全书·教育》，1992年再版中的"教学内容"与1985年版一样。"教学内容"这个词条是我国出版的第一部《课程论》的作者陈侠执笔的。陈侠明确了最早的教学内容和逐渐丰富起来的教学内容，并说："中国目前将确定教学内容的文献称为教学计划、教学大纲和教材，这些文献都是教学内容的具体表现。"日语教学是一门综合性教学的学科，日语教学内容有自己的特殊性，也有各个学科都有的共性。本书将日语教学内容定义为：国家教学（课程）计划、日语教学大纲或课程标准规定的，需要学校在日语教师与学生开展教学互动过程中引导并帮助学生学习和逐步形成的日语学科素养。日语教学内容是整个日语教学系统的核心，日语教学目标的实现离不开特定的教学内容，日语教学方法、教学组织形式等都要受到日语教学内容的影响，同时又要为其服务。日语教学质量、教学水平和学业标准也要以日语教学内容实现的情况来加以评定。

二、内容分类

日语教学内容是日语专业知识中的一种，是学生在学校中所要学习并逐渐形成的一种专业知识，它包含了哪些内容，怎样划分？这一问题在很长一段时间里，几乎没有人对其进行过深入的探讨，对日语课程内容的划分也基本是沿袭了以往的传统经验，并在实践中根据自己的经验来进行判断。但是，随着时代的进步，日语教育事业不断发展，日语教育的内容也变得更加丰富，有些已经超出了日语课程的范畴。所以，对它进行整理是很有必要的。

（一）日语知识

日语教育最早可以上溯至晚清。中国人编写的第一本日语教科书《东语简要》主要是一个词汇集。之后，日语的发音、语法以及文字等方面也被加入教材中，例如《东语入门》就出现了"伊吕波歌"和五十音图，并介绍了词汇和短句。此后，阅读类、会话类和语法类等不同类型的日语教材陆续问世。晚清时代，人们对日语学习的兴趣大多集中在看日文，然后再把外国著作翻译过来，所以许多人都在寻求学习"速成"。学习日语的人们普遍持有"书同文"的观点，即只要掌握了语法规则，就能通过颠倒、钩转词语位置的方式将日文资料翻译成汉语。因此，在当时的日语教材中，语法类的比重最大，语法也成了日语学习的重要内容，长时间占据着中国的日语教学主导地位。事实上，日语言字也是日语学问的一部分，但由于日语言字是中国人学习日语时的强项，因而常被忽略，或被归入了词语加工范畴。时至今日，当谈起日语的文字知识时，人们普遍认为最重要的仍然是语音、词汇和语法。

（二）日语技能

长期以来，日语技能一直是我国日语教育的重要组成部分，与"双基"

教学理念有密切关联。这一理念始于20世纪50年代，经历了60年代至80年代的大力发展，并在80年代之后不断地进行丰富和完善。通过对《日语课程纲要》的内容梳理，我们可以清晰地感受到在日语教学中进行"双基"教学的过程。由于我们的教学者一直以来都是以"提纲"为主，而"双基"的内容又是由"提纲"决定的，因此，"提纲"的思想也是从"提纲"的指导下产生的。根据"双基"的理念，我们认为，在日语教学中，不仅要有语言知识，还要有语言技巧。日语大纲对日语知识与技能的要求演变过程，反映了日语"双基"教育思想的发展过程，并在日语"双基"教育思想的指导下，进一步强化了日语"双基"教育。日语能力通常指的是四项基础能力：听、说、读、写。但是，在我们国家，早期的日语教学，不但由于那时的日语以翻译为主，而且由于缺乏语言环境，缺乏专门的日语老师，因此，在很多方面，我们都被忽视了。我们可以看到，在晚清，只有日本人编写的日语教材是以口头交流为主的，例如《日语入门》，由长谷川雄太郎撰写；在民国时代，在初级教育中，有些学校所采用的日语教材之所以强调听力和口语，这是因为在日本占领区的日语教育中，教师要求学生通过动作、图画等形象化的方法来掌握词汇。在中华人民共和国建国初期，日语教育是按照现实要求进行的，日语教学界之前也有"听、说领先，读、写跟上"的说法，也提出过"四会并举"的建议。在大学日语专业或高职院校，虽有翻译技巧的教学，但随后又有听力、口语和阅读的教学，写作和翻译的提法，但是最根本的技巧还是指听说读写。日语知识与日语能力是双基课程的重要组成部分，两者之间是相对独立的，也是相互补充的。语言交流有两种方式，一种是口头交流，另一种是书面交流。人们只能用有声语言（听力和口语）或书面语言（阅读和书写）来进行沟通。两种交际方式都离不开语言知识和技巧的支持。尤其在初级教育阶段，日语的语言知识必须以听说和阅读为重点；在写作活动中，进行和加强了听力、口语和阅读；写作是提高基础知识，如语音、词汇、语法等的有效途径。也许正是因为如此，日语知识与日语技巧在日语"双基"课程中长期占据着重要地位。然而，在21世纪之前我国的日语课程大纲中，大多数都将语言技能作为课程的教学目的，而包含在课程中的日语知识则占了很大一部分。

（三）功能意念

我国日语教学长期以来主要侧重于语音、词汇和语法等方面的教学，包括一些惯用型或句型。但是，在20世纪80年代末期，这种现象发生了重大变化。功能思想法以社会语言学以及功能语言学等理论为依据，是一种以培养交际能力为重点的日语教学方法，在世界范围内都有很大的影响。功能意念法是20世纪70年代初在欧洲兴起的一种教学方法，该方法认为，语言的使用通常始于某种交际意图，通过一定的词语和结构形式而终于一定的言语行为。这一理念对日语教育也有一定借鉴作用。1989年，《大学日语教学大纲》第一次将功能意念表与语言技能表纳入其中，指出"培养日语的书面与口头交流的能力，是日语教学的终极目标"，并将日语的"语言共核"作为教学重心。1990年，《高等院校日语专业基础阶段教学大纲》也将功能意念纳入其中，以培养学生的语言交流能力作为根本目标。可以说，"功能意念"对中国日语教育是一种改革。1992年，《九年义务教育全日制初级中学日语教学大纲（试用）》指出"日语是对外交流的一种重要手段"，"日语教学以培养学生对日语的基本运用为主要目标"，引入与功能意念相关的内容，增加了基本表达方式表。虽然该表是根据《大学日语教学大纲》制定的，但有些句子过于抽象，对学生来说不太适用。自1989年以来，我国日语教育一直将重点放在培养学生的交流能力上，各种层次的日语教育大纲和课程标准中都包含相关内容。唯一不同的是，日语教学大纲没有使用"功能意念"这个词，而是表述为"表达方式"，随后删除了表示意念的词汇，代之以"日常交际用语"，21世纪的新课标将其命名为"交际项目"。之所以如此，是由于英、美学者在批判、讨论之后，又提出了一种新的"交际能力"，认为一个人的语言能力，除了其自身所具备的语言知识能力外，还应包含其所处在各种语言环境中的交流能力。在这种认识基础上，出现了交际教学法，它将语言行为而非语言形式作为起点，根据学习者的学习目标选择和编排教学内容，但是进行了一段时间后，人们发现交际教学法也不是完美的，比如无法将交流中所需的一切语言行为囊括进去。"功能意念"或"意念"在《日语教学大纲》中的"空白"现象，折射出了中国日语教育由注重语法规律向注重交流技能发展的重大转变。《普通高中日语课程标准（2017年版）》删除了已经存在了很多年的关于交际性词汇的附录，强调了话题的引导，不提倡对词汇、语法、表达等进行死记硬背，而是强调对语言的理解和表达。据了解，被删除的交流项主要有三个方面：第一，缺乏选择基础，交流项列出的都是几句话，一旦离开上下文，变化就很大；二是交流内容无穷无尽，内容的量与难易程度难以掌握；三是原来的"交际用语"一栏与语法栏中的词条相重合。

（四）文化素养（文化理解）

语言和文化是分不开的，但是在日语教学的早期，教师往往只注重输出语言知识，而忽视了日本文化。随着交际教学理念的普及，人们逐渐意识到，要从异族人的思维方式、历史视角等方面来感受异族文化。"文化"是一个非常广泛的概念，在日语教学中，我们需要考虑怎样设计与文化有关的教学内容。1996年发布的《全日制普通高级中学日语教学大纲（供试验用）》，第一次提出语言与文化的关系，要求借助文化渗透，提高学生的语言应用能力，加深学生对语言的理解。《全日制普通高级中学日语教学大纲（试验修订版）》在此基础上，提出在学习语言与应用语言之间，要把握好这两个方面的联系，在日语教学过程中，通过对日本社会文化及日本人民的生活习惯等方面的介绍，使学生能够更好地学习日语，扩大他们的视野，提高他们的国际意识，并对他们的日语学习有一定的指导作用，加深学生对自己国家文化的了解，让学生在不知不觉中受到文化的熏陶，培养他们健康的审美趣味，并对他们的自然美、社会美、科学美和艺术美的感知能力进行培养。这种描写较试用期的版本更为具体，也是一种提高，但是日本语言文化究竟包含了什么，却没有明确说明。2001年和2003年所出版的《全日制义务教育日语课程标准（实验稿）》和《普通高中日语课程标准（实验）》中，提出学生掌握日语语言技能的同时，应该能够自如地进行交际，并理解相关文化背景，语言交际能力的产生是基于学生的语言知识、语言技能、文化素养以及情绪态度、学习策略等全面发展的。文化素质包括文化背景知识、语言行为特点等。2005年出版的《大学日语第二外语课程教学要求》中将社会文化项目纳入了教学内容。具体而言，它被分为价值观、言语行为、非言语行为和社会文化背景四个方面，并列举出了详细的内容。2008年出版的《大学日语课程教学要求》同样包含了社会文化项目，该项目被分为世界观与价值观、言语行为特点、非言语行为特点和社会文化等四个方面，具体的学习内容也被详细列举。2012年出版的《义务教育日语课程标准（2011年版）》在文化素养方面进行了小幅调整，但总体没有大的变化。2018年出版的《普通高中日语课程标准（2017年版）》则将"文化素养"改成了"文化意识"，并将其列为"文化理解"的课程内容之一。同时，它还指出，"文化理解是指对不同国家、地区和民族文化的理解与尊重，以及对中华文化的深入理解与认同"。其中，"文化"理解包含了"物质性"与"精神性"，其中"物质性"主要是指饮食、衣着、建筑、交通等。精神文化包括哲学、科学、文学、艺术、价值观念等等。在文化理解方面，我们也可以用另一种语言来描述周围的人和事，以及介绍一些常见的文化现象。这些内容的添加，对于培养学生的交际能力，促进他们对异域文化的了解，都起到了很大的作用，同时也显示了日语教学内容的不断发展演变。

（五）情感态度和学习策略

在21世纪来临之际，无论是中学还是大学，日语的教学大纲都把"综合语言应用能力发展"作为总体的目的，除了语言知识、语言技能和文化素养之外，还要对学生的情感态度和学习策略进行充分的关注，并且把情绪态度和学习策略作为综合语言应用能力的两个重要组成部分。情感、态度不是无中生有的，它需要在学生的话语实践中进行，如果忽视了这个过程，就无法让学生真正地产生正确的学习情感、态度，甚至无法让他们真正地形成自己的价值观念。唯有通过正面的情绪感受和充分的投入，使他们始终维持着对日语的内在动力和兴趣，他们有很强的信心和很强的意志，可以相互合作，从而提高他们的国家意识。学习策略和情感态度也没有什么差异性，在21世纪初，日语也被纳入了大学课程，其目标是使学生改变其学习方法，让他们学会独立学习，这样就可以优化他们的学习效果，使他们具备终生学习的技能。将情绪态度与学习策略纳入日语课程中，无疑是一种跨领域的延伸，并设立下位分项与明确的课程标准，让课堂上的教学有据可依。

（六）话题/主题

在21世纪初期颁布的《初中和中学日语新课程标准》中，"话题"一词被第一次列入了教材附录，这也是它所倡导的"以主题为主"的多样化教育模式。这种改变主要体现在：根据学生的年龄特点，选用与他们的心理特点相适应的主题，有利于他们进行与现实生活相吻合的教学，从而达到提高他们日语交流水平的目的。其内容具有较强的针对性和实用性，有利于交际式的教育理念的落实。《普通高中日语课程标准（2017年版）》将"话题"升级为"主题"，并明确提出，"主题是以人们的生活、学习和工作等为范围，展开的内容；该主题是创设情境的线索，同时也是实施日语实践活动的基本内容。"这些在教学指导性文件中增加"话题"的规定以及规定"主题"的要求是历史上教学大纲所没有的事项。它反映了日语教学中的交际性教育理念在不断深化，它需要在具体话题中创造与话题内容紧密联系的情景，发掘话题中所包含的知识，通过设计与主题相关的试题，开展相关的教学活动，激发同学的学习热情，提高同学的日语知识素养和成绩，拓展学生们的眼界，培养学生们的跨文化意识，加深学生们的思考。

（七）语篇

1989年版的《大学日语教学大纲》率先提出，除了重视句子层面的语言训练外，还应逐步培养语篇层面的交际能力。此后，1990年版的《高等院校日语专业基础阶段教学大纲》也提出要关注语言知识、语境、交际形式和交际意图之间的联系，努力实现得体的表达。同时，还要克服片面追求语言形式和结构，忽视语言功能的倾向。该大纲强调，不仅应注重句子层面的语言训练，还应逐步培养在语篇层面进行交流的能力。其目标是打破传统的"句子是最大单位"的观念，并逐步组织以语篇或话语为基础的教学。但由于客观条件限制，《大学日语教学大纲》只能提出这个问题，而不能做出具体规定。2018年出版的《普通高中日语课程标准（2017年版）》取得了长足进展，将语篇正式列入课程内容，并指明了语篇类型和不同级别的具体内容标准。它明确指出，语篇是一种多模态语言素材，包括口语、书面语和各种文本体裁，图表以及音视频资料等。这在一定程度上对《大学日语教学大纲》和《高等院校日语专业基础阶段教学大纲》曾提出而未能具体化的内容进行了改善。对各种日语篇章的研究和了解，旨在帮助学生们掌握各种篇章的具体结构、文体特征和语言表现特征，为更好地获取、理解和运用各种篇章的资料打下良好的基础，并能更好地发表意见，与别人进行沟通。

第七节　日语教学的基本理论

一、日语教学法与哲学、语言学

（一）日语教学法与哲学的关系

哲学，尤其是辩证唯物主义认识论和方法论已经成为有效开展日语教学活动的依据和基本，在日语教育中，这是理解和解决问题的基本方法。在对教育学科进行研究的时候，要坚持认为，教育规律是一种不因人的主观意愿而发生变化的客观现实。同时，我们要认识到，当科学计算在进步、时代在发展的时候，人们对教学方法的研究也会随之发展和变化。任何一种教学方法，都是在一定的社会历史条件下，与其他教学方法相互交叉、互为补充的，以满足语言教学的需要。各种新的教学方式的出现，反过来又推动原有的教学方式创新，使原有的教学方式体系得以完善。它反映了人类对日语教育的发展历程及其普遍规律的认识，而且，任何一种教学方法的理论，都必须经过教学实践的检验。日语教学过程相对比较复杂，有多种矛盾，要想探究这个过程的规律性，看这个矛盾的对立、统一与发展，就一定要与具体的时间、地点、对象相结合。日语教育学的基本理念是马克思的哲学观。

（二）日语教学法与语言学的关系

语言交际是人们交流的主要手段。在学习语言时，我们不应只注意到语言的构造，更应注意到语言的交流功能。任何一门日语课，其终极目的就是让学生运用所学的语言进行交流。语言是思想的"壳"，语言的掌握程度是人们思维方式运用的直接体现，而人们的思维方式也会影响到其他人的思维方式发展。语言与言语是两种不同的概念，一种由词汇和语法构成的系统，而言语则是在特定的语境中为实现特定目的而使用语言的行为。语言和言语是相互依存的关系，因为语言的社会功能只有在言语中才能够体现。然而，言语需要建立在语言基础上，并受到特定语言规则的限制。换句话说，语言是一个系统，言语则是根据该系统进行的行动。因此，我们可以得出结论，日语教学的最终目标应该是培养语言交际或语言运用能力，在日语教育中，教育的内容并不只是一种语言知识，它还包括了听力、阅读和写作等方面的活动。因此，日语教育中的教学方式运用，既要以学生学习语言知识的需要为依据，还应注重培养学生的听、说、读、写能力，对日语教育进行设计。

二、日语教学法与教育学、心理学

（一）日语教学法与教育学的关系

从教育学的角度来看，日语教学应该是一个不可或缺的环节，而不只是一个培养目的，同时也是教育的工具。教育学中所阐明的原则和原理，对整个学校的教育，学校的各个学科发展，都起着重要的指导作用。教学理论又被称为一般教学科学，是一门关于教学活动和教学规律的学科。教学论与学科教学法，两者既有密切联系，又有不同之处。教学理论是对学校中各个科目的教学流程和教学规则的一种研究，其中所讨论的教学原理以及教学方法，都是从各个科目的教学法的丰富资料中进行分析和总结的；从中提取的内容，可以用来指导各个科目的授课。而科学教育方法在对学科教学理论进行探讨时，既要遵循教育论中所阐明的一些基本规律，也要根据自身的实践结果对教育论进行补充和完善。教学理论是与日语教学方法有关的一门教育学理论。

（二）日语教学法与心理学的关系

心理学是以人的心理过程为主要研究对象的一门科学，包括思维、记忆、想象和意志等方面，以及这些心理过程的规律。课堂教学是一种教师与学生的互动过程，教师与学生的主动性直接决定着课堂教学的成功与否。人的学习过程是一个不断认识知识的过程，它离不开人的思维。为了使课堂教学更好、更有效地进行，就需要对教师心理和学生心理进行充分的研究，对其普遍的生理、心理特征进行研究，把握其在课堂上的心理规律以及智力、非智力、人格等因素之间的协调关系。行为主义与认识心理理论对日语技巧的培训与日语学习者的发展具有重要的理论价值。在教育活动中，心理教育能引导老师与学生找到学习的动力，培养自尊与自信，增强自我意识，掌握记忆方法和规则等。教育心理学是一门与日语教育学密切相关的科学，它是指在一定的条件下，对人的品德和品质的培养，对知识和技能的掌握，对人的智力和人格的发展。教育心理学研究学习动机、兴趣、学习知觉、表象和思维等方面的相互作用，对日语教育方法的探索也是如此，它对学生学习能力等方面的影响也是如此。心理语言学研究的主要是人们在学习和实践运用语言理论知识后形成的心理规律，其关注母语知识习得和第二语言知识习得产生的心理规律，对学习者的年龄、母语文化素质，以及学习环境条件和实际动机进行了强调，学习内容对二语习得的影响。心理语言学的研究结果分析，可以帮助构建日语教育学的新理论体系，并能对教育实践起到一定的引导作用。

（三）日语教学法与社会学、人类学

1.日语教学法与社会学的关系

语言和社会之间是辩证的，二者之间有密切的联系。人是一个社会的主体，人的存在决定着一个社会的大小与活动状况，而一个社会的组织形态又决定着它的性质。作为一种独特的社会现象，它不仅是人区别于其他物种的一个显著特点，同时也是人们沟通的一种方式。是人们和其他文明结合在一起的一个载体。它伴随着人的诞生而诞生，又伴随着社会的发展和变迁而变迁。文化不仅是一种社会现象，而且是一种精神动力，它是人类在漫长的社会实践中所产生并构成的，它是一种社会历史的沉淀。人们通过自己的话语创造出自己的文明，而文明则通过自己的话语而不断地改变着自己的行为方式，从而推动着自己的发展。从古至今，人类历史上所累积的大量文化财富，无不给语言留下深刻的烙印。可以说，社会学理论是几位社会学家结合和发展的结果。从孔德的实证主义研究，到吉登斯的结构化理论分析，从严复的《群学肄言》到孙立平的"社会断裂三部曲"，我国社会学理论得到了长时间

的发展，大约经过了200年。在过去200年的发展时间内，一大部分社会学家产生和形成了多元思想，一部分还有对应的特色派别。这部分思想往往被人们整合，并进行了编纂，形成多元社会学理论体系。这些理论包括功能论、冲突论等传统社会学理论，以及新的功能主义等当代社会学理论，它们产生于20世纪80年代之后，对每个国家的社会结构、性质，以及对其社会现象，也就是对语言、对文化等方面的知识学习，都有一定的帮助。所以，将社会学的相关知识应用到日语教育中，对于日语教育都具有很大的借鉴作用。同时，它还强调了教师与教师之间、教师与学生之间的融洽关系。这里所谓的和谐不仅体现在人们的心理和认知思想上，还体现在实践行动上，强调协调统一。总之，和谐理论是融合高校教育教学内容、语言交际内容和语言文化知识的一大理论。

2.日语教学法与人类学的关系

语言在人们的社会生活中是不可或缺的。现代语言学主要源自两大传统，分别是语言学传统以及人类学传统。其中，语言学传统始于比较语言学以及历史语言学，以对文学作品和书面文献的研究为基础，对语言教育展开了分析和对比，它强调了语言的本质属性，把语言看作是一个封闭而又独立的系统，把它看作是一种既是人文学科、又是自然科学的独立的边缘学科。"人类学"是一种运用研究方法，对没有书面形式和书面体系的语言进行研究，这就是将语言学作为一种社会科学来看待，并将其放在社会和文化的范围内来考察。在人类语言的历史发展过程中，文化语言的出现与兴起是其主要原因。从文化的角度来分析语言的交流过程，语言学家们认为，在语言交流的过程中，不仅仅要考虑语言的体系，还与和语言系统有着密切联系并赖以存在的文化系统有关。用人文文化学的观点来探讨日语教育的问题，需要我们在教学过程中关注文化的交互性。以语言为教学手段，以文化为教学手段，两者应该相辅相成。文化既是研究日语的目标，也是研究日语的方法。中日两个国家在文化上存在着共性，但也存在着差异，因此，日语教学中的一项重要工作，就是要使学生在学习语言的同时实现跨文化的理解。从文化视角研究日语，可以解决语言环境、功能等方面的问题，从而更好地达到交际目标。

（四）日语教学法与系统科学

系统论的认知对象比较广泛，可以称之为系统。语言教学法以"日语"为认知对象，将"日语"作为一个"系统"来看待，因此，必然要以"系统"的眼光来审视与"日语"有关的问题。一个体系是一个由若干个相互关联、相互影响的成分（元素）构成的，并是具有一定功能的一个体系。因而，可以将一个体系视为一个整体。在教育科学研究中，对学生、教师、教材、班级等教学因素的研究由来已久，这些要素之间相互关联并共同形成了一个完整的教育系统，这表明，在人们的观念中，教育并没有被当作一个总体来看待。在应用语言学领域，对语言教学目标的关注多集中在语言教学目标上，而对学生的主体性关注很少，对其所处的教学情境也很少涉及，这是与语言教育的根本原则相违背的。因此，我们一定要把日语教育作为一个体系来加以重视，这是我们的教育理念。站在系统论的研究角度上来看，可知日语教学的价值较多：第一，帮助教师更好地掌握教学目的，清楚地认识到日语教学是高校教育的一部分，必须联系整个教学目的；第二，帮助老师明确自己的教育目标，不要只管不学；第三，帮助指导老师从整体上对教学内容进行掌握，不是对某一课、某一册书的理解，要建立一个系统的知识体系，明确册和课是教科书的子元素，而教科书是教学的元素；第四，在日语教学中，教师能更好地运用日语，充分地彰显了目前的教育状况，持续地向老师们提供了一个外部的语言环境，为他们的学习创造了一个良好的环境。

（五）日语教学法与现代教育技术

教学技术是设计、发展和运用学习程序和教学资源的一种方法，包括教学技术工作者的教学活动和教学资源。《教育技术手册》一书把教育技术分为详细的、无法分割的三大部分：首先是硬件属性，涉及多元技术设备以及完备的教学系统；然后是软件属性，包含硬件应用及其设计产生的多元教学材料；最后是潜在属性，包括理论构思和相关研究成果。

第一，教育技术运用是指运用系统的方法，对日语教学中出现的问题进行分析与解决，以获得教学最佳效果为目标。

第二，教育技术可划分为两类：一类是有形的，一类是不可见的。有形技术是指对自然科学和工程技术学成果的应用，将物理形式的技术运用到日语教育中，从而达到优化教育效果的目的，其内容主要有：从黑板和粉笔，到各种能用于教育的设备，如多媒体电脑和互联网；隐性技术的运用，包括教育学、心理学、系统科学等；传播技术等在最优教学流程中的应用成就。

第三，教育技术依赖于对一切学习资源的开发和利用，以实现自身的发展目标。学习资源涉及的要素比较多，不仅有人员和资源，还有设备和技术等，其中，有两种类型的教学资料，一种是针对日语教学而开发的教学资料，如教师、教材、电脑课件等，投影机、多媒体教室、运动场等等，另外就是在真实的生活中可以使用的原始资源，比如报纸、展览、影视、比赛等等。现代教育技术指的是在日语教学中运用现代教育原理的一种现代化的教育方式。其涉及三大方面的内容：一是现代科技工具，也就是日语教育中的现代教育媒介；二是利用现代教育媒介开展日语教学活动的一种教学方式，被称为"媒介教学"；三是对日语教学过程内容进行最优选择的一种系统性的方式，就是教学设计。在互联网时代，微课、慕课、翻转课堂已经成为一种新的教学形式。日语教学中逐渐形成了网络学习模式等，现代教育技术对于日语教学的冲击效应日益不可忽略。

第二章
跨文化交际概述

第一节　语言、文化与交际

一、语言的定义

作为人类思维活动的载体，语言不可避免地会对政治、经济、社会、科技，甚至文化自身造成一定的冲击。作为一种文化现象，语言是一种持续发展的过程，它现在的空间分布也是它过去发展的产物。结合其语音、语法和词汇等多方面属性的共有性和来源关系，可以将世界语言分为多个语系。各个语系中都有多元语种，这些语系与语种有较强的地域差异性，多元文化特征也和其息息相关。

语言是词汇基于针对性语法规律形成的多元符号系统，不仅涉及语音系统，涉及单词系统，还涉及语法系统。语言可以说是人自身独有的交际载体，是在人类发展和社会经济发展背景下形成的。

二、文化的定义

对一般人而言，文化就像是鱼儿的水，是一种平常可以利用，但不会被人察觉的客观存在。对研究人员而言，"文化"是一个易于理解，但不易掌握的概念。早在1952年，人类学家艾尔弗雷德·克洛伊伯（Alfred Kroeber）就归纳和梳理了几位学者对文化的界定，并给出了一个完整的概念界定。

（1）文化涉及的行为模式主要有两种，第一是内隐行为模式，第二是外显行为模式。

（2）文化的换件不仅涉及一些传统定义，还涉及和这些定义相关的附带意义。

（3）文化可以在一定程度上凸显出受众的贡献和成就。

（4）文化系统不但是人类行为的结果，而且对人们今后的行为发展起着决定性作用。

这一定义可以对文化符号的概念进行明确，它既是人类行为的结果，也是对人们行为的决定因素，也是对泰勒定义的一种扩展。针对跨文化传播这一视角，本书作者提出了一个观点，认为将文化定义为联合国教科文组织于2001年发布的《世界文化多样性宣言》中所采用的解释是恰当的：文化指的是一个社会群体所特有的概念，它将物质、精神、情感三者融为一体，它不仅与文学、艺术有关，还与生活准则、生活方式、价值观等有关。20世纪90年代之后，一些研究者针对文化这一定义做出了分析，可总结如下：一类是在社会的组织层次上，它是在一个具有普遍和长期意义的组织中所表现出来的一类人的行为方式和规范；另外一个是在个人的行动水平上，涉及一些对个人学习有重要作用的规律。上述界定说明：文化不但是一种社会存在，而且它自身也是对一种行为、价值观、社会方式等的阐释和融合，是人与自然、社会与自身关系的表现。

三、交际的定义

《辞海》中"交际"词条下的释义："敢问交际，何心也？"朱熹注："际，接也"。"交际"谓人以礼仪币帛相交接也。结合这一解释，该词之后被人们定义为不同社会领域和阶层人员的交际往来与实际应酬。《现代汉语词典》将"交际"定义为"人与人之间的往来接触"，以上就是这个词在常规意义上的诠释。

"交际"其实学术上的专业术语，其定义是多种多样的。例如，关世杰认为，在跨文化交际中，"交流"指的是信息发送者和信息接收者共享信息的过程；而贾玉新则将交际视为一种动态多变的编译码过程，是交际符号的运用过程。当交际者通过言语或非言语符号赋予意义时，就会产生交际现象。根据跨文化传播的视角，本书作者认为文化的定义可以与2001年联合国教科文组织发布的《世界文化多样性宣言》中所用的定义等同。《在跨文化交际学》中，他认为，语言的交流受文化和心理等多种因素的影响。但是，这种交流并不必然依赖于主观意识，而是一种无意识的交流，是一种通过符号来实现共同意义的交流。所以，交流就是通过符号来传递和解读信息，以获得共同的意义。

伴随着交际学在美国的兴起、发展和日趋完善，"交际"这一观念和它的主题也随之在全球范围内流传开来。本书作者所提及的"交际"一词，主要是指日语中的"communication"。有趣的是，俄语中"коммуникация"（交际）的拼写和发音与日语中的"communication"（交际）有着一定的相似性。对不同语言之间的文化风俗进行对比，可以使不同文化的人在进行跨文化交流时更好地理解对方，找到"共有""共享"之处，以减少跨文化交流中的隔阂。

语言、文化、跨文化交际有密切的联系，可以说语言可以在一定程度上反映出文化状态，而文化也会反过来决定语言的用途和发展趋势。在使用某一种语言进行跨文化交流时，交际者必须遵循文化语用原则。但是，我们不难看出，一种语言在多种因素的影响下，被许多其他地区的人民所使用，这种情况下，在以此为媒介的跨文化交际过程中，交际双方所遵守的使用原则也随之改变。语言和文化是一个不断发展、变化的动态过程，它们并不是完全对应的关系。在一些例子中，多个国家对同一语言产生了影响，导致该语言产生了各种变异。

日语教学的终极目标是培养学生的跨文化交流能力，而文化因素在其中起着举足轻重的作用。学日语最重要的是要用来交流。学习一门语言，理解一种文化，其终极目标就是提高自己的交流能力。

语言是文化的产物，文化对语言的运用与发展起着重要的作用。在使用某一种语言进行跨文化交流时，交际者必须遵循这一语言的文化语用原则。

第二节　跨文化交际的定义

在对跨文化交往进行研究的过程中，对于跨文化交往所下的界定也存在着各自的侧重点，在社会学和文化学的视角下，跨文化交往被界定为一种在不同的文化领域中，进行了一种思想和信息交换的行为。跨文化传播是指两种语言之间相互影响的活动。在具有明显差异性的中英两国之间，通过使用特定的象征，对其意义的理解与期望也会有很大的差别，这些差别的程度会对交流的有效性产生很大的影响。因此，在进行跨文化交际的时候，交际环境、符号运用的恰当和有效，认知程度、交际动机和目的等都会对交际的结果造成影响。首先，交流环境对交际者的跨文化交流能力培养有很大的影响，在交流行为出现时，会对双方的关系和交流状态产生很大的影响。其次，在交际过程中，符号的恰当性和有效性会影响或者限制交际者对符号所表达含义的理解，甚至会影响到交际结果的产生。再次，交际者对自己所处的民族文化、生活环境、风俗习惯、行为准则等的认识水平不同。例如在我国，人们往来之间不会送钟表，因为其不能作为一种赠送的礼品，"送钟"和"送终"谐音，所以把钟当作礼物送给别人是一种禁忌。最终，交流的动机会对交流中的情感表达、交流方式的选择等产生影响。

第三节　跨文化交际的分类

所谓跨文化交际，就是在各种社会环境中所发生的交际行为。但是，对跨文化交流进行内容划分，因其标准与需求而异。

一、按照跨文化交际范畴的不同分类

可以分为"宏观跨文化交际"（Macro-Cross-Cultural Communication）和"微观跨文化交际"（Micro-Cross-Cultural Communication）两种。大尺度的跨

文化交流是一种跨国的交流，也就是不同国家、不同民族、不同风俗习惯的交流。举个例子，中国人和美国人交流。微观的跨文化交往是指在一个国家中的不同的文化圈中的人们进行的交往，其中也包含了在一个国家中，不同民族、不同种族、不同地域的人们进行的交往，如中国汉族和回族的交往。

二、根据交际群体的不同分类

可以分为"文化圈内的交际"（In-Group Communication或者Inter-Cultural Communication）和"文化圈际的交际"（Out-Group Communication或者Intra-Cultural Communication）。所谓"圈子里的交流"，就是在相同的社会背景下，人们在圈子里进行的交流。文化圈际交际的对象是多元主流文化环境氛围下的个体性沟通和交际。例如，分属阿拉伯文化圈和非洲黑人文化圈或者欧洲文化圈的个体之间的交际。

【案例】一位保加利亚外交使节的夫人设宴招待客人，最后一道菜是她擅长的汤，每人一份。在看到客人满意地喝完汤后，夫人依次询问客人是否需要再加一份。其他客人都以"吃饱了"为由礼貌地谢绝，只有一位黑人留学生满脸笑容地答道："好啊，好啊。"等到这位客人喝完第二份时，夫人又问他是否还需要再加一份，这位留学生仍然面带微笑点头同意。不过，当他品尝到第三份时，已经感到有些吃力了，但当夫人问他是否还需要再来一份时，他仍然换上面具般的笑容，点头回答："好啊，好啊。"看着夫人端着汤离开时，留学生已经因为吃得太多而瘫坐在地上无法动弹。

【分析】在非洲这个以黑人为主的国家，如果主人想吃东西，你也不会拒绝。不过按照保加利亚的风俗，如果对方不拒绝，那么东道主就一定会答应对方的请求。在这一情况下，非洲的黑人与欧洲的文化在风俗习惯上的碰撞，造成了一种令人难堪的窘境。由于不同的文化背景，人们的语言表达方式和意义也会有一定的差异。举个例子，某君与一位国外的朋友谈话，在谈到他父母的工作时，他说："My parents are peasants"，令人意外的是，他的这位外国友人露出了惊讶的表情，以为他对自己的父母有成见。结果，日语中有两个单词代表"农民"：一个是"peasant（a crude uncouth ill--bred person lacking culture or refinement）"，与汉语中带有贬义的词"乡巴佬"，"没有教养的人"

相对应；另外一个是"farmer（a person who operates a farm）"，这是一句中庸的话，仅指一份工作。中华人民共和国建国至1980年代，我们国家的日语课本经常使用peasant来表示"农民"，我国改革开放以后就开始使用farmer这个词语。

三、根据交际群体的不同分类

可以分为"跨种族的交际"（Interracial Communication）和"跨民族的交际"（Interethnic Communication）。种族间的交流，例如白人和黑人之间的交流。例如，在美国，对黑人的称呼有"black person"（中性），"negro"（含歧视意味）和"blackamoor"（带有蔑视的意味）等几种。美国白人之前通常以下面这种表达来面对黑人（如今已废止）："dower Negro"（陪嫁黑奴，即当做嫁妆的一部分），"field Negro"（种植园的黑奴）和"new Negro"（新黑奴，即刚从非洲贩运到美国的黑人）。"跨国界"是一种语言现象。举例来说，中国汉族人所用的药物被称为中草药，藏族所用的药物被称为藏药。汉语中"赤脚医生"是对应日语里的"Bare Feet Doctor？Red Feet Doctor？Local Doctor？Village Doctor？"还是"Farmer Doctor？"赤脚医，按照汉语字典的定义，是"在中国乡村，受过短暂培训，不离开农事，能够医治轻症，从事某些公众健康工作的医护人员"，其对应的英文应该是"Local Doctor""Village Doctor"，或者"Farmer Doctor"，其中"Farmer Doctor"最能传递其真实含义。

第四节　跨文化交际的意义

在全球一体化的时代背景下，跨文化交际是一个重要的特点，对由不同的文化背景所产生的价值取向、思维方式的差别进行了分析，对由不同的社会结构所产生的角色关系、行为规范的差别进行了分析，对由不同的国家风俗所积累的文化符号、代码系统进行了分析，对受不同交际情境影响的语言规则、交际方式进行了分析。

对这一学科的研究，不仅要对其展开深刻的理论探索，而且要重视对其在实践中的运用，只有如此，它才会变得更加科学、更加完善、更加丰满，更好地为当今社会提供更好的服务。意义如下：

一、发展共感，消除文化中心主义

同理心是将自己代入到别人的处境中，体会别人的痛苦、幸福、遭遇，使自己在感情上与别人发生了感情上的共振。不同文化背景下人们之间的交流困难，主要原因在于他们对特定的文化现象有着各自的认识。在进行跨文化交流时，如果没有共感，就不能对别人的价值观进行正确的理解和评估，缺少一个相同的背景。

二、发展双向沟通

交流这个过程是多周期的，是多个内容交互影响形成的，不仅包括信息输出者，还包括信息接收方和信息本身。沟通其实也是信息和数据编码，之后解码，最后诠释的全过程。

因为存在着文化差异的原因，使得来自不同文化背景的人们在诊断从另一种文化中发出的信息时，往往会根据自己所处的文化背景进行解读，这就会造成对对方信息的不正确理解，进而会造成错误的判断和决策。

三、帮助了解自己

它的目的在于确认我们每个人都会有的一些态度、观点和倾向，它们不但可以帮助我们确定要说什么、如何说，还可以帮助我们确定要倾听的内容。潜藏在人们心中的偏见，导致了许多跨文化交流中出现的问题，也成了各种矛盾与冲突的根源。

第三章
日语教学与跨文化交际的融合

第一节　日语跨文化交际教学的基础

一、文化语言学

"文化语言学"是以一种"文化学"的观点来看待语言。把语言看作是一个国家的一种形式和一种象征。其研究对象不仅包括语言形态、结构、应用和变化等方面，更重要的是揭示隐藏在这些方面背后的文化内涵。人类所居住的文化世界也就是一个语言世界，而语言与文化之间有着一种相互影响、相互塑造的关系，我们需要对语言和文化之间的联系进行深入的研究。所以，语言和文化之间的联系一直是文化语言学领域所关心和探讨的问题。"文化"有"历史的"与"现代的"之分。所谓"历史"，就是指人类过去所进行的"文化"，所谓"现代"，就是指人类现在所进行的"文化"。但是，文化是一种意识形态的范畴，人们的文化活动也是一个代代相传、不断发展的过程，因此，历史文化与当今文化是无法相提并论的。一个民族的文化发展和改变，都离不开历史文化的影响，同时也一定要把对历史文化遗产的批判、继承作为其基础和前提。通过融合运用不同时代下的文化成分，可以构成统一性的民族文化体系。作为一种精神性的产物，语言既是人们思维的产物，也是一种具有代表性的民族文化。它既是一种延续，又是一种传承。但是，它也有其演变和发展的一面，它演变和发展的后果就是古代和现代两种不同的语言。文化语言学旨在探讨语言与文化之间的关联，它的研究范围既包含了当代的语言与文化，也包含了古代的语言与文化。除此之外，该学科也关注语言变迁与文化转型之间的关系。然而，其研究对于古代文化并非只停留于怀念过去或追逐好奇心的层面，更重要的是希望借助这种方式促进新时代的文化建设。在跨文化教学中，许多有关国家文化以及文化和语言之间的联系的论述，都是从文化语言学的角度出发的。但是，文化语言学的研究往往将重点放在了一种特殊的国家文化与一种特殊的语言的联系上，而对跨文化、跨语言的研究却并没有给予足够的重视，这也是跨文化教育的一个重要领域。

二、文化适应理论

在学习日语的过程中，了解并适应外国文化是不可或缺的。而文化适应论正是基于这一观点提出的。因此，"文化适应"指的是学习者与目标语言社区之间建立的社会和心理上的互动、互通联系。主要包括两大种：一种是从社会观点出发，使学习者在精神上接受该团体的语言，并与其联合；另外一类是将其他协会视为参考，并有意识或无意识地采用该协会的生活模式和社交价值观。一个学习者对一个国家的文化的适应性，体现在他与这个国家的社会距离和心理距离之间。这种社会距离和心理距离可以对一个国家的语言学习产生影响，这是由于这种关系可以对一个国家的语言学习产生影响。当社会和心理距离较短时，日语学习者可以获得更丰富的日语输入，加强对日语知识的吸收和掌握；相反，当社会和心理距离较远时，学习者接受日语信息的数量和质量就会减少，学习者所能接收到的外来信息较少，其所能吸收的信息也较少，学习者所处的文化与目标语言间的社会和心理距离对其产生了影响。社会距离主要用于描述某个社会群体中的个体与另一个完全陌生的语言和文化的群体的接触情况。而心理距离则是多种情感因素的综合表现，这些因素包括但不限于个体的决心、文化压力、文化冲击、动机（工具型或综合型）以及个人经历等。在学习日语过程中，文化适应是一个重要的因果变量。在此基础上，研究者通过对不同的语言学习者进行比较，得出了不同的结论。如果文化适应的进程受阻，即人与人之间的社会与心理上的差距较大，那么，学习者就不能跨越初始的阶段。这一理论研究者认为，日语学习者与目标语间存在着巨大的鸿沟，无论是社会角度还是心理角度上的，都会导致学生的文化适应性降低。通过对第二语言学习者与目标语言社群之间关系的分析，可以发现第二语言学习者对目标语言环境的适应性与融合能力是其目标语言学习的一个重要因素。也就是说，在二语习得过程中，其受到了不同的因素的制约和影响。"文化适应性"理论研究者认为，日语的学习是文化适应性的一个关键环节，而日语学习者对目的语的理解密切相关。因此，学习一门日语的真实意义在于获得一种第二文化，而非一种文化，否则就无法掌握一门语言。外语的学习也是一个融入新文化体系的过程。这是由于语言作为一种文化的基本元素，既是一种表现形式，又是一种文化传播工具。文化适应论通过揭示文化习得在日语教学中的必然性及其社会心理效应，对促进日语教学理论的发展具有重要意义。但是，这种理论也有其自身的缺陷，即对外语学习过程的研究并不充分。而且，在日语学习中，文化的适应性并不能代表日语学习的全过程。个性和认识风格与文化适应性相互作用，但并非全部确定。文化习得论在理论层面再次强调了文化对日语学习的重要作用，同时，也为日语教师重视文化素养的培养提供了一定的理论基础。跨文化教学要求学生在进行跨文化教学的设计与实施过程中具有一定的文化适应性。在进行跨文化教育的全过程中，实现了不同文化之间的相互渗透。

三、文化同化理论

日语学习是一种广泛存在的文化现象，学习者在这个过程中难免会接触到新的文化元素，并努力适应这种差异以便更好地掌握目标语。日语学习中的文化适应涉及内部与外部的互动，代表了本群体使用的语言、文化和价值观念与另一个有不同语言、文化和价值观念的群体之间的相互交流。文化适应是指从一开始接触新文化时的兴奋感和幸福感，到后来的文化震撼，从而产生对目标口号的文化生疏感和抵触感，继而慢慢地平缓了自己的文化紧张。在语言的融合中，语言的冲击与张力是一个不可回避的事实。为使学生能更好地适应不同的学习过程，防止出现石化问题，教师必须采取有效措施帮助学生，避免拉长学生和目标语群体间的差距。老师的工作不仅仅是讲解一些词汇或者句式的含义，更重要的是要让学习者更多地认识到目的语的文化，阐释意义，明确各种社会规范及交流环境。语言为一种文化，学习一种语言就是学习一种文化。每一种语言都受到其独特的历史背景、价值观、世界观和哲学观念的影响，它们都包含着自己特有的文化含义，它们是一种用于传播文化的重要手段，也是人们用来进行思考和沟通的最基本手段。就现实而言，日汉两种语言中所蕴含并体现的文化差别是一种客观而又丰富的现象。无论从哪个视角出发，我们都必须清楚地认识到：理解目的语是为了更好地与目的语族沟通，而不是单纯地被同化，或者产生文化偏见。另外，在日语教学中，要根据学生的实际认识水平，逐步引入文化知识，太快或者太慢都会导致不好的后果。尤其是如果文化接触超过了学生的理解能力，那么就有可能对其产生文化抵触，从而形成早期的语言石化现象，这对于日语学习十分不利。

第二节　日语跨文化交际教学的意义和任务

一、满足日语教学发展

中国人的语言表达方式常常被不同的社会文化限制，因此，在跨文化交流过程中，常常会发生"文化冲击"的现象，这种现象往往是由于文化上的隔阂而导致的。"文化错误"是一种比语言错误更可怕的错误，语言错误只是一种语言的错误，它不能清晰地表达自己的意思，它常常导致本国人和外国人的误解，甚至敌对。说话人必须具有一定的跨文化交际技能，这样，他就可以有效地规避因其文化背景所引起的交流障碍和交流摩擦，从而达到交流目的。所以，日语的教育不能仅仅局限于语言层面，还应当涉及文化层面。一个国家的语言是这个国家的文化的一个主要内容主要载体，它的文字，它的句子，甚至它的每个单词，都蕴含着这个国家的文化信息。将日语与中国文化相结合，能开阔学生的眼界，增加他们的见识，加深他们对世界的理解，汲取外来文化之精髓，以提升自己的文化素质，已经是日语教育界的一种共识。

二、适应新时期中国社会经济发展

随着中国不断扩大对外开放，中日之间的联系也日渐密切。对国际化人才的要求，不仅仅是要优化他们的知识结构，还要提高他们的语言能力，要对他们的文化观念进行国际化的认识，也要了解他们的异域文化传统和交往礼仪。在两个不同的文化体系中，人们可以进行差异性的文化沟通。要想顺畅而恰当地与外国人相处，光有丰富的词汇量和流畅的语言表达能力还远远不够，还需要对他们的历史、风俗、生活方式和价值观念等有深刻的认识。在大学日语课教学中，应加强跨文化教育，以适应国家科技、经济、文化的发展需求，从而使大学日语课更好地开展，更好地促进大学日语的发展。我们认为，在大学日语教学中，应注意引入文化差异，增强学生对两种语言的理解，扩大他们的知识范围；加强对学生的跨文化交流能力的训练，为培养出一名国际化人才打下良好的基础。

三、促进大学生社会性发展

人类存在于社会之中，并且肩负着某种社会责任。个体和群体是相互依存和影响的。一个人要想在社会上获得成功和发展，就一定要学知识，而知识的获得与社会的各个方面都是密不可分的，在知识的指导下，学生们可以根据自己的实际情况去了解和自己的生活有很大联系的社会环境、社会活动以及社会关系，从而让自己的经验、感情和能力得到进一步的充实和发展。深化对自我、对他人、对社会的认知和了解，并以此为依据，养成一个好的行为习惯，进而对社会的主导道德观、价值观和判断能力发展起到正面的作用。高校是为国家培养人才的"摇篮"，也是促进社会发展的重要力量。当今大学生的社会交往越来越多，交往的形式也愈发多样。我们应该利用跨文化教育的方式，增强学生的协作意识，提升学生的跨文化交际能力，以帮助他们了解世界及社会是如何发展的。大学生谋求长远发展的前提是追求平等、尊重差异、提倡合作。随着社会的发展，各民族间的交往必然会越来越多。重视跨文化教育，可以提高对不同文化的认同程度和包容度，使得人们学会和他人相互尊重、理解，平等写作，促进语言文化体系的完善和发展，实现多元语言文化间的交叉融合，促进大学生现代化、社会化、可持续发展。

第三节 中日跨文化交际中语言的相互影响

一、中日跨文化交际中语言文字的相互影响

语言是一种特殊的、以对信息进行编码、采取破译的方式进行交流的复杂体系。而这种延续性、超时效性又为人类的文化得以延续提供了可能。可以说，一个民族发展的标志就是语言。人是一种群体生活的生物，在漫长的历史进程中，人们的言语和行为都具有一定的发展规律性。而且，这种方式是潜意识的，并且在接受与这种方式相违背的消息时，感觉"不自然"，最坏的情况则会产生交际冲突。所以，学一门本族的语言，就是迅速融入本地社会的最好办法。但是，光有恰当的语言表达方式是不够的，我们还要懂得不同文化中人们的交流规则。从中日两种语言形态的对比可以看出，汉语和日语既有密切的关系，又有很大的差异。尽管在某种程度上可以产生文化认同，但同时也会产生各种各样的误会与摩擦，使人与人之间的交流变得不方便。所以，研究中日跨文化中的语言交际和非语言交际差异，对于促进中日跨文化交际具有重要意义。

（一）语用文化与语用规则

作为学习语言和文化的人，了解该种语言在其主要使用社会中的规范是非常重要的，特别是对于跨越文化差异来说。相比于西方强调个人主义的文化，中日两国的文化则更趋向集体主义。这种价值观影响到了语言交际方式，表现为说话方式委婉曲折，经常使用谦虚自贬的表达方式，礼貌用语系统也更为发达。汉、日语言中"寒暄"的基本概念甚至有共通之处，这在其他语言中并不多见。西方人与中国人或日本人说话，往往感到很难，因为一开始，他们就会说一些不相干的客气话，但是听了好久，也找不到问题的要点。除上述共性之外，我们应该特别关注中、日两种语言文化的语用差异。

1.礼貌用语

英国著名语言学家利奇在《语用学原则》中提出，礼貌原则是由得体准则、慷慨准则、赞誉准则、谦逊准则、一致准则和同情准则六个方面构成。这样的总结表明，礼貌原则在各种语言文化中都有着普遍的意义。但同时，我们也应该认识到，即使如此，礼貌用语在不同文化中的表现形式仍然存在差异。对于中国人经常说的类似"吃了吗""有空常来玩儿啊""去买菜呀""幸会幸会"等日常用语，汉语里，没有一个清楚的、统一的名称。有些人称之为应酬话，也可以称作为"招呼""问候语""客套话""委婉语"等。礼貌用语指的是因为礼节而使用的交际语言。狭义的礼貌语言特指在人与人交往过程中，根据具体场合和对象采用一种客气、得体的独特表达方式（如问候、寒暄、打招呼等），即在特定的社会语境中，以符合礼仪规范的习惯性表达方式来展现礼貌行为。比如中国人经常说"有时间就来看看我"，这是一种问候语，用来向我的来访者致意。当他们向顾客表明他们想要再次光临时，顾客会以"好的，好的"来回应他们的客气。双方都感到彼此的好意，也知道这只是一句客套话，并没有讨论什么时候再来。在这种礼貌原则下的交往行为，除了通过语言行为进行表达，还可以通过非语言交往行为来体现，如表情、手势、体态等。

2.交际风格

中国是一个讲究礼仪的国家，礼仪的一个重要体现就是对礼仪文化的运用。中国是多民族的社会，汉语是中国的正式语言。中国人在运用汉语交流时，也具有很强的本民族特色。

（1）中国交际风格

人情交际。中国社会是一个很有人情味的社会。古语有云："四海之内皆兄弟。"中国人喜欢以中华民族为一个大家庭，以"同胞"和"兄弟"的方式对待世界各地的人们。中国人虽然彼此并不熟，但习惯上还是会说些客套话，若是被划入"自己人"这一类，那就更加不会吝啬于言语和行为上的亲昵了。许多老外都说，中国人很友好，有的时候，还有些过于友好了。在某些人与人之间的遥远距离上，这样的"中国式"的亲昵行为的确会引起某种程度的窘迫。例如在宴会上，中国人就会不断地向客人敬酒，诸如"再吃一点""多喝一点""干了""再来一杯"之类的话语，对于日本人来说是比较多余和带有纠缠意味的。日本人餐桌上的冷漠态度，常使不懂日本文化的中国人感到受到冷遇，还会造成他们不受东道主待见的错觉。这种可以缩短双方距离的倾向还会表现为亲属称呼针对非亲属身份的泛化上。中国是一个民族众多、自然环境复杂的国家，从远古时代起，中国的文明就具有了"乐土乐天""包容万物"等特征。我国礼法强调宗族、血缘关系，严格遵循"家国一体"的标准原则，也导致这类人情现象产生。

尊人贬己。中国人往往通过自贬身份来提高别人的地位，进而表示尊重。就拿称呼来说吧，人家的儿子叫"令郎"，自己的叫"犬子"。当谈论到自己或者与自己相关的事情时，为了表示对别人的尊重和爱护，一般都会使用比较委婉或者自谦的表达方式，往往会在前面加上诸如"小""弊""拙""鄙""老""愚"等这一类的贬义词。这些词一般用于书面或正式场合，但也有一些常用词用于日常交际。除此之外，在中国，人们讲话时通常不会直接明言，注重为自己和他人留有余地。这是因为中国人深信"满招损，谦受益"的道理。因此，除了使用尊称和谦称，中国人在交际中还习惯使用委婉语，避免在公共场合批评别人或揭露别人的缺点等行为。在这些习俗中，我们可以看到中国人"以德服人、以和为贵"的中庸之道。自古以来，中国社会就高度重视礼法，因为人们认为失礼的代价非常严重。从某种层面上来说，"礼"甚至可以被看作是与"法"同等重要的概念。戏称中国以礼治国，不是依法治国，也是非常有现实价值的。这样一段漫长的"以德治世"的历史，对当今人类的言语表达方式产生了深刻的影响。

（2）日本交际风格

在与日本人的语言交流中，我们可以看到他们与中国人有许多明显的差异。例如，他们尽量避免使用尖锐的话语，很少大声地争论；他们的语气非常委婉，很少使用污言秽语。归纳日本人的交流方式，有两个最重要的特点。

敬语。在许多老外看来，这一弯腰，一脸恭敬的样子，就是日本人给他们留下的深刻印象。按照交流双方的社会地位、年龄等因素进行分析，敬语的用法因男女等而异。在语言学校教外国人日语的一位日本老师就曾和学生们说过："在日本，不学好敬语是无法好好生存下去的。"由此可见，敬语在日本的社会中占据着举足轻重的位置。敬语就如同日本人在面对各种社会现象的时候所佩戴的一层甲壳，它既可以表示尊敬，又可以提高人的地位，也可以避免冲突，保护自己。

暧昧委婉。暧昧和委婉这种表达方法是具备代表性的，具有明显的交际特征。与其他各种语言并存的国家不同，日语是日本唯一的一种正式的，也是最常用的一种语言。日本是少数几个地区使用同一种语言的民族。在这个大人和学生都说日语的闭塞的小国，每个人都不必把所有的事情都说清楚，就能了解到彼此的想法和感受。

（二）交际功能

1.问候与告别

（1）问候

寒暄是交流的开端，也是交流中首先要面对的问题。在中国，两个熟人在大街上偶然相遇，往往会问一句："吃了吗""上班去吗"，然后互相问候。这是一种友善的问候，话题很多，可以根据不同的场合，明确不同的人在做什么，提出不同的问题。提出问题的人并不一定要了解对方是否真的要买东西，而是要找一个可以聊的话题，以表达自己的善意与关切。即使有些话题牵扯了私人话题，也不会让人觉得有什么不妥，因为同样的语言，听众很容易就能感受到其中的情绪，然后配合着说话。在称谓方面，更多地表现为使用亲族称谓来拉近关系。日本人却不一样，在打招呼时，过分关心别人，反复打听别人的隐私，这是社交上的禁忌。所以，他们一般都会选择一个大家都能感觉到，或者大家都关注的东西，比如天气。尤其是书信往来，寒暑更是少不了。四季如春的自然环境，多变的气候，加上以农业为主的民族生产和生活方式，使得日本人十分注重天气，因此，通过天气向人致意是日本人较为习惯的一种打招呼方式。同理，说话人的目标也并非真正想要打听天气情况，也并非想要知道另一方的真实感觉，而是想要增强集体意识、增强连贯性。就算你不是真的感觉到了，也要顺着他的话去做，不然的话，只会让自己陷入尴尬的境地。

（2）告别

在中国的告别场合，最常见的表达方式是"再见"或"明天见"，有些年轻人会受外来文化影响而使用"拜拜"等外来音译词。此外，在一些正式场合或表示长时间分别时，人们通常会使用更为严肃和庄重的表达方式，例如"后会有期"。对于离开他人家中的场合，人们也常用"告辞"这样比较客套的表达方式，以示对主人的尊重和礼貌。其实，中国人在别人家中做客时，道别的过程也是相当复杂的。从一位顾客主动表示要走，到他真的走了，这中间总要经过一段相当漫长的寒暄，此时，比如"谢谢您的盛情款待""打扰您了"之类的感谢和道歉。在再三邀约与谢绝后，通常都是将宾客远远送行，并留下一句"我先走了""谢谢你，不用再送了"之类的话作为结尾。

2.称赞与谦虚

（1）称赞

称赞可以说能够促进成功交际，中日在该点上有很大的差异性。日本人通常称赞"外人"，不怎么称赞自己的家人。另外，中日在赞美对象和赞美内容等方面也有较大的不同，这些都会导致人们在进行跨文化交流时的失误。中国人的称赞语言并不像日本人那样严格、一丝不苟。个人能力，人格修养，社会功绩与经验，都是很好的夸奖对象。此外，在许多场合中，对个人隐私说几句恭维话也是合适的。虽然在夸奖的时候，会因为夸奖的对象而选择不同的话题，但中国人大多认为夸奖是一种礼貌的表达，并不会让人觉得受到了冒犯。但这并不是日本的真实情况。在夸奖别人时，提到别人的隐私是很不礼貌的，上面提到的这些中国人经常提到的夸奖，都是日本文化里的一个忌讳的主题。此外，在夸奖对方时，也要格外小心，日本人一般将夸奖的目标分成两类：一类是可以夸奖的目标，一类是不能夸奖的目标。因此，甚至一个客套都会引起对方的反感，在进行跨文化交流时，要特别小心。

（2）谦虚

中日两国同西方文化相比，在"谦虚"这一方面具有明显的特点。当外国学生学中文的时候，他们的教师和课本上往往会有这样的内容，中国人被人赞美后会说"哪里哪里"。在传统的儒学文化影响下，"拒绝"和"避重就轻"的回答仍十分普遍。然而，这种情况常常发生在距离比较遥远的人身上，假如是亲近的人，完全否定赞扬就显得有点假惺惺、生疏，不是最好的办法。现在，中国人，尤其是青年人，更多地用"谢谢"一词来表示对别人的称赞回应。

3.致谢与致歉

（1）致谢

中国人很少说"谢谢"，除非是在很简单的事情上，否则很难做到这一点，就算要说，也大多是在后面加个程度副词，比如"非常感谢你的帮助"等。通常，中国人在表示感谢时，更倾向于采取拐弯抹角的方法。除此之外，他们还经常使用类似于"以后有什么事，请来找我"这样的补偿式的感谢。在中国，尤其是遇到对你帮助很大的一个老人或者一个陌生的人时，一句简单的"谢谢"，怎么看都不像是真心实意。有句话叫"大恩"，那就是"大恩不言谢"，心中的感激，可以用言语表达，就不能称之为大恩。中国人觉得，未来的日子还很漫长，每个人心里都有一笔"人情账"，虽然没有明说，但大家都心知肚明，与其如此，还不如用实际行动来证明自己的价值。日本和中国也没什么差别，"人情"和"义理"文化已经融入人们各个生活领域。接受了别人的馈赠，不但要回礼，还要在言语上有所表示。

（2）致歉

汉语中常用的致歉词并不多，一般只有"对不起""不好意思""抱歉"等形式，但很少在交流中被用到。反而越郑重的道歉越被大量使用。一般来说，中国人通常都是在确实犯了错误，或造成了不良影响的情况下才会道歉；在道歉的同时，而且往往还有理由说明、建议采取的对策，等等。在中国人的观念里，"道"字的意思是你要对这件事情负责。与此相反，日本人对致歉的态度则更为僵硬，更为正式、程式化。在许多相似的场合，中国人都会采用更为灵活的其他言语，或者用一些非言语的方法和手段来表示自己的情感，例如回以一个道歉的笑容等。

二、中日跨文化交际中语言文化的相互影响

语言是最常见、应用范围最广泛的一种交流手段。然而，在未形成成熟的语言系统以前，人们又是怎样进行交流的？这就涉及了一种从人类文明之

初就存在的交流方式，那就是非言语交流。尽管在人类社会的发展过程中，强大的话语体系逐渐削弱了其在人类社会中的地位，但是，在人类社会中，非言语行为依然发挥着不可忽视的作用。对于非言语交流，一些学者给出了一个非常简单的概念，比如"非语言交际是不用言词的交际"。有的定义则比较具体，如"非语言交际是不用言词表达的、为社会所共知的人的属性或行动，这些属性和行动由发出者有目的地发出或被看成是有目的地发出，由接收者有意识地接收并有可能进行反馈"，或是"在一定交际环境中语言因素以外的，对输出者或接收者含有信息价值的那些因素，这些因素既可人为地生成，也可由环境造就"。从这些定义中，我们可以看到，从点头、招手、鞠躬这一类表现比较显著的身体动作，到容易被忽略的音量的控制、个人用品的选择等，虽然不同的学者给出的定义和分类方式存在着差异，但是，非语言交际行为基本上将除语言以外的一切可以传达信息的形式囊括在内。从总体上看，非言语交流的功能主要有两个：一是在不能利用言语手段，或者言语不能准确地表述时，进行信息的传达。二是在言语中起到补充、强调，甚至起到否认的功能。在许多情形下，与言语比较起来，非语言行为所传递出来的讯息更加真实、可信，有些时候，它还能表达出连说话者自己都没有意识到的内心的真实情感。这种差异在中、日人民交往中尤为明显。其中，以中国与日本最为突出，其语言表达中存在着"只能意而不能言""以心传心"等"高语境"现象，其语言表达方式在语言表达中发挥着越来越大的功能和作用。要想与中、日人民进行交流，我们就必须学习如何了解并运用非言语，这样我们就可以更好地进行交流，同时也可以更好地避开不同民族之间的文化碰撞。

（一）体态语

体态语，又可称之为身势语、肢体语言或身体语言，在日语中一般被叫作"body language"，就是人们通过脸部、手部，甚至整个身体的运动所传达出来的"无言的语言"。尽管某些习惯行为会随着人们的个性而产生差异，集体给予某种行为的习惯含义也会随着时间的推移而发生改变，但从整体上来看，对比欧美、非洲等国家的文明，人们对某些行为的理解往往是一知半解。

无论是中国人还是日本人，在与人交流时，都不会有太多的肢体语言，也不会有太多的表情变化，所以看起来有些"高深莫测"。即使是相同的姿势，由于中日两国的文化，也有很大的差异，并且表达着截然相反的意思。

（二）副语言

副语言又称类语言或伴随语言，也可称为副语言特征或伴随语言特征。严格来说，副语言并不是一种语言，而更像是一种语言的辅助工具。副语言没有语法意义，对其意义的理解，更多的是依靠交流现场的情境和上下文。副语言所包含的下义词有很多，比如音色、音长、音高、音量、语速、节奏、情绪音、生理音、沉默、停顿、话轮转换等。

（三）客体语与环境语

毕继万和胡文仲在《跨文化非语言交际》一书中，研究了客体语和环境语的应用情况。对于客体语，一般的看法是，指人工用品，包括化妆品、修饰物、服装、衣饰、家具等。这些物品多具有实用性和交际性，可传递非语言信息，展示使用者的文化特征、个人特征，因此人工用品也是非语言交际的重要媒介。

对于环境语，主要指文化本身所造成的生理和心理环境，而不是人类居住的地理环境，包括时间、空间、颜色、声音、信号、建筑等。环境语言是非语言交际的一种重要形式，也是一种客体语言。

客体语言能够模糊地传递诸如性别、年龄、国籍等私人信息，涉及人品、职业、社会地位、家庭背景、居住地区，体现出个人的文化特征，给人们带来不同的感受，进而促使人们在不同的语言环境中做出不同的选择。

中国传统文化中蕴含着深厚的人文精神，人们在人际交往中带有浓郁的"人情味"。而日本人很重视细节，这一点也从他们的非语言交际中有所体现。因此，我们对跨文化交际要有正确的认识，关注非语言信息，以保证交际的有效、顺畅。

第四节 跨文化视域下的日语交际规则

一、作为文化要素的语言行为

（一）语言与文化

人有自己的个性，社会群体（文化）也有自己的独特性。社会群体的特色被称作"文化"。文化是人们在社会中创造并维持的一种思想观念及一种生活模式的总称，这种思想观念及行为模式是社会的一部分。特别是文化，既有知识，也有艺术，还有道德等。然而，文化是由群体保持和延续的，不同的群体具有不同的大小和层次。当涉及文化时，最根本的团体单元往往是国家。实际上，人类在地球上分布于不同的地域，创造出各自独特的历史和文化。在这个过程中，形成了民族这样的群体单位，并产生了各自的独特文化。因此，文化与所属的民族同步存在。民族是最强大、最基础的群体个性的承担者，代表了具有共同文化的整个群体。为了将其与家族、职能集团、地域社会等群体区分开来，这些以类似单位为依据的文化被称为"下位文化"。文化是一个庞大的综合体，包含制度、技术、文化产业以及其他各种因素。然而，这一综合体的核心，却是国家的意识形态，以及与之相对应的行为方式。在群体成员的行为中，语言行为是一种自然的社交行为，人们通过它与其他成员进行交流。由于这种行为的广泛性和重要性，人们将其视为社会的核心或本质。

（二）语言与环境

人类的行为都会受到特定环境的限制和影响，包含言语行动。环境自身具有自身的制度与标准，它既是国家的制度，也是社会的文化制度。在这种情况下，人们的每一种行动都会受到某种程度上的限制，不然人们的行动就难以捉摸了。文化是从属于国家的，语言业是从属于国家的。一个国家以一种在语言、居住地域、经济生活和精神状态方面都很稳定的团体的形态存在于世界上，语言就会深深地承载着该民族的烙印。因此，语言成为这个民族及其文化最具代表性的标志之一。

（三）文化要素中的语言形态

如果将文化要素视为行为的形式，因此，言语行为方式也是一种非常关键的文化因素。言语行为方式是一种文化现象，但是，如果外来的人们在交流中违背了自己的传统意愿，他们就不能被接纳，造成交流障碍。每一个国家都是以本国的文化为核心来观察世界的，因而难以接纳别国的文化。"仅有一套完整的语言系统，还不足以采取恰当的言语行动，而不当的言语行动，在社交活动中所造成的不良后果也各不相同。"根据社会语言学的观点，人们在交流过程中所出现的"文化方面"的失误，比起语法失误来，更难被宽恕。所以，要讲一门语言，就要了解这个语言的原住民的思想与价值观，单纯有一门语言课程是不够的。语言与文化之间存在着密切的联系，它们是一个整体，文化是语言的核心内容，而语言则是文化的一种表现方式。在学习日语的过程中，研究日本社会和文化不应当被视为附加任务而是必需的一环，否则将难以真正理解日语的内涵和使用方法。

二、日本人与语言交际

（一）日本人的群体文化特征

语言与文化、社会密切相关，在一定程度上影响人们的语言行为。研究民族性时，通常将西方社会视作个体主义文化，将日本社会视作集体主义文化。在个体主义文化中，人们具有独立意识和良好的社交能力；而在群体中，个体之间存在着依赖关系，个体之间缺少独立性，社会交往能力差。此外，两人的社交能力也有明显的不同，在行为特点上存在着差别，这是因为在各个民族之间存在着个性结构的差异，而个性结构差异与他们的文化和社会结构有很大的关系，形成人格结构、社会结构和语言行为的关系网。一个人的性格由先天性部分和环境影响下形成的习惯性部分组成，后者受到文化的影响。从民族和语言行为的角度看，习惯性部分即社交特点，即社交层厚或薄。社交层可以理解为与外界接触时容许参与的程度，在社交层厚的文化中，人们喜欢社交，在社交层薄的文化中人们更容易受伤害。由于担心受伤，日本人在语言上具有回避激情、不谈论敏感问题等许多方面的特征，使用委婉、含蓄的表达方式等。因此，日语中涉及辱骂和秽语的词汇非常少。社交层的薄厚也反映了个体独立性的强度，从而形成"耻羞文化"，即缺乏自信，对他人的评价十分关心。集体主义社会普遍存在"群体心理"或"群体主义"的特征，这是社交层薄的结果，对日本人的行为模式和语言行为方式产生规范性作用。在集体主义社会中，日本人还重视"序列"行为准则，根据年龄、地位、身份、资历和经历等分类，严格按序执行，不允许超越或突出个人。

（二）日本人与敬语

在日本，人们需要使用敬语来对待地位高于自己的人，如果直呼其名，"不知分寸""过于自信""狂妄"等等带有负面含义的词语，都会被拒之门外。这是由于日本人在思想、言语上受到集体文化、等级观念等伦理观念的强烈制约，从而产生了很多具有鲜明个性的人物形象。首先，以群体为中心、崇尚和平的思想已经根深蒂固，日本人很在意别人对他们的看法，他们很容易被别人的看法影响，他们对外面的世界有一种恐惧。所以，他们具有敏锐的洞察力和观察力，却又缺乏积极的社交能力，在面对"外人"时，常常感到"害羞""不好意思"。其次，由于日本人相信团体是通过利益联系而组成的，所以他们十分重视"义理人情"，把"有恩必报"视为一种道德。不管是对双亲的养育，或者一餐饭、一杯茶，都是一种感激，所以日本人常常说"谢谢啦"，一点也不矫揉造作。第三，日本传统的书香文化形成了日本人不善交际、内敛的个性，同时也与"克己"的自我压制有关。日本人在与人的交流中，信奉"沉默是金"，推崇"以心传心"，对言辞华丽、口若悬河的人，往往嗤之以鼻。所以日本人很少跟别人争论，也很少跟别人讲道理，跟别人说话也多听少说，随声附和，很少提出自己的看法。第四，日本人在提出自己的要求时，不会直截了当地采用诸如"我想如此""我的看法如此"之类的措辞，而更倾向于用含蓄委婉的语言表达自己的意见，意思就是不要强迫别人，要留给别人思考和判断的空间。这样的言语动作，通常是外国人听不懂的，会被视为暧昧和误会。

三、日语的交际规则

日语的交际目的在于理解日本人语言交流的社会文化特点，从而扫清不同文化之间的隔阂，更好地和日本人用日语交流。然而，跨文化交流总是具有挑战性的，因为文化涵盖了交际领域，而交际必须基于语言能力。当语言被视为一种交际工具时，需要具备良好的语言能力，否则交际就无法实现。但是，要进行一种交流，不仅要懂得一种语言，而且还得十分熟悉和它打交道的那个人，即使他对那个人也是一窍不通，不然，交流就会失败，这些都是所谓的文化素养。语言能力与文化能力的组合构成了一种语言交往能力，这是一种介于语言和文化之间的能力，包含着语言规则和一般交际规则，在跨文化交流中遵守这些规则非常重要，否则会影响沟通效果。

（一）启动规则

跨文化、跨语言交际中，最困难的部分在于如何开始和进行交流，我们称之为启动规则。启动规则包含着文化和语言方面的规则，例如使用不同语言时的问候方式。以与日本人交流为例，使用日语进行交流时，打招呼是第一个问题。中国人经常会说："你吃过晚饭了吗？""你工作了吗？"等等，都是用来表达友好的问候，而日本人则恰恰相反，他们的打招呼重点并不在于针对别人的私人私事，而在于别人的举止和团体的和谐。举例来说，在早晨会面时，以"起早"的方式打招呼，以表达对起床时间的赞扬，在日本这个农业社会里，"起早"就是勤快劳动的代名词。与其说一声"你好"，还不如说一句"今天真热""下雨了"之类的话，进而增强群体认同性。在这样的时刻，无论你的真实感觉是什么，你都应该顺从，不要否定；否则的话，会影响到他们的交流。第一次的交情，都是从自我介绍开始的。日本人在这一点上有一个规矩，那就是首先介绍自己，决不能询问别人的名字。日本人在介绍自己的时候，并不在乎对方的名字，只在乎对方的工作单位和职位，因此必须在自己的姓名前冠以"某公司的""某大学的"，否则日本人就拿捏不住你的脾气了。通常，日本人在进行正式会谈前，会先用一段时间来讨论彼此所关注的话题，或者是天气状况、热点话题等，以此来进行交流和建立关系的基础。由于日本人并不擅长与外人和陌生人进行交流，因此，这一环节就显得非常重要。因此，在谈话中，要避免只顾自己的利益，而不顾别人的感受，更要避免滔滔不绝、夸夸其谈，否则，日本人就会起疑心，给你留下一个坏的形象。尤其是当着老人的面，他们会占据主动，在长辈不开口之前，保持安静是最好的选择。对年长的人提出一连串的问题或强行把他拖进谈话中，都是非常无礼的。

（二）参与者规则

交际需要有参与者，他们一起构成了交际网络，并且遵守着参与者规则。在与日本人交流时，需要特别注意上下关系、内外关系和利益关系，因为这些关系将决定你在交往中的举止方式和使用的语言变体。对于长者、外人或利益相关者，必须用敬语变体表达敬意，称呼要礼貌，态度要谦虚恭敬，选择话题也要慎重考虑，并尽可能满足对方的需求和期望。要达到这个目的，就得有很强的洞察力和分析力，特别是当你和两个或更多的日本人谈话的时候，你要弄清楚他们之间的联系，并且要判断出他们的交流重点应该放在哪一个人身上，不能单纯照顾下者，不顾及长者，这在本质上是对日本人严谨的次序系统的一种破坏，令人无法忍受。上下关系、内外关系、利益关系的错综复杂，在现实的交流中，很难很好地处理。比如，一家公司的一位主管与一位员工，他们在公司里属于上级与下属的关系，谈话中也会有上级与下属的区别，但是如果有其他公司的管理者介入，下者应当更多地关注"外"人，尊敬的核心主体不再是内部经理。在请求他人帮助时，无论与对方的关系是上下级还是内外部的，都应该表示尊敬。参与者之间的关系流动性源于文化根源的不同。

（三）内容规则

各种语言沟通都有其目的，目标往往在其内容中得到反映。就日本人的交流而言，谈一谈彼此熟悉的地点和事物，或谈一谈彼此的经验和兴趣，都是不错的话题。日本人不介意讨论自己国家的社会、政治等等，他们喜欢表达自己的意见。总的来说，日本人并不愿意被询问他们的收入、财产、年龄等等，他们认为这是个人隐私。日本人不喜欢谈论他们自己，他们不喜欢坦率地陈述他们的观点，表达他们的意愿和诉求。在谈到这种话题时，用词要委婉含蓄，只有当另一方明白时，交流才能顺畅。日本人更愿意在别人面前夸奖别人，但是他们期望得到的却是感激和自贬身价，而非热烈的肯定。事实上，日本人的赞美往往只是一种表达善意的方式，并非完全建立在真实的基础之上。对年长的日本人的正面的评论，并不包括赞扬。比如，在一次日本的教授演讲后，不要说什么"你的演讲真棒"，否则就会显得自己比别人高人一等，而要说"谢谢您""受益匪浅"等等。日本人在与人谈话时，常常不断地赞同或点头，这是一种客气的表现，它意味着"我正在仔细地倾听你说的话"，并不意味着赞同你的观点。在日本文化中，人们倾向于通过先肯定对方再以转移话题或沉默的方式来表达对对方意见的否定，这种语言行为的目的是避免影响人际关系和使对方难堪。语言行为像其他行为一样受许多规则的约束，但是按照规则整理复杂而多变的语言行为是非常困难的。本书旨在探讨日本的口头交际和语言行为，并试图解决跨文化交流时遇到的困难。尽管这仅仅是一个尝试，但也希望能够引发更多的思考和探索。

第四章

跨文化交际视域下的日语听力教学

第一节　听力教学理论概述

一、听力教学的重要性

在日语教学过程中，听力起着举足轻重的作用，它是学生进行语言沟通的基础，也是一种较难掌握的技巧。听力的提高需要长期的努力，是一个循序渐进的过程。

（一）以听力教学巩固语言知识

在日语教育领域，人们一直以来"以教授为主"。具体地说，就是学生在老师的讲课中，对所学的知识进行了初步理解，然后再利用口语练习或者写作练习，完成对所学的知识内化。建构主义理论主张，在此基础上，笔者提出了一种新的概念，即在认识要素与情绪要素的交互作用下，实现了语义体系的构建。在日语课堂上进行日语听力知识的学习，可以帮助学生对所学日语知识进行巩固与内化，从而形成一个完整的知识系统。语言学习观念的转变，是因为对宏观层面语言学习理论的研究，具体包括了语言学、心理语言学、认知心理学和社会语言学等学科领域取得的结果。将听力教学视为一种有效地巩固知识的手段，吸收了环境论、内在论和互动论等多种语言学习理论的精髓。

（二）以听力教学激发学习兴趣

教学可以说具备双面性，站在教师的角度上来说，教师可以科学指引学生参与教学活动；在学生层次上，"教"指的是在教师的指引下，由教师开展的对所学知识和技能进行研究的一种教学活动，旨在提升自己的各种能力。所以，教学呈现出一种流程性的特征。在教学的过程中，怎样才能调动起学生们的学习兴趣呢？如何去促使学生始终有一种强烈的学习欲望，这都是一个不容忽视的问题。然而，在教授日语听力时，我们经常会碰到以下几个问题：学生对于听力的学习存在着"怕难"的心理；参加的积极性很低，对听的兴趣也很小。首先，由于老师掌握着听力教学的进程和速度，老师是听力教学的核心，因此，学生们对听力教学没有什么兴趣。就算很多教师认可日语教学活动的交互性，然而，在日语教学中，教师却常常有意无意地对学生起到"控制"作用。比如，老师提出问题，老师来确定问题和解释的细节层次；老师来播放录音，老师来确定暂停的时间和回放的数量等等。在这样的教学环境中，学生们只是处于一种消极的状态，他们可以通过聆听录音来获取信息，不过，即使他们对这些信息有了疑惑，有了疑问，有了新的看法，他们也不能在第一时间就向老师提出问题，更别说与伙伴讨论了。其次，有些听力课程很容易让学生产生孤独感，从而导致他们对日语学习的兴趣降低。以往那种日语听力教学通常强调首先听，之后再检查能不能掌握，也就是老师先播放一次或者两次的录音，然后就录音的内容提出问题。因为语言能力的差异，很多人不能完全肯定他们的选择是对是错。在课堂上，由于老师对听力材料的提问，学生往往不能进行充分的讨论，从而影响了课堂的整体效果。在这样的条件下，学生们极易感到紧张不安，进而不愿意积极地回答老师的提问。此外，还要掌握日语的听力、口语和阅读能力；在写作技巧中，听力是一个很显著的内化过程。比如，在阅读时，学生们的眼睛会跟随所读的东西而转动，但是，在听力教学中，教师很难判断学生有没有认真听，即便学生由于走神而没有仔细听，或者由于前面没有听明白而放弃了继续听下去；老师们也常常不能给学生们及时指导，原因是他们不能在最短时间内找到答案。另外，由于在课堂上进行的听力理解活动与在母语环境下进行的实际交流有很大的不同。因此，学生们对此没有什么兴趣。在实际的交际情境中，学生很难形成与现实中相似的交际需要。老师一放磁带，学生就得全神贯注，紧跟所听内容；如果听写资料太长、内容太多，或是说话人的语速太快，都会使人对听写有困难。而且，一旦出现了理解上的困难，就不能像是在实际的交际环境中一样，随心所欲地向说话人发问，要求复述或者解释。在这种"失控"的认识中，学生们会感到很沮丧，也会感到很被动。除此之外，听力理解的过程与阅读的过程有很大的区别。在阅读的过程中，学生可以积极地对自己的阅读速度和次数进行有效的控制，比如，学生们可以反复地读一遍，也可以为了想一种日语词汇的意思而暂停读一段时间。同时，听力材料也是以语音为主的，学生不能自己选择播放磁带的快慢和数量。所以，相对于实际的交际情境，在课堂上进行的听力理解，难以让学生形成真正的交际需求。因此，在日语教学中，听力理解常常被认为是一种很难掌握的技巧，从而使学生在学习过程中很难发挥出自己的主观能动性。所以，要想让学生们积极地参加听力学习，让他们体会到在实际的交流环境中使用日语达到交流目标时所获得的成就感，就需要老师们改变他们的听力教学观念和方式，从一个对听觉进行控制的人，转变为一个对听觉进行引导、启发和促进的人。可见，听力活动通过以下四个方面来激发学习兴趣：介绍新知识，整合新旧知识，运用和评价日语知识，并将其与其他日语能力培训相融合。在听力理解的过程中，通过呈现与目前的学习内容有关的，并且是尽可能真实的情景，来向学生们导入新的信息，这样可以激发学生们对长期记忆中的知识、经验和表象进行联想和回顾，从而提高新旧知识的融合程度。这可以帮助学生调动大脑中与新知识有关的经验，使他们能够将新知识融入整体的知识体系中，从而加深对问题的理解，应用知识，构建意义体系。这样才能充分调动学生们参与交互式学习活动的积极性。

（三）以听力教学提高交际能力

当一个人不仅能够根据语法的规律把句子拼凑在一起时，他的交流才能进行，并且能够在合适的时间、合适的地点，根据不同的交际对象，将这些语句进行灵活运用。换言之，精通一门语言意味着不仅要知道该语言的各种格式，还要知道它在某些情况下的适用性。要掌握听力资料的话语特点，并将其与话语的交流目的以及上下文联系起来，以便分析和理解听到的篇章信息。这是进行解读和辨析的先决条件。在此过程中，学生们主动地进行资讯交换，从而使日语沟通技巧架构内的其他知识点得以活化。语篇能力其实在一定程度上代表学生可以在实际听的同时掌握口语语篇要素的价值，并可以掌握这些要素在文本层次上的联系，保证交流在有意义的前提下顺利地进行。

1.语言能力

学生需要具备对日语语言系统不同层面的知识，例如语音、词汇和句法等，并且可以用这些知识来理解日语口语和文本。这些语言知识是日语理解的基础。一方面，只有掌握了日语的词汇和句法知识，学生才可以正确地理解日语句子，判断句子是否符合语法规则且通顺自然。另一方面，了解语音知识也能够帮助提高听力理解能力。这要求学生掌握节奏、重音、语调等方面的规律。所以，日语语篇的阅读与学习者的日语水平有很大的关系。没有语音、词汇和句法方面的知识学习，学生就不能充分了解听力文章的含义。

2.策略能力

学生需要具备运用交际策略和学习策略的能力，只有这样，才能更好地建立言语交流的语义体系。元认知和社交情绪是学习策略的主要组成部分，适当使用这些策略可以提高学生的听力技能。特别是在元认知策略的培养方面，学生可以提高他们的元认知水平，在此基础上，教师应进一步改进学生的学习方法，提高学生的自主监督能力，提高学生的协同语言技能。对语言学习的重视，也是对语言学习的人文关怀。也就是说，增强学生的策略意识有利于其自主学习能力的发展，例如计划、监控和评估等。所以，老师们必须自觉地遵守一套有条理的教案要求，并进行听力策略训练，以提高学生的策略能力培养的重要性和必要性。

3.语用能力

在具体语境中，日语学习者的语用水平与其对语言功能的认识，以及对词汇的表意与含蓄含义的识别等方面有着密切的关系。要想精确地抓住说话人的真实交际意图，学生必须认识到会话的上下文特点（如正式或非正式）、参与者之间的关系（如社会地位、性别差异）、礼貌水平（熟悉或不熟悉的关系）等因素。

二、日语听力教学的内容

（一）听力知识

日语听力技能的培养与提高需要建立在扎实的听力基础知识上，其中包括语音、语用、策略和文化知识等方面。在听力教学中，语音教学是非常重要的内容。听力习得的技能有助于学生掌握发音、重读和连读；对学生掌握了日语中的意群、语调等相关的语音信息进行探索，进而对学生在日语中的发音做出正确的判断，起到了一定的推动作用。在课堂上，老师要注意培养学生的能力，包括听音、理解意群、强调重读等。训练的内容不仅限于单词和句子，还应该涵盖段落和文章的听力理解，培养学生对日语的表达习惯和节奏的适应能力，对日语的语流有较强的适应能力，为进一步的日语听说能力的提升奠定了良好的基础。这样的练习也可以间接地锻炼日语的思考能力，从而提高二语习得的水平。听力知识主要包含三种类型，第一种是语用知识，第二种是策略知识，第三种是文化知识，对日语进行科学化的教育，对提高学生的日语听力水平也有很大的帮助。语用知识、策略知识和文化知识是学生日语听力能力提高的重要基础。学生通过学习语用知识能够理解话语内涵，从而更好地理解对话内容；而学习策略知识能够帮助学生根据不同的听力材料和任务进行针对性的听力策略选择，更好地应对听力挑战。此外，学习文化知识有助于学生在跨文化交际中更好地适应和理解不同文化的背景和元素，促进交际的有效展开。

（二）听力技能

通过日语听力技巧的运用，可以使日语听力更具科学性，更具针对性。正确地使用技巧，可以为提升跨文化交流能力奠定坚实的基础。听力技能主要包括下面这些内容。

1.辨音能力

在日语听力课教学中，语音识别与语调、重音、重音等方面密切相关，从意思和声音质量上区分这样的发音识别练习，不但可以提升日语的听觉效率，还有助于提高学生的理解力。

2.交际信息辨别能力

交际信息辨别能力包括对新信息指示语、例证指示语、话题终止指示语和转换指示语等不同指示语的识别。这种能力的提高可以帮助学生更有效、更针对性地理解听力材料，提高听力效率和水平。

3.大意理解能力

大意理解能力是指学生对对话或独白的主体、意图等的理解，此项能力的提升有助于学生对对话的总体掌握，更好地理解听力材料的总体意思。

4.细节理解能力

细节理解能力代表的是人们可以结合听力内容了解详细信息的技能。这样的发音识别练习，不但可以增高日语的听觉效率，还有助于提升学生的理解力。

5.选择注意力

选择注意力代表的是可以结合听力目标和主要内容设定数据焦点的能力。根据不同的听力资料，进行选择性的注意培训是非常关键的，这种训练有助于学生抓住问题的要害。

6.记笔记

记笔记技能代表的是可以结合听力标准要求选择最合适的记笔记方法和模式，进而优化日语听力记忆效果。教师应当认识到，提高听力水平不是一朝一夕的事情，需要有目标、有步骤地去做，并且要认识到，每一个学生都有自己的学习习惯和特征。教师应根据学生的实际情况，实施有个性的教学。

（三）听力理解

学习日语听力知识和教授听力技能的目的是提高学生的日语听力理解能力。在日语交际中，由于使用目的、交流方等因素的影响，同一句话可能会有不同的语用含义，因此正确理解对话内容成为日语听力教学的难点和重点。日语的听力教学，往往由下列步骤组成。

1.辨认

辨认是听力技能中关键的第一步，它包括语音、信息和符号等方面。辨认作为听力技能的第一层次，是后续听力理解和应用的重要基础。因此，学生正确地进行辨认非常重要。不同等级的辨认具有不同的难度，在这些方面，最基本的是识别声音，最高级的是识别说话人的目的。为了培养学生的辨别能力，教师可以通过各种方式进行训练和检验，如识别正误、匹配、勾画等，甚至可以根据听到的内容对听力材料进行排序等。

2.分析

在听力教学中，分析阶段的要求是让学生将听到的内容转化为图表形式。这个阶段的目标是要求学生能够在口语流中辨认出短语或句型，并以此来理解日常对话内容的大致意思。

3.重组

重组要求学生必须通过个人语言表达，把听到的关键内容完整地表达出来，表述的方式可以是口头文字或书面文字表达。

4.评价与应用

在听力理解中，评估和应用是最重要的两个阶段，评估和应用是以前三个阶段（获得、理解和转述信息）为基础的，对学生提出了评估和利用所获得的信息要求。在课堂上，我们可以通过讨论、辩论、分析问题的方式来培养学生的思维能力。

以上所述的各个阶段是一个按序逐步的过程。无论学习者处于听力能力的哪个阶段，都需要经历辨认、分析和应用三个阶段，才能够逐渐提高自己的听力水平。

第二节　跨文化交际视域下日语听力教学的原则

面对一道新的日语听力题，如果不进行一些必要的预热和准备，很难让学生在听之前就能做到心中有数，因此，老师们必须做好充足的心理准备。

一、相关性教学原则

在这个过程中，语言教师应当严格遵循日语教学核心原则，合理设计和听力内容相关的活动方案，激发学生听的积极性，激活学生的知识记忆。例如，在观看有关的视频时，老师会将学生们以小组讨论的方式来对视频中的内容进行理解，利用小组成员之间的合作学习来将学生们学习的动力进行激活，然后在屏幕上播放与图片相结合的画面，让学生从抽象的文字表述转变到图像的直观表达，为后期日语新篇章的有效输入奠定坚实的基础。

二、简化原则

（一）词汇学习

许多学生错误地认为词汇学习只是课程内容的一部分，日语听力类的单词学起来并不费力。然而，生词的大量使用会成为理解听力材料的障碍，使得大脑需要更长的时间来处理信息，甚至导致学生不能顺利完成听力任务。词汇学习不仅仅是学会单词的发音，更重要的是在有限的时间内掌握单词的语义。因此，在听力教学中，词汇学习是非常重要的，老师应该尽量利用听力章节中的有关词组和句型来指导学生对所学单词的使用和意义进行了解，让他们对所学单词有一种似曾相识的感觉，这样在播放听力资料的时候，他们就可以快速地作出反馈。

（二）背景知识与专业术语的介绍

一些专门的词汇，如果老师没有给他们讲解和解释，他们就不知道他们所说的是什么，学生对语篇的理解能力不强。

（三）对听力短文内容的预测

在新一轮日语听力考试中，经常会出现一些配套的练习，一些相关的陈述，一些问题、一些选项，这些都包含了很多文本的内容。简略地看一下叙述段，能让听众对全文的中心内容有一个清晰的认识。而对主题的了解，能够让听者把握关键字，从而达到有目标的听力理解目的。同时，熟悉选项也能够帮助听者快速反应在题目中所需的相关信息。

这三方面的综合作用能够极大地减少新日语章节的阅读难度，使学生能够在阅读中保持毅力。

三、听中环节的教学原则

（一）明确化原则

通过大量的听力课堂教学实践，可以看出，如果没有给学生提供一个清晰的听力任务，那么他们很难以达到自己的听力理解目的。大部分听者在将资料播放一、两遍后，都会露出迷茫的神色，他们什么也得不到。其原因在于，它的注意力始终处在一种没有目标的漫游之中，或者说它试图听懂每个字、每个句子，但因为不能达到预期效果，所以半途而废。所以在听力内容的第一次播放与后期的重复播放前，在听力教学中，教师要对听力内容进行界定，让学生明白自己的听力目标。以任务为基础的听力理解可以帮助我们避开上述听力题目。

（二）层次化原则

听力任务需要依照一定的层次确定，应从简单到难以及由低级任务服务于高级任务。一开始希望学生能对他们所听的东西做出相应的反应，这会让他们觉得很沮丧，并可能导致其听力动力的下降甚至丧失。相反，通过对难度较大的日语阅读题设计，可以使学习者在阅读过程中获得成功。首先，语言教师能引导学生对课文有一个全面的了解，然后逐步将文章中的内容内在化，最后对说话人的用意做出判断。综上所述，在进行日语听力任务时，需要给学生确定明确的方向和目标，才能有效地进行听力训练。另外，在阅读时适当地暂停，有助于减轻阅读中因长句子而造成的阅读困难。同时，同学们还必须明白，各种类型的听力资料都具有各自的特点，如果能掌握这些特点，将能帮助他们更好地理解重点内容。此外，互动式听力训练也非常重要，可以帮助学生提高听力反应速度和理解能力。在听力理解的过程中，并不是每个人都可以独立地将所丢失的信息全部补全，因此，学生间的互动，特别是具有不同语言水平的学习者之间的交流，就变得非常关键。此外要用协作谈判的方式，让学生们重新建构失去的语言资讯中的"形"和"义"。

（三）听后环节的教学原则

听力资料的播放完毕并不意味着学生的全部听力任务就已经完成了。

1.反思性教学原则

在这个过程中，教师必须注重反思性教学。在课上开展深入观察、师生互动，在课后进行师生交流，能够让老师对自己的听力教学存在的盲点以及所取得的成绩有一个清晰的认识，从而为今后课堂教学质量的提高提供一种方法上的指导。与此同时，老师还应该指导学生，让他们学习如何去思考自己的听力问题，并记录下自己的反馈，及时地检讨自己在听力课上所遇到的问题与困难，对自己的听力理解能力进行评估，并能够独立地开展听力工作。在听力理解过程中，对老师和学生的依赖性，对自身的听力干预和日语运用水平的反思，对自己今后听力训练应加强的各方面进行思考。

2.善于引导学生的原则

教师应在听后阶段合理运用元认知方法和策略，要对整个听力学习过程进行全面了解，指导学生制定出切合实际、具体实际的听力学习方案和目标，对其进行自我监督，并对其进行全面的评估，对其进行全面的教育，提高其在听力学习中的自我管理意识，把日语听说作为一种独立的学习活动，从而促进日语整体的发展。

第三节　跨文化交际视域下日语听力教学的方法

一、任务型教学法

（一）任务型教学法的起源

20世纪80年代，一种新的风潮席卷西方。福斯特认为，"任务教学法"指的是一种教学法，它的目的在于使学生能够按照教学内容的进度，并与学生的实际情况相结合，从而使学生能够很自然地学会如何使用语言。作为一种全新的日语课堂教育方法，该方法受到了世界各国的普遍重视。在进行课堂教学的时候，教师要对学生进行各种任务和情境的设置，让学生运用思考、讨论、交流与合作等方法，把自己所学到的知识进行输出，从而提高学生的主观能动性。库玛是美国一位应用语言学家，他将语言教学方法分为三类：以语言为中心的教学方法、以学习者为中心的教学方法和以学习为中心的教学方法。这些不同类型的教学方法在课堂操作程序上具有内在的层级关系，其中以学习者为中心的交际活动包括了部分以语言为中心的结构练习；而以学习为中心的教学任务则包含了以学习者为中心的课堂交际活动。任务型教学法属于以学习为中心的教学方法，其主要关注二语教学的认知过程和心理语言学，本课程旨在帮助学生在课堂上开展有目的性的教学活动，使学生能够在开放的语言环境中进行交流。所以，从教与学的观点来说，与交际活动相比，教学任务具有更多的综合性与包容性。

（二）任务型教学法的设计原则

1.真实性原则：在作业设计中，素材应该来自现实生活，且任务所涉及的情境和具体操作应尽可能地贴近现实生活。在教室里，要努力营造出一个真正或者接近于现实的情境，让学生对真实的语言信息进行最大程度的接触和处理，让他们在教室里所学的语言和技巧可以在现实生活中进行有效运用。

2.形式与功能原则：传统的日语听力教学存在着一个很大的缺陷，那就是语言与环境和功能的脱节。学生虽然可以理解多种语言的表述，但是却无法正确地运用它们来恰当地表达其含义与功能。因此，在日语教学中，日语教师应注意语言的形态和功能相联系，立足于形态，经过一系列的练习，使学生认识到语言的作用及其与环境的关系。

3.连贯性原则：任务型教学的课堂由一系列相互关联、前后有序且层次逐步加深的任务构成。前面的任务为后面的任务提供基础或出发点，后续任务依附于前面的任务。通过这一系列任务的实施，任务型教学能够达到其教学目标。

4.趣味性原则：在日语教学中，由于单一的、机械的、重复的听力训练，很可能会导致学生丧失对日语的兴趣。而在这种情况下，任务型教学方法的优势之一就是可以利用趣味十足的课堂交流活动，来有效地调动学生的学习积极性和兴趣，让他们能够积极地参加到自己的学习中来。

5.可操作性原则：在进行任务设计时，应该将教学过程中的可操作问题纳入考量，尽可能地避免出现过多的环节、过于复杂的程序或起点，以及后一项任务与前一项任务相关联的情况。而任务型教学则是利用一系列的工作完成，从而实现了教育目标。

6.实用性原则：在设计作业时，既要注意作业的形式，又要注意作业的效果，课堂工作必须为教学服务。所以，在教学过程中，要尽量为学生创造独立的学习环境，充分利用有限的课时，给学生最大程度的互动与交流，以实现预定的教学目标。

（三）任务型听力教学的实施和任务设计

1.材料选择

听力教学的最终目的是培养学生在现实生活中的语言交流能力，所以教师要尽可能地为学生提供形式多样、与现实生活紧密联系、具有真实性的语言材料。一是可以增加学生进行言语沟通的机会，使他们能够通过真实的言语沟通来增强他们的听力技能。其次，能给同学们带来他们喜欢且容易了解的视听材料，例如日语歌曲、电影、日剧、NHK电台等，这些真实的听力语料包含了多种口音、自然丰富的语调和又快又慢的语速，它是一种很好的、很逼真的听、说材料，它可以用生动的语料来培养日语的学习能力。这种自然途径是目前推崇的第二语言教学方法。另外，在教学过程中，教师应尽可能地发掘出与学生的年龄特征及兴趣爱好相一致的话题，并安排一些能激发他们兴趣的话题；采用多人参与、多方位交流和交互的方式，通过完成工作来强化人际交往和情感交流，从而提升学生的整体素质。

2.任务设计

"任务型教学"的实质是，在此基础上，本书提出了一种新的教学策略。所以，在日语听力课教学中，设计任务和活动是非常重要的一环。目前日语听力课程教学中使用较多的问题是有关听力的问题，主要有选择题、正误判断题和问答题等。而这更像是一种"练习"，而非一项听题。"任务"与一般意义上的"练习"和"活动"有根本不同。作业和操练在性质上是不同的。首先，"任务"与是一种"使命"，而训练是唯一的教育目标。其次，当训练时，作业往往会导致非语言性的效果。第三，它是一个开放的过程，没有固定、既定的方式和方法，也没有一个固定的结局。第四，教学活动既有交际性，又有交互性。通常来讲，作业是一项带有集体性和合作性的互动活动，它可以是学生与学生之间、学生与教师之间、学生与输入材料之间的双向或多种互动。

听力任务设计内容包括：一是回答问题型。在课堂上，教师要调动学生的学习积极性，让他们明白什么是"听"。日语课堂上最常见的教学方法之一，就是在课堂上提出问题，让同学们自己去解答。提出问题的方式有：师生间、同学间、集体内等。二是生理应激型。这种类型的听力活动，并不要求学生解答问题，只要求学生在所听内容的基础上，做出正确的动作和表情等身体反应。三是转化信息型。在这一过程中，学生要按照所给的信息，进行填表和画图。四是重组和评价信息型。在听过录音后，学生能够用自己的语言复述所听到的内容，并且能够对所听到的信息做出自己的评估，然后在小组中进行讨论，分角色表演或书写评语、感想等。

3.教学实施

（1）任务前阶段：导入并介绍话题

首先做的工作是导入（如图片导入法、悬念导入法、复习导入法、讨论导入法等）。在日语的听力课教学中，教师可以利用多媒体手段，将所学知识在课堂上呈现给同学们。当话题被介绍后，教师将简短地说明下一步将做什么。其次，运用"活化"教学法。在课堂上，教师会带着学生做几个简单的单词学习的活动或游戏，同时也会给他们提供在接下来的任务链中会用到的重要词汇和词组。在此基础上，通过对所学知识的运用，使学生对所学知识有一定的了解，但不要出现过久就会喧宾夺主的现象。最后，要介绍一下日语听力学习的技巧。老师们会介绍一些相关的学习策略和技巧，比如精听和泛听相结合的方法等。

（2）任务环节阶段：任务提出

首先，任务实施阶段。学生需要根据教师布置的任务，为日语听力和口语能力培养做好准备，在指定期限内，执行特定的工作。在"任务转换"环节，学生的日语运用能力得到了很大的提升。在此过程中，可以采取各种方法，指导学生完成任务，比如，采取情境互动的教学方法，突出任务情境；设计以语言为中心的开放性、探索性和以此为中心的活动方案，并营造一个交互合作的氛围。教师通过与同学们的交谈，让同学们提升自己的日语听力水平。此外，老师们还可以采取"任务型"小组教学方式，使用课本或多媒体，播放音像资料，提出有关问题，小组开展"模仿""角色扮演"等教学活动，让同学们在教室里交流，创造出一个良好协作的教学环境，以达到全面提升听说能力的目的。又如抛锚式教学法，它把教学重心集中在具体的情景任务上，基于问题，指导学生自己发现问题并解决问题。因此，学生的日语水平得到了很大的提高。最终，老师要指导他们在实践中运用所学的技能，培养他们的日语听力技能，并在实践中培养他们的表达能力。个案教学法是一种行之有效的日语听力训练方式，将个案与实际事例相联系，有助于培养对日语的了解与运用。其次，在分层的指导上，根据学习者的听力程度，把他们分成几个组，有针对性地提问。与此同时，还要充分地将学生之间的个人差异纳入自己的考量之中，并向他们提问，让他们能够在没有学习过的情况下，提高自己的听力能力。通过这些教学方法，学生可以更好地掌握日语语言的听说技巧，并在实际生活中运用到所学知识中去，达到提高口语和听力技能的目的。

其次，任务内容汇报。介绍学生所学到的东西。由小组代表向全班演示一套事先准备好的听力任务，让全班学生通过演示，获得更多的新知识。

最后，任务内容分析。在课堂上，老师会对学生们所做的作业给予适当的评价。在学生的口头表达中，可能会有一些错误，老师要注意纠正错误的方式，在需要的时候，老师可以给予帮助和引导，激发学生的听力和交际能力。

（3）课外作业项目化、新颖化

将全班学生分成3到4人的小组，每周都会将一部分的听力内容交给每个听力小组，让学生采用分组、合作等学习方法，通过集体的形式来完成这些工作，并将这些工作报告给其他的学生，并要求他们进行组织的讨论。此外，为学生们提供一些不定时的日语听力练习，例如，建议学生使用各种多媒体材料，重复自己所关心的题目，或者模拟电视中的声音。

（4）评价方式过程化、层次化改变

关注测试成果的评估方法，关注日语听力教学的全过程，采用形成型评估法，对各水平的学生在课内外日语听力教学中的表现进行评估。首先，对所有学生进行全面评估，即通过听、说、读、写形式对学生进行评估。在程序评价中，我们使用了观察法、自我评价、小组评价，以及老师评价法。其次，在课堂之外的教学活动方面，教师的教学评价主要是通过自我评价、小组评价和构建学生的学习卷宗来实现的。除此之外，还将采用定量管理的方法，对学习过程展开评估，具体包含学生听力的量、范围及反应速度等多个方面，并对其进行多维度的评价。在评估的方法上，采取了多种形式，比如听写、翻译、模仿等多种方法来进行评估。

二、提示型教学法

1.在放映音频资料之前，给学生看图片、录像或说明性文件的内容。

2.再放一次录音，请学生们记下他们所听过的单词和要点。

3.学生将被分组成由3到5人组成的小组，每个小组将汇总每个人所听到的录音片段。然后，同学们可以在一些线索的基础上，猜测一下录音的内容，并最终将各组的推测结果进行统合。

4.在每个小组中选一名代表发表对会话内容的看法。提示型教学法有两个明显特征。第一，学生的听解能力与自身既有知识密切相关。在播放音像资料前，通过文字、图片等方式提供信息，帮助学生活化自己的知识，提升听解能力。第二，为提高同学们的猜想水平，把每位同学所听过的声音和图像资料综合起来，按照分组的方式，对其进行集合预报。这种方法可以在轻松的氛围中引导学生形成从总体到分析的思考方式，提高听力水平。提示型教学法的目标是培养学生采用"由整体到分析"的方法进行听力训练。因此，在课前提供的内容必须有助于学生形成系统化的知识结构。对使用该方法进行听力学习的学生的成绩进行评价，结果表明，在大约7次的培训之后，大部分学生就可以利用对文脉总体的把握，猜测出原来不理解的词汇和词组的使用情况。随着培训次数的增多，学生对该方法的掌握越来越深入，他们会对文章的思想有更精确的把握，并对文章的内容进行深入分析。提示式教学方法也可以有效地调动学生的主观能动性，使其更好地发挥自己的主观能动性作用。若能由理解每一个语句改为猜出原文大意，则可使学生在日语听力练习中更加积极，也更有自信。用这样的激励性方法，提高了学生的日语听力能力。在一段时期的培训之后，听力者能够有意识地将所学到的信息在自己的大脑中进行整理，从而使自己的素质在考试或生活会话中得到更好的提升。

（一）引入认知语言学的听力教学方法

1.认知语言学应用于低年级听力教学

在阅读课中，对单词的理解与运用是日语阅读课中不可或缺的一环。对初学者而言，"听懂"日语的先决条件是理解每一个字的意义及使用。为此，作者试图将认知语言学中的构架意义理论引进大一年级日语听力课中来。框架语义理论的提出者是菲尔墨，他认为语言中存在一个结构化的范畴系统，它跟一些激活的语境相一致，词汇代表经验的分类（范畴化），每个领域都是以知识和经验的激活为基础，并且"框架"作为用于描写语言意义并在一些有激活性的语境中发挥作用的概念，是一个结构化的范畴系统。以"商业交易"框架为例，这个场景中的基本要素包括商品、货币、对商品感兴趣并想用货币购买的人以及对货币感兴趣并想用商品交换的人。在"交易"过程中，"买"这个动词侧重描述"对商品感兴趣并想用货币交换"的人所进行的动作行为，而"卖"则相反，侧重于对"对货币感兴趣并想用商品交换"的人所进行的行为。通过这样的场景，我们可以描绘出一系列词语的意义和用法。借助这个"框架"，我们可以描述出各种词汇的意义和用法。在听力教学中，可以尝试应用框架语义理论，尽可能地为学生创建不同的"框架"，提供多种"要素"和"背景"，让学生尽可能多地掌握单词，从而提高听解能力。比如，在涉及位置关系时，听力材料中可能会出现"桌子上有本书"的句子。在解释其意义和用法之外，还要为学生创造更多的"框架"，以方便学生进行单词的比较和记忆。对于"空间位置"这一概念，也可以进行扩展，除了"上"以外，还有"下、左、右、前、后、旁边、中间、里边、外边"等。通过情境和话题的设定，可以让学生在一种特殊的语境下，通过联想或对比，记忆更多的单词，以及讲话者在每种情形下所采用的表述方法和语气，进一步加深对听力资料中所说内容的了解。

2.认知语言学应用于日本语能力测试教学

日语专业二年级以上的学生应为日本语能力测试做好准备。在框架语义理论的指导下，日本语能力测试要求考生具备更高水平的语言运用能力，这也要求听力教学设定更高层次的目标。为了帮助学生更好地备考，听力教学需要进一步创造更多的"框架"，并根据试题类型划分成不同类别进行专项训练，以N1为例，根据考查目的可分为"课题理解""重点""概要理解""即时应答"和"统合理解"。在日本语能力测试的听力教学中，应为每个考查部分构建不同的"框架"，以便学生可以分类攻克难关、全面提高听力能力。例如在统合理解中，考查整篇听力材料的主题概括和个别信息特征捕捉。为了应对考试，教学应该将每一大题细分为几个主题进行训练，让学生熟悉各种场景下常见的表达方式，增加自己的知识储备量，从而能够在考场上迅速正确地处理和加工所听到的信息，灵活应对考试。

根据认知语言学理论，将框架语义理论应用于日语听力教学实践中可以进行情景分类教学，这样可以有效地提升日语教学的积极性和有效性。在应付能力测验的"四级"课堂上，采用"五分法"进行"四分法"的课堂教学，有利于学生较好地掌握所学的知识点，提高听力理解能力。所以这是日语听力课知识的一种非常好的学习方式。

（二）情境教学法

1.情境教学法的定义

情境教学法来源于二战后，是欧洲比较常见的一大视听教学方法，可以在有效创设多元课堂情景的基础上，实现认知、思想、情感、思维等多个元素的有效融合，要充分调动学生的积极性、主动性、创造力，从而转变传统教师被动的学习方法。重点是营造一种沉浸式的日语教学氛围，利用多种不同的情境作为后台，在一定的情境中进行词汇、语法、句子的练习，这比单纯枯燥的单向练习效果要好得多。

2.情境教学法用于日语专业听力教学

听力可以说是日语学习的一种核心渠道，从最初的入门到最终的毕业，一直有交叉内容，然而，如何有效地开展日语听力教学或是，却成为许多日语老师和学生面临的一个问题。因此，本研究拟在日语专业日语听力课中引入情景式教学模式，以激发他们的学习兴趣。

（1）创设生活情境：语言来自生活，因此，日语听力教学者应努力将教室转变为一个小社会，从生活中发掘听力材料，使学生在仿真环境中感觉、感知、记忆。

（2）创设游戏情境：较易掌握的游戏教学法，把日语听力课的内容和活泼、好玩的游戏方式相融合，不仅能激发学生对日语的兴趣，也可以让学生在相对轻松愉快的气氛中主动学习日语文化知识。在游戏教学中，教师对学生的主体性进行了重点关注，并对他们提出了要让他们一起参与进来的要求，从而充分发挥出了老师的主导和学生的主体作用。在听力课上，老师可以播放一小部分的听力资料，要求学生认真地分辨出资料中所涉及的一些生活必需品，再由一群人组成一个小组来做游戏演示。第一名学生将自己所听到的单词复述一次，如果不能完全复述一次，那么就需要大家一起重新听一次。这不但使我们的日语听力课教学有了一个清晰的目标，而且增加了趣味性，让学生在游戏中练习听力。再听一遍后，再让另一名学生补上所听单词，若仍未说出完整单词，则再放一遍，除非某人能完整地复述。运用这种方式，学生可以形成一种竞争的心态，使得学生在上课的时候更加集中注意力，提高学习效率。同时，也可以按照所听的声音进行重复，从而使日语的发音更加准确。

（3）创设情感情境：感情是教育之魂，抛弃感情也就抛弃了教育之魂。教师要用情感来培养感情，用情感来培养感情，营造出一种愉悦、轻松、平等、合作的听课环境。在日语听力课中，老师亦是传递日本人谦逊与慎重的最佳媒体，借由情绪的应用，来提升听力效果，使其更能事半功倍。

（4）运用多媒体情境：近年来，随着多媒体技术的不断发展，它给日语听力教学带来了极大的方便，能打破时空的局限，把声音、图像、动画、视频等有机地组合在一起，将大自然的声色形完美地展现出来，创造出一个真实、丰富、三维的日语教学情境，使学生有一种置身于其中的沉浸感。例如，可以在日语听力课上插入一部能引起学生们浓厚兴趣的日本电视剧，让学生们熟悉各种日语的表现形式，也可以在日语教学中适时播放日文流行歌曲，激发兴致，使氛围生动，还能窥见一点日本的时尚元素。

（5）利用角色情境：在日语学习过程中，老师可以按照所教的内容，在日语会话中模仿人物，使学生有一种置身于学习环境中的感觉。这就要求学生先要了解课文的内容，然后再对语法进行完善，最后还要能在所设置的情境下独立地使用日语。日语听和说密不可分，都属于教学训练模块，只有把听和说相结合，才能做到事半功倍，容易学习真正的日语。教学实践表明，"情景"法打破了传统的"知识"教学模式，把"言""行"和"情"结合起来，把"情"放在主要的位置上，将"情景"式教学法运用于日语专业日语听力课程教学中，激发学生的学习主动性，促进学生日语听力课程教学活动的顺利开展。

（三）直接教学法

1.直接教学法的特点

直接教学是以日语为主要教学内容，以要求学生背诵老师所说的句子结构为主要特征。学生通过不断地重复练习，可以对一定的日语结构和句型有了更深的了解。教师在学习时不用本族语言，而是通过一些直观教具、手势、戏剧以及很多其他的方式来让学生们明白他们所学的语言的含义。人类发明了很多非母语、非翻译的教学方法。直接教学方法对教师和学生都有很高的要求。

2.直接教学法的实施

第一，以日语为材料，以日语为母语，以实例为依据，使学生能够自动总结出自己的语法。这种方法可以更直观地帮助学生理解和运用日语语法，而非只是记忆固定的规则。在日语学习中，词汇和语法的使用受到限制，但这并不意味着其认识水平也受到限制。和学习第一种语种的学生相似，他们能够通过总结和掌握第二种语种的语法。

第二，不要让老师在课上对语法进行直接的解析和解释。当语法被作为"规则"存储在一个人的大脑里时，学生就难以将语法与实际意义直接联系起来。只有将语法和实际意义紧密联系在一起，才能实现所学知识的自动化，使其能够在沟通过程中得到应用。

第三，本教学法注重单个日语词汇的教学。在进行个别词语的讲授时，老师应该尽量将一个词语在有意思的句子或段落中表现出来，这样，就可以让学生将其运用的情景一起记住。他们唯一能做的，就是把每个单词都放进自己的字典里，这样就不至于变成一种零碎的词汇，看到就能认出来，却不能立刻用上。在与同学们交流的时候，老师要留意同学们能否把一个单词组合成一个完整的句子。这样可以帮助学生更好地掌握日语词汇和语法知识，并提高学习效果。

（四）交际教学法

1.交际教学法概述

交际教学法又称"意念法""功能法"或"意念—功能法"，其核心是培养学生在一定的社会背景下进行语言交际的能力。交际教学法认为，语言教学的目的是培养学生使用目的语进行交际的能力，教学内容包括语言结构及表达各种意念和功能的常用语句。

2.交际教学法的实施

以学生为中心，将培养学生的交际能力作为首要目标，使学生在交际过程中创造性地使用日语。

根据学生的实际需求恰如其分地选择教学素材，包括书籍、影视作品、网络资源等。

创设贴近生活实际的交际情境，设计丰富的小组活动方案，提供更多的口语交际实践机会。

容忍学生存在语言错误，鼓励学生充分发挥自己的口语交际能力，尽量不纠正那些不会对交际造成不利影响的错误。

第四节 日语听力教学中文化导入的互动模式

一、文化导入概述

跨文化交际学最早从20世纪80年代初在我国出现和得到发展。但是，自从20世纪90年代以来，这一方面的发展与深入，已引起了我国日语教育界人士的高度重视。在跨文化交流中，虽然存在着语言方面的困难，但也不能忽略文化方面的困难。在一定程度上，语言的隔阂相对于文化的隔阂要小得多。陈岩和孙成岗都关注到了在教授语言课程中如何适当地引入文化元素。陈岩建议在教授词汇的时候，给学生提供一些简短但重要的文化背景信息；在礼仪、习惯和非语言行为方面也需要向学生传授相关知识，但应该遵循"点到即止"的原则并把理解放在首位。对于初级阶段的学生来说，对其所涉及的文化内涵进行过多或过早的阐释，都是不可取的。孙成岗则认为，导致文化干扰的原因通常是大众文化而非高级和深层次的文化知识。他提出，在日语课堂上直接开设书道课程虽然重要，但可能难以产生立竿见影的效果。相比之下，最好的办法就是把不同的文化因素恰当地结合到外语教学中去，让同学们更好地理解日本的风土人情，以及衣食住行等等。

综合多位学者观点，我们可以发现，在文化导入的内容和方法上，学者们的主张有较高的一致性。他们相信，在文化引入的内容中，应该以词语的文化含义和流行的文化含义为主，还着重于在语言教学过程中，对文化进行解释。然而，具体到课程实施方面的实证性研究并不多见。在听力教学方面，杨庆敏提出了利用视听媒介进行文化导入的方法，包括结合词法讲解和鼓励学生在课后观看音视频资料等。这为日语听力教学中的文化导入提供了可借鉴的思路。同时，杨也强调了听力任课教师在备课过程中需花费更多时间广泛、系统地收集和整理各种题材的必要性。但是，应该指出，在此进程中，学生同样起到了关键作用。在目前市场上流行的日语阅读材料中，几乎没有对其进行过多的文化重点提示，即使有一些，也仅仅作为"趣味知识"在文章结尾处呈现出来。很多老师在上课的时候，都会将一个词与语用知识和文化背景相关联。由于如今的互联网技术非常先进，因此，学生们使用电脑的水平并不比老师差。在搜集与此有关的文化资料时，可以采取老师指导、学生合作的方式进行。此外，怎样才能形成一个互动模式，并对此展开了深入探讨，这也是一个亟待解决的问题。

二、跨文化交际视域下日语听力教学新模式的构建

在合作学习中，学生与学生、学生与教师之间构成了一种互动的联系，一起将规定的工作进行下去，让每个人都可以在这种相互影响的情况下，提升自己对语言的认识和应用的能力。许多日语教师将合作学习这一形式引入到他们的课堂教学中，并对这种形式进行了探讨，而关于合作式听力学习的相关研究却很少。根据日语听力的特点，在"协作学习"理念和方法的指引下，试图建立一种新型地注重对学生进行跨文化交流的日语听力课，具体如下：

（一）课前任务布置

听力、会话和翻译在产出形式上存在不同之处。口语输出是会话的产出形式，而书面输出则是翻译的产出形式，二者都能直接观察到学生的语用失误。因为事先没有做好充足的准备，在解释过程中存在着很大的主观性，解释起来也不是很清楚。因此，提前以课本为依据，将需要的文化知识点梳理出来，将其分出难易点，准备好讲稿、PPT等课件，保证其语用信息的准确性，对其进行有效的输入就变得非常关键。另一方面，真实语境的提供方可以是视听媒介。听力课中的对话大部分都是从生活中获取的，比如日语基础听力课中的对话，多发生在便利店、车站、餐厅等地方，还有百货公司、学校，以及其他各种场所。比如，在超市里订票，在餐厅里点餐，因为中日两国的社会和文化背景不同，中国的日语学生对这种情况并不熟悉，很难很快地融入自己的语言环境中。因此，透过影像媒体，能让学生亲眼看见，并更清楚地认识到有关的社会与文化现象。如今，随着信息手段的快速发展，互联网上拥有着非常丰富的视听资源，若能将其有效地运用，则可有效地改善

传统纸本教学缺乏现实性、活跃性等问题。在布置课前作业时，教师可以通过微助教、微信群、QQ群等移动信息平台进行信息发布，学生也可以开展随时性、碎片化、移动式的学习活动。在教学过程中，老师会在课堂上张贴有关文化知识的说明资料，并督促学生进行自我学习。同时，还可以让学生们收集视频。因此，在日语教学中，要想提高语用意识，我们不仅要依赖于教师的"单方面知识灌输"，更要让学生自己去发现、去思考。老师会把每一节课需要的录像的目录清单发给学生，采取小组协作的方式，让每一组都分散开来，去收集这些录像，最终老师会在其中选择出一段合适的录像。由学生收集来的录像往往会让老师大吃一惊，而且还会让人感到意外，这更加适合他们的审美特性，可以激起他们的视觉和听觉兴趣。正如上面提到的那样，课前任务布置主要是为学生们提供一个真实的情境，在这个环节中，老师们可以充分地运用移动平台来激励并监督学生们进行自主学习，而学生们则可以用小组合作的方式来参加对视频资料的收集，建立教师与学生之间的互动关系，并将课堂上的任务布置进行到底。

（二）课堂练习实施

在传统的听力课堂训练中，教师更多的是测试学生的日语学习能力和听力能力。但是，在跨文化语用学的视野中，老师们仍然要重视对学生语用能力的培养。基于课前任务这一环节，学生能够在一定程度上了解听力资料中所蕴含的语用知识和文化背景，但是在课堂上，老师还需要对这方面的规则进行更多的阐述。在引入环节，老师把预先选择好的影片放到学生面前，把学生引入到主题情境中。与此同时，与文化知识点相联系，通过问题或者让学生表达自己的想法，来确定他们的理解水平，并在这个基础上，对课堂上的工作做一个简要的总结，提出了应重视的语用知识要点。在进行听力培训的时候，老师要指导学生把所学到的语用知识转化为适合自己的语用表达方式，对听力文本展开正确的语义建构，与此同时，老师要对学生所发生的跨文化语用失误进行关注。听力则是通过学生的听取和理解来进行评估，难以直接观察到语用失误，而听力指的是学习者与有声文本展开的一场沉默的交流，最终被用来判定交流是否成立，仅仅依靠问题的答案。但是，正确的回答并不意味着学生对所听材料的理解完全准确。因此，老师要对听力文本展开深入的研究，并对学习者有可能会犯的错误进行预测，通过对所教内容的解释和问题分析来判断同学们的理解程度。课堂练习指的是学生将语用知识运用到真实的对话理解中的一个步骤。教师要对语用知识进行界定，从而提高学生的语用意识。在上一个环节的基础上，老师利用自己所学到的语用知识，在课堂上指导学生，让他们能够对会话含义进行正确的理解，同时也要提示他们不要出现跨文化语用失误。

（三）课后纠正反馈

课堂教学中的反馈主要有两种：一种是由老师提供的纠正意见，另一种是由学生提供的获得意见。在每次课后，老师都会对在课堂练习中出现的次数比较高，但又很容易忽略的语用失误展开总结和分析，并针对发现的问题，及时地向同学们提出建议。在教师的反馈中，学生会再一次地回顾自己的听力理解过程，并将其归纳出来，以书面形式将其反馈给老师。这种交互式的学习，也可以通过手机的帮助，在课堂之外进行。老师们在这个平台上发表一些评论性的文章，学生们对这些文章进行回复，这种方式是一种像是聊天一样的轻松方式，可以尽可能地减少学生们的负担，避免引起反感，造成错误的反馈。在此环节中，老师们能够从侧面观察到学生的日语听力水平，从而能够更好地掌握他们的语用水平，能够更好地预测他们在日语听力中出现的跨文化语用失误。与此同时，对学习者来说，在反馈环节中进行的自我反省可以让他们对语用知识的理解得到进一步的深化，从而增强他们的语用意识。这种差异性对日语听力的培养具有一定的借鉴意义。在认识上，需要对日语口语中的语音、语调、音变等有一定的了解；对日语中的一些词汇，如省略、习惯用语，以及对日语中所包含的一些文化背景深入理解。从情绪方面来说，要训练他们面对困难时的胆量和乐观的心态，同时要加强他们对不同文化的敏感度和接受能力。从语言的角度来看，日语教学目标主要是通过语言的运用来实现的。从确定培养目的出发，在跨文化交际论中进行日语听力教学，将相关的文化知识显式地引入到课堂中，通过对不同语言环境下的日语口语教学，优化日语口语教学的效果。这种教学方式还有另外一个优点，即要充分发挥现代移动教学平台的作用，将课堂内外有机地联系在一起，使学习者可以开展独立学习和小组协作，以此来缓解学生在听力学习中的紧张感，提高学生的语用知识素养。

第五节　基于跨文化背景知识的日语文化素质提升

一、中日文化障碍分析

中、日作为一衣带水的邻国，日本的文化在历史上就体现出了与中国文化类似的具有东方性的特征。然而，日本特有的民族性格、历史、地理环境等诸多原因，使其具有鲜明的民族特色。中、日两国之间的文化差别在语言上有很大的体现，人们对不同国家的一些文化认识不够透彻，从而造成了听、说、读、写等困难，以下分别从三个角度加以剖析。

（一）语意的差异

词是一种最基本的语言单元，能够体现出一个国家的文化特色，因此，在日语听力中，准确地掌握词汇的文化含义就显得尤其重要。中国学习者对"汉字词"的理解相对简单，因为日语与汉语交际中有一种互相借用、互相影响的现象。但是，日语中存在着许多"汉字词"，它们在语义、用法等方面都与汉语有一定的区别，在学习过程中，人们常常会照着汉语的原义照搬照抄，这就造成了很多的误会。下面将这种情形分为三种类型加以讨论。

1.找不到——对应词汇

中文中的"农转非""希望工程""农民工""洗脚城"等，它诞生于中国特殊的时代背景，具有很强的中国文化特征。因为日本并无对应的时间和地方，所以日本人无法直接了解它们的意思。同样，日文中的「下宿」、「用立」、「支度」等，中文中不存在这样的词汇，更谈不上对汉字符号的解读。

2.字符一致，意义不同

日语中"県"（行政单位）与中文的"县"意义完全不同。日文中的"县"级行政单位对应中文的"省"级行政单位；"親友"不是指亲戚朋友，而是要好的朋友。此外还有"新聞、事情、党悟、愛人、評判"等等，这样的词语不胜枚举，都不等同于中文的词意。又如："端午节"和"七夕"，大家都知道，在中国，端午节通常会吃粽子、赛龙舟，这个节日的起源与著名爱国诗人屈原有关。而七夕节则让我们想起了牛郎织女在鹊桥相会的浪漫故事。而在日本，这两个节日都与学生们有关，端午节被称为男孩节，家家户户都会插上菖蒲和挂上鲤鱼旗。而七夕节则是乞巧节，学生们会写下自己的心愿，并将它们挂在竹子树上，据说这样可以让愿望成真。

3.惯用语

惯用语是一个国家几千年的文化洗礼形成的语言，有着很深的历史根源，在此略举两例：油を売る磨洋工後の祭り马后炮以上两组惯用语日文与中文意义大致相同，表象上大相径庭，历史原因上大相径庭。日文「油左壳石」和中文"磨洋工"的意思都为磨磨蹭蹭地工作，日文中的「油を壳石」源自过去日本卖发油的商人为了使女性顾客买他的发油，啰啰唆唆地和她们拉话匣子揽生意，后来以此形容慢慢腾腾、磨磨蹭蹭工作。中文的"磨洋工"原来是指建筑工的一类，"磨工"是用器具磨墙使建筑物的墙体光滑。这是一种精细而复杂的工作，耗费的时间很长，到了后面，就变成了一种慢吞吞的工作。这意味着，不管是中国还是日本，还是其他国家，拖延是很常见的事情。要想提升学生的听力解读水平，就需要指引学生在不同的语境中，了解并记住表示该动作的语音符号。同样，如果你不认识中文成语，只需要了解它的历史来源和文化背景，就可以了解它在文章中的意思和作用。

（二）表达习惯与行为方式的差异

日语具有语言形式简练、意义含糊、表达委婉、回旋余地等特点，这一特征在口语表达中尤其明显。举例来说：（男の学生と女の学生が田中先生について話しています。）女：まあ、若いのは若いし、スポーツもできるらしいけど、顔がちょっとね。这篇文章对初学日语的人有一种未尽之感，有莫名其妙的感觉。这句话的确是省略了一些，但两个人都能听懂。日本人在表达时，更倾向于用委婉的语气，避免直接和尖锐的表达，讲话时要留有余地。另外，中日社会环境、生活习惯等方面存在着巨大的不同，这也是一个值得

我们注意的文化现象。举例来说，日本规定了垃圾必须按类别倒掉，而且不能天天倒掉，中国则没有这种惯例。因此，同学们必须熟悉日本特有单词的文化特征。

（三）意识和价值观的差异

日本人独特的性格，是由日本独特的自然环境与文化背景所决定的。中国的以"仁"为中心的儒学传入日本之后，经过多年日本人对其进行的持续洗涤与改变，最后才发展出今天日本以"礼"为核心的儒教，这种日本儒教在日本文化上以"和"为尊以及日语特有的"敬语"特征上都有具体的反映。李：先生は何かくださいましたか。中山：先生には中国の万年筆をいただきました。以上这个例子中，为什么李先生不问"中山さんは先生から何かいただきましたか"，而是用"先生は何かくださいましたか"这种问法？这反映了日本人在思考问题时，更多的是站在"另一方"的立场上来看待问题，也就是提倡"和"为至高无上的理念。而日本作为一个岛屿国家，国土狭小，资源匮乏，地理位置不稳，所以在远古时期，日本人都是以群居方式进行联合捕猎来获取粮食的，在面对恶劣的地质灾害时，也只能通过群体合作、共同抗击。在这样一种变化莫测的感觉中，日本民族形成了强烈的民族意识和集体意识，团队精神一直是他们历史上的重要特点。在这种思想理念的影响下，日本的各级层次都表现出绝对服从上级的态度，并使用非常正式的敬语来表示尊敬。敬语作为日本语言的一种独特特征，也是日语学习者最难把握的一种语言表现形式。但是，我们也不能把日语中普遍存在的尊称制和中文中较为狭隘的尊称制作简单地做比较。另外，日语中的尊称方式与我国"官民平等"这一传统文化观念不符。因此，必须针对具体情况进行分析和理解。语言和文化的关系是紧密相连的，就像一张纸的正反两面一样，语言是它的一部分，而文化是它的反面。要提高日语听力和听力水平，必须从三个层面着手，即加强对日语的了解，把握好日语的学习心态，提高听力水平，消除母语的影响。这也是学习日语，提高听力的先决条件和保证。同时，以文化背景知识为线索，对下一步的内容进行预测、推理和补充。

二、听力课程中文化导入应遵循的原则与方法

在日语听力课程中，介绍文化知识应该遵循实用性原则以及适度性原则等。实用性原则指文化知识必须与学生在日常生活中使用日语进行交流所需的内容联系紧密，确保知识的实用性。适度原则是指文化引入的内容不能太多，种类不能太多，范围也不能太大。比如，在日语听力教学中，由于要进行文化引入，就不能把哲学、音乐等内容大量引入；在历史文化等方面，要对学生们所关心并易于接受的一些领域内容进行教学，比如饮食、社会、科技等。对于阶段性原则来说，我国学者贾玉新提出，学习者针对文化差异性的敏感度可可为四大环节：1.对别国所表现出的迥异的文化特征充满兴趣；2.不相信和拒绝其他不同于自己国家的文化；3.对外来文化的剖析，以及对其接纳；4.从另一方出发，合理利用外国文化。

以上四点分析的是学生学习他国文化时逐渐形成的心理接受流程。教师在针对学生做出文化导入的行为时，必须严格遵循由简及繁、由易及难的核心原则。在很长一段时间内，我国日语教育只关注内部形式，比如关注语音教学和词汇知识教学等。最近几年，随着日语教育在国内的迅速发展，以及外国新的语言学学说的引进，越来越多的人开始关注语言的社会功能、外在条件，尤其是其交流功能。因此，如果我们要使用一门语言，就必须对这门语言所在的社交背景有所了解，不然就不可能掌握该语言的本质。学习不同国家的语言，同时也是对不同国家文化的一种渗透，对不同国家的文化有很好的把握，对不同国家的语言发展也有很大的帮助。尤其要提到的是，"能否了解所谓的日本文化"与我们的日语教学质量是否能够得到不断提升有着直接的联系。笔者认为，在中日两国交往不断加深的情况下，日本教科书式的教学将会深入到日语教学的各个方面，中国学习者在日语听力方面将会克服文化上的隔阂。

第五章

跨文化交际视域下的日语口语教学

第一节　口语教学理论概述

一、口语教学的内容和模式

（一）口语教学的内容

1.语音训练

口语教学的基础内容包括语音教学和语调教学，不仅涉及日语音节，还有重弱读和停顿读等等。不正确的声音和语调会给听众带来很大的麻烦，甚至会让他们听不懂。不同的音调所表示的意思不尽相同，有时甚至完全不同。

2.词汇和语法

一个句子要想把它表达得准确，就一定要使用适当的词语，并且要有正确的语法。如果没有这些必备的词语，说话人往往很难准确地表达自己的思想；假如没有必要的语法知识，那么讲话的人很可能会出现语无伦次的情况，所以在讲故事式的教学中，应该包括对单词和语法的学习。

3.会话技巧

语言学习最终的目标就是进行交流，要想让这种交流成为一种有效的方式，就离不开使用对话技能。

（1）解释。解释是在听者不能理解自己的意思的时候，或者在讲话人没有找到相应的表述方法的时候，改变讲话的风格，使用了同义词或者其他解释性的语言。

（2）回避。回避是指说话人在遭遇语言障碍时，会选择其所熟知的语言形式。回避时使用自己不熟悉的单词和表达方式，以确保口头交际的顺畅。

（3）转码。转码就是在说话人碰到自己不能理解的词语，但又不能避免的时候，可以恰当地转换成自己的本族语。

（4）析疑。在听不清谈话内容的情况下，听者可以通过各种方法向其提问，从而保证对话的顺利进行。析疑法是避免对话中断的重要方法。

（二）口语教学的模式

我们主要介绍四种口语教学模式，即一般模式、3P模式、任务型教学模式、Let's教学模式。每一种教学方式的具体操作是我们讨论的主要内容，这四种方式都是伴随着教育的发展而出现的，所以它们都比较有代表性。

1.一般模式

一般模式通常包括四个阶段，即背景铺垫（学生听）、布置任务（教师说）、执行任务（学生说）、检查结果（教师说）四个阶段。下面将具体阐述各个阶段的任务和意义。第一阶段就是所谓的引导阶段，此阶段可采用多种方式进行，如让学生通过阅读教材、观察实物、图片等。在听力教学中，教师可以通过阅读课文、讲故事、听录音等方式来进行教学。其实，不管学生以何种方式倾听，也不管他们所听的内容如何，他们的目标都是为了给他们所要完成的任务创造情境，提供背景信息。第二阶段就是所谓的任务布置环节，这一环节的主要任务是确定"说"的目标，制定计划，组织活动。第二个步骤，时间虽短，但其目的在于为三个步骤做好准备，为第三个步骤的成功做好准备。第三个环节是"实践环节"，这一环节是学生"说"出来的环节，也是整堂课的中心环节。这个时候，老师应尽量保持安静，不要干扰同学们的演讲，不要浪费同学们的时间。培养学生说日语的能力，与其说是评判他们说得正确与否，不如说是让他们自己去说。除此之外，教师还要合理地掌握这一阶段的活动时间，最佳的活动时间应当占到全部活动的80%。第四阶段，老师们会对作业的完成情况进行评估，它的目标是及时地对学生们的口语活动做出总结，并指出他们的缺点，并给出相应的改进意见。

2.3P模式

除了口语教学的一般模式以外，有些学者也提出了"3P"模式，即Presentation-Practice-Production。关于这种模式的操作步骤以及优缺点，具体描述如下：

（1）在Presentation阶段，教师采取解释分析、举例研究和角色扮演等模式为学生讲授理论知识，主要涉及日语语法知识、语句知识和会话方法等，进而在有价值的语境范围内运用新知识，但是不要在没有语境的情况下，单独第表达一句话或者一条语法规则。在讲授时，教师应注重学生的关注，并对新的知识点进行检验。在此阶段，应明确本课的教学目的与内容。

（2）在Practice阶段，老师要为学生们创造出各种各样的机会，让他们用句型操练等多种方式来对教学内容进行展现，练习的程度也是从易到难，逐渐深化。在课堂教学中，教师的指导方式从控制性向半控制性发展，逐渐提高了学生的自主能力。这样的受控练习旨在培养学生正确运用语言的能力。

（3）在Production阶段，老师为学生创造了一个将他们新学习到的语言知识和交际技巧与现有的知识融合起来，并展开综合应用，从而实现了在自己的语言能力范围内，以沟通为目的，以科学使用该语言为目的。这样的话，学生们就会更有成就感，更多地参与到日语口语的学习中。这种教学方式将加强学生对语言知识和技巧的掌握，提升学生的语用能力，将重点放在语言的准确和流畅上，让学生能够积极地参与其中，进行合作探究。其三个阶段的教学过程清晰，每一个阶段都有自己的核心目标，强调准确度、强调流利性。在实际的教学过程中，以它的实用性、实效性和可操作性，获得了大部分日语老师的喜欢。但是，针对所谓的3P模式，一些人也提出否定意见，针对三大环节和阶段的相关性和内在逻辑性做出了质疑，也针对准确性向流利性转化的可行性做出了怀疑分析，认为这种模式过于注重精确，极大地制约了学习者对目标语进行更多的了解，同时也缺少了对语言进行有意义的应用，没有达到真正意义上的交际目的。

3.任务型教学模式

任务型教学模式大致分为四个步骤：呈现任务——实施任务——汇报任务——评价任务。

（1）呈现任务

在展现任务的时候，老师要与学生的生活或学习经历相融合，并创造出有话题的情景，从而可以让他们产生好奇心和学习动力。在这个阶段，教师会根据所讲课程的内容，为学生指明思路，并将所学的新知识和学习者原有的知识架构之间形成一定的关系，让学生们有一种"说"的冲动，带着兴奋和期待，走进了新的教室。在这个过程中，教师要遵循先输入、后输出的原则，即在学生已经激发了必要的语言知识和语言技能后，才可以进行教学，这也是为下一个环节打基础。

（2）实施任务

当学生接到任务时，他们可能会结成一对，或者是以小组为单位，或者是通过老师设计一些小任务，形成任务链等方式，从而启动任务的执行。通过结对和分组的方式，能够让每一位学生都能有机会进行说日语的训练，而且在与学生进行沟通的过程中，还能促进他们的认识水平的提高，从而提高他们之间相互帮助、协作的精神。此外，老师们还可以加入学生们的团体中去，并在团体中发挥自己的作用。在这个过程中，老师要及时地对学生进行监督和指导，对他们所掌握的新知识的程度有一个全面的了解，并且要针对不同的实际情况，及时地对他们的教育战略进行调整，以确保他们能够顺利地完成工作。

（3）汇报任务

每一组在讨论结束后，都会派一名代表来向全班汇报工作的完成情况，老师们可以自己任命一名代表，也可以让其他的组员选出一名代表。老师派人，既能调动学生的积极性，又能提高学生的自信心，两者各有所长。在学生报告工作的时候，老师要提供一些指导，并给予适当的协助，使学生报告做到准确、自然。

（4）评价任务

在小组报告结束后，老师要对小组进行评估，指出小组的优缺点，选出最好的小组，让学生们在学习中体会到成功的快乐。在评价的时候，老师能够指导学生正确地、理性地评价自己和别人，并对那些表现好的学生进行精神上的激励或奖励。在这个过程中，老师要适时地掌握评估的激励效应，使同学们的积极性得到了很好的调动，并能发展同学们的集体意识。传统的日语口语课堂成为老师练习、学生倾听的场所，这与新课程标准不符。但是，任务型口语教学模式是一种把学生放在核心位置上，以小组合作学习作为主要的学习方式，目的是让学生能够把任务完成作为最终的目的，采取这种方法，能最大限度地调动学生的学习积极性。据此，笔者建议采用"任务"为指导的方式进行日语口语课教学，通过合作、交流等学习方法，来训练学生的口头表达，提高他们的参与积极性，从而提高他们使用日语进行交际的能力。在高效的动机驱动之下，学生们由原来被动、消极的心理转变为主动、积极的实践，尤其是在他们在完成了一项工作之后，所获得的成就感，更让他们对下一项工作充满了期望。此外，老师以"学"为出发点来设计教学活动，不管是在哪个阶段，学生的大脑都是活跃的，再者，采取这种方法，不仅能帮助学生们更好地学习文字理论，还能帮助他们更好地学习语言文化知识，更可以让他们掌握语言的应用能力。在对学习任务进行深入研究的过程中，同时也在对学生自身的语言能力进行持续提升的过程中，他们也越来越能够对自己的想法进行有创意的表达。

4.Let's教学模式

该模式主要由四大基本步骤组成：即激活旧知，有效导入→创设情境，探索新知→聚焦难点，处理加工─→深入探究，交流发现。

（1）激活旧知，有效导入新课。导入可以将学生内心想法和活动转化到一个新的情境当中，使学生对要学的东西有认知上的需求。采用科学的引导方式，迅速吸引了同学们的注意力，激起了同学们的学习兴趣，激起了同学们的好奇心，让学生主动去探索、去追寻，以此来优化日语课堂教学的效果。新课导入的方式比较多，不仅包括直观导入法、复习巩固导入法，还包括歌曲与游戏开展导入法等。

（2）创设情境，探索新知。在此阶段，老师与学生共同探究，发现新知识。教师在合理运用文本资源的基础上，可以将听力资源和对话资源融合起来，穿成一条完整的线，这个线不仅包括一些话题和场景，还包括一些人物和地点。在这个过程中，关键是要设计出一个丰富多彩的课堂活动，让学生在课堂上积极主动地投入学习。所以，如何提高学生的日语听说水平，让他们说话，这是非常关键的。在进行课堂教学方案设计时，要遵循三项基本原则：一是结合学生时效性，二是凸显学生日常生活，三是联系学生日常交际情况。

（3）聚焦难点，处理加工。这个过程就是要把握课堂中的重点和难点，对所输入的有用的信息进行个人化的处理和加工。在兵法中，不争土地，不取城市，获得更大的胜利。教育亦是一样，一定要把握好主次、轻重、细节、紧迫性。而要优化课堂教学效果，则必须突出重点，突破难点。在进行课堂教学时，老师要注意方法的实用性、灵活性。良好的教学方法应用能使学生迅速、高效地领悟并掌握所学内容，让他们能够更好地利用自己的特长。我们可以通过下列方式来进行试验：列表对比法、练习归纳法、游戏活动法、多媒体辅助法等。

（4）深入探究，交流发现课程标准要求。在日语教学中，为了使学生能得到更好的发展，必须给学生创造一个独立的学习环境，让学生在实践中体验、实践和讨论的机会；以合作探究等方法培养学生的语言综合能力；为学生提供探索和独立解决问题的机会。所谓"为学生创造一个可以自主学习、可以与他们进行互动的空间"，这就需要老师在日语课堂中设计出与之相适应的拓展和延伸活动方案。在设计扩展活动方案时，应从学生的生活体验和兴趣激发出发，把本课所学的知识作为自己的立足之处，选择尽可能真实的内容，采取尽可能真实的方法。这对学生掌握相关的语言知识和发展他们的语言技巧都有好处，进而提升他们的实际语言应用能力。我们要想进行日语课堂教学内容丰富和拓展，可以采取的方法比较多，比如案例列举和分析，情况调查和研究，问题探索和分析，话题辩论和实践演出，以及开展课外实践活动，等等。

二、影响口语教学的因素分析

在日语口语课教学中，教师要基于多种教育思想，采取相应的教学方式，从而实现高效的日语口语课堂教学目标。有许多因素会影响到口头教育的成效。

（一）教师自身的素质

口语教学对于老师本身的素质有着较高的要求，其中，语音的正确是进行语言交流的前提。老师的发音不对，学生就不可能学会一门日语。此外，教师应在加强语音教学的基础上，扩大自身词汇的数量，进行适当的词汇量扩展，增加学生的词汇量。

（二）准确与流利的平衡

在口头教育中，老师要给学生灌输一种重视准确性与流畅度的平衡观念，因为准确与流畅度是交际语言教学的两个主要目的，如果其中任意一种都不能说是完成了口头教育的目的。在口语课中，老师可以频繁地为他们播放一些纯正的外国音乐，并加以指导，让他们意识到，只有把自己的语言说得准确、流利，他们才能把日语说得更好。

（三）课堂气氛的营造

课堂气氛对日语学习者运用日语的热情有很大的影响。教师应鼓励学生说出自己的观点，不怕犯错，在纠正中不断地进步。在这样一种宽松而又不拘束的氛围下，学生们可以尽情地表达自己的想法。

（四）教学观念的影响

传统的语言教学仍然是将重心放在对语法的讲解上，仍然采用阅读、背诵、默写的方法，老师们害怕在口语上花费的时间过多，会对他们的笔试造成影响。因此，一些老师对教科书上所布置的许多口头练习都不予理会，从而导致了语言的"结巴"。这对培养日语人才，对日语教学，对学生未来的发展都不利。

（五）过度地纠错

在日语口语教学中，要根据学生所犯的特定语言错误的严重程度，来确定纠正与否。错误可以不立即纠正，但不会影响到正确的表达，因为老师的介入会打断学生的思考。进行太多的错误纠正会伤害到学生的自尊心，在教授外国语言知识时，应该把重点放在意思的表述上，同时还要考虑到语言形式的正确性。

第二节　跨文化交际视域下日语口语教学的原则

一、鼓励原则

日语交流能力的提高是一项漫长的工作，它要求有一个良好的日语环境，并有持之以恒的付出。所以，老师们要努力创造一个良好的日语语言环境，并鼓励他们经常进行日语语言的练习。具体而言，老师们可以从如下方面入手。

（1）在进行一节精读课的时候，老师们可以让学生们提出一些与课文话题有关的观点，这样既可以训练他们的口头表达能力，又可以让他们对课文话题有更深层次的了解，从而提升他们自己的独立思考能力。

（2）老师可以将"听力课"转变为"听说课"，并允许学生在听过教材后，对教材的题目和内容等进行评论。

（3）老师可以鼓励学生积极参与日语方面的活动，例如"日语角""辩论赛""日语阅读"等等。通过游戏、角色扮演等形式，使学生能在课堂上说出自己的日语，从而激发了学生对日语的学习兴趣，提高了他们的语言能力，让学生从被动地接受转变为主动地表达。

（4）要重视改正错误的方法。许多学生因为口头语言的底子比较差，所以不敢张嘴讲日语，或者在讲的过程中非常紧张，担心犯了什么错，这时老师就会抓住学生口头语言中的一些小的失误不放过。如果老师给他们讲课，他们会害怕，到时候就不会乱说话了。因此，在改正学生的言语表现时，老师应该多加称赞与鼓励，而不是一见有错就改，而是要纠正对意义有较大破坏的句子。此外，在学生表现出困难的时候，老师应该提供帮助，让他们更好地完成语言表达。

二、与实际生活相关的原则

在进行交际性日语的课堂教学中，老师可以为学生们创设更多的与现实生活有关的情境，让学生们认识到交际性日语的实用性、重要性和趣味性，进而主动参与到日常的口头训练中去。比如，针对中日两国饮食文化的差异，老师可以要求学生们利用所学到的词语，对中日两国食物进行归纳和对比，通过这种方式，不仅可以增加学生的词汇量，还可以锻炼他们的日语口头表达能力。要注意的是，在进行情境练习的过程中，老师还应该鼓励学生改变自己的句型，不要一成不变地使用同样的句型，这样会影响到他们的口语水平。

三、坚持日语教学的原则

由于交流日语课程的缺乏，使得学习者的语言能力受到了很大的限制，所以，在讲课中，老师们必须以日语为主，不能以汉语为主，要尽可能地用好课堂上的一分一秒，让学习者更多地用日语交流，培养学生多看、多听、多说的能力，培养学生日语阅读、写作和思维创新和交流的能力。在班级中，尽管日语的程度存在很大的差异，但老师仍然不能抛弃日语教学的基本原理，而是要使用一些简单的、基础的教学语言，并尽力让每个学生都能够理解，这样，时间长了，学生们的日语听力就会得到很大的提升，老师可以逐步使用一些比较困难的语言来帮助学生们更好地掌握日语的语言。老师用日语讲课时，要留意学生们的反应，看学生们有没有理解，对一些非常难以理解的部分，可以适当地用汉语进行讲解，但要重点突出，汉语不宜过度，以免培养学生对汉语的依赖性。

第三节　跨文化交际视域下日语口语教学的方法

一、日语语法教学应用于日语口语教学

日语是目前比较热门的一门课程，也是培养学生综合运用语言进行交流的一门必要的语种。通过采用语法教学方法，提高学生的日语口头交流水平，提高学生学习日语的积极性。

（一）日语语法的特点

关于语法的性质至少可以从以下三个方面进行概括。

1.抽象性（概括性）。语法主要是以抽象为特征的规则。语法分析和表达下的语言结构规则是具有抽象性的，往往从很多语句当中得到发展，虽然有一些语言材料无法计算数量，但它们也是客观存在的，与其相关的词语结构模式、具体词组和语句规则等都不是无限的。日语语法可以说不仅具备一定的抽象性，还具备一定的概括性。

2.稳定性。语法与基本词汇构成语言的基础，非常稳定。尽管一种语言始终在不断地改变，而且它的语法也会在一定的时期内不断地发展和演化，但是与词汇和语音相比，它的改变要比较慢，所以它的语法还是比较稳定的。语法稳定性其实也是和其抽象性有很大的相关性。语法往往是又多个规则组成的，最终会形成有机、系统化的整体，很多语法措施和范围都不会发生很大的变化。比如，日语语序通常都属于是SOV类的。

3.民族性。各种语言都有明显的民族特点。具体来说，不但表现在日语语音和具体的词汇上面，而且表现在日语多元语法上面。我们需要在两种不同语言的对比分析中总结出最终的语法民族性特征。例如，日语语法也具备一定的民族性特点，比如其语法形态发达，语法价值和功能是基于专门标记展现的，可以说日语目标性是比较强的。

（二）语法教学的作用

目前，日语愈发受到人们的关注。为改善目前在校大学生的日语表达与交流能力，加深对日语的了解，教师已开始教授语法知识，以提高学生的日语水平。掌握好日语言法，能深化学生对句型的认识，有助于他们了解日语句型，有助于学生在日语交际中进行句子的翻译，而不仅仅是在理解句子和文章中所表达的意思。但是，从实践的观点出发，运用语法去了解句子中的元素及词语的含义是比较困难的，对语法的要求也比较高。就日语语法的教学而言，在平时的教学中，老师希望让学生们把日语中的短文或短句译出。在学生们能完全理解全文词汇的基础上，运用所掌握的词汇积累程度，对句子进行理解并进行翻译仍然有一些困难，这就造成了所翻译的语句和文章比较杂乱和琐碎。究其根本，是学生没有掌握文章或者句子要素，也就是没有掌握语法知识，从而导致对句子和文章不能很好地理解和记忆。为了确保学生能够很好地翻译并驾驭日语句子和短文，他们必须有很好的语法知识，对语法的结构有很好的把握，这样才能更好地学习日语，提升自己的日语口语水平，为将来的学习、生活、工作提供一个更好的平台。

（三）日语语法教学在日语口语中的具体应用

为了累积日语词汇和句型知识，加入语法讲解。日语语法学在日语口语中具有特殊的优越性，也有很强的现实意义。就日语的口语教学而言，一是加强词汇、句型的积累，为口语教学打下扎实的基础，从而提高学生的语言组织水平，增加学生的词汇量，增强其日语口头表达能力。运用语法进行日语口语课教学，必须在日语口头课中将词汇与句式有机地联系在一起，这也是语法教学的一个重要步骤。教师要合理采取语法教学方法，促进学生对语句具体成分的了解和分析，使得学生了解以什么词汇和语法来组合语句，保证语句通顺度。学生在组织完成通顺语句之后，才可以完成下一阶段的学习任务，为后期良好的口语交际奠定坚实的基础。日语语法其实是比较有难度和复杂的，要想激发学生的学习兴趣，增强学生的注意力，教师必须为他们创造出一个有效的语言情境。但是，这是比较困难的。当教师基于语法教学做口语讲授任务的时候，必须强调和学生互动、协作；要结合学生的实际情况，制定科学、有针对性的日语教学目标，因材施教；针对那些日语教学质量不太高的学生，教师必须注意增强他们的耐力，从根本上优化日语教学效果，确保学生可持续成长和发展，彰显学生学习的自我价值。

在日语口语交流过程中，学生学习日语通过语法的学习，提高学生的理解力，老师在给学生完成了词汇、句子等比较基本的日语言法课程后教学，要进行二次学习。为了培养学生的日语口语交际能力，教师应通过教他们说日语中的一些句子或短文来培养他们的日语口语交际能力。在此过程中，教师应充分运用音频及多媒体资源，使学生能根据所学内容，准确地说出日语的语音知识，研究语句和整篇文章蕴含的语法，以及语句当中包括的单词成分。教师在了解语句和文章大概，明晰其主旨之后，就要指引学生开展文章内容和语句研究，掌握通篇文章教学的内容以及其语法特点，学习相关的语法知识。学生在通过观察研究得出具体的语法理论知识之后，在教学中，教师可采取分组讨论等方式，增强学生对语法知识的记忆，培养大学生的日语口语交际技能。从这里可以看出，日语语法教学和日语口语教学之间是存在较强关联性的。其次，为了达到最大限度地提高语法口语教学的效果，老师可以在讲课的时候，让学生把自己所学到的知识和句子进行巩固，在合理学习语法理论知识之后有效建构文章短句。在建构结束后，老师让学生们朗读课文，并与学生们共同探讨、分析，找出课文中的语法特点。对于那些语法运用得比较好的日语短文，老师可以让各种类型的学生一起大声地阅读，并通过角色来进行对白。通过这种方式，既可以提高学生日语口语交际能力，又可以让他们对语法有更好的了解，从而达到日语教育的最佳目的，为以后的日语学习创造一个良好的环境。谈到日语言法在口语中的运用，一是要加强词汇、句型等方面的学习，加强词汇的积累，为口语学习打下良好的基础；有利于日语句型、短文的体系构建，从而提高学生的口头交际能力。另外，在日语的口头交际中，运用语法来提高学生的理解力，最大限度地达到日语教育的目的。

二、配音与角色扮演

（一）日语配音活动

配音作品的配乐行为并非一成不变的，教师可以要求学生首先观看一部影片，或是一部电视剧，并对影片中的一些重点进行讲解，在解释完毕之后，老师可以把电影或者电视的片段放两遍，让学生们尽可能地把电影或者电视的片段背下来，然后把电影和电视调成静音，请学生们在自己的脑海中播放声音。除此之外，教师也可以让他们观看一些默片，如电影、电视等，然后让他们利用自己的想象力去为这些场景配音。这样可以更好地发挥出学生的想象力，调动学生参加口语培训的积极性，优化口语培训效果。

（二）日语角色扮演

在课堂上，教师进行"角色表演"，不仅受到了学生们的欢迎，而且成了情景教育的重要形式。在实施过程中，老师可以给学生一个特定的情境。在课堂上，通过角色表演，可以使教学语言变得更加有趣，减少学生的恐惧心理；能够使学生从机械、重复和单调的训练中走出来，给学生一个锻炼的机会，使他们能够在各种社交场合中，以各种社会身份来进行交流，从而极大地优化了口语教学的效果。

三、协作式教学法

（一）协作式教学方法概述

合作式教育是以建构主义为理论依据的一种教育方式。"情境""协作""会话""意义建构"是建构主义的四大基本特征，强调了主体能动性的充分发挥，以及认知结构建构和完善的重要性，指出学习属于一大协作过程，不仅具备社会性，还具备交互性。我们合理运用建构主义学习理论，可以凸显学生这个核心主体作用，这种教学理念是比较新的。日语口语课是指在老师指导下，通过与他人合作和交际，形成日语词义的一个活动过程，所以笔者认为，我们必须时刻将学生当作核心主体，实现课堂教学内外认真完成目标，展开通力协作，加强语言价值体系建构，不断创新与合理运用协作式日语口语教学体系。

（二）协作式日语口语课堂教学模式的应用

通过语言教学，可以对学生展开跨文化交流，这是一种人际沟通、交流和合作的技能。因此，在语言教学中，协作就变得尤为重要。合作式口语课堂教学以教师布置的实践任务为基础，让学生自发地形成一个学习伙伴，利用多种资源建立一个语言意义体系。这种以合作学习为组织形式、以学生为中心的学习过程是：教师引导学生明确目标——教师精心设计任务——小组成员利用各种资源开展协作学习——小组展示学习结果——师生互评、学生自评——师生小结回顾，准备下次任务。

四、灵活练习法

（一）机械练习

机械式的训练并不要求学生多加思索，只需照着做就可以了。这样的运动很容易，通常用于学生的理论知识记忆，不仅涉及学生学习的语句语音，还涉及语句语调和具体的句式。机械练习方法有两类，第一类是仿说练习，第二类是替换练习。

1.仿说练习

在仿说的训练中，老师或者录音老师会给学生朗诵一段日语的语音资料，再让他们去模仿老师或者录音老师的发音和语调，感受词汇和句子的用法。在学生说的时候，教师要及时观察和检测，观察学生的日语语音和语调准不准确，发音清不清晰，表述完不完整，这样才能找到他们说的问题，并加以改正。

2.替换练习

在日语替换练习过程中，教师要首先列出多个日语例句，告知学生需要替换什么内容，接着让学生完成成分替换，比如将同类词代替语句单词，将词组代替原来语句当中的词汇，将语句当中的名词替换掉，将原来语句当中的动词时态替换掉。

（二）复用练习

复用练习指的是根据课文内容、课本材料以及具体情景设计和组织开展的学习活动。想要得到这个问题的答案，那就得好好想想了。这对培养学生的自主思考能力很有好处。下面笔者主要分析常用的语句复用练习模式。

1.反应练习

在反应训练中，老师可以在说一句话的时候，用呈现物体、图片或做一些动作的方式，把所说的东西表达出来，并让学生加入其中。

2.变换说法

在"变换说法"的训练中，老师可以向学生提问，然后让他们用多种表达方法来解答，这样就能使他们的表达更加丰富，拓展学生的思维，培养他们的语言控制能力。

3.组句练习

在实际的组句练习过程中，教师要指引学生合理借用核心练习词汇、语句形态等表达完整的话语。

4.扩充句子

在实际的扩充句子练习过程中，教师往往可以列出一部分简练的语句，让学生合理增添语句成分和要素，进行语句扩充，使得语句复杂化。采取这样的语句练习模式，往往可以使得学生逐渐提升语句内容输出效率。

5.围绕课文进行练习

以文本为中心进行练习，可以让学生运用文本中的重点单词、短语说一句话，也可以让学生在读完文本后，回答问题。

（三）活用练习

不仅是"活用"与"多用"的相同之处，也有一定的差异性。共同点是都要求学生对自己的语言进行仔细的思考和重组。差别之处是，复用练习必须密切联系课文内容，但是活用练习可以指引学生发展自我想象力和思维创新能力，运用文本中的内容和文字，对自己的人生进行描述，表达自己的思想感情，从而进行更深、更广的锻炼，也就更有挑战性了。下面笔者提出常见的两大活用练习方法。

用课文中的语言叙述自己的生活。通过阅读文章，让学生们根据文章中的重点词语，说出自己的段落。比如，在阅读一篇有关家庭的文章之后，学生们还可以做一些有关他们家人的自我介绍；在学习完有关日本节庆的内容之后，再向学生们讲述中国的一些传统节庆；在学习完有关友情的文本之后，学生们还可以谈谈他们对友情的感受。

老师提问，学生表达自己的观点。教师可以针对文章中的一个人物、一个情节或一个主题，向学生提出问题，允许他们在课上发表意见。

五、对分课堂引入日语口语教学

（一）对分课堂模式下的日语口语教学

《日语口语》是与《基础日语》（日语精读课）、《日语听力》相辅相成的课程，目的是实现学生掌握理论知识和会话练习的有效结合，锻炼学生"说"日语的能力和素养。比如，教师在课程知识教学当中可以展开小班教学活动，将完整的自然班分成两大班级，每周并展两节课的知识讲学，课程融入完整的基础教学环节。鉴于学生为零起点的水平，因此《日语口语1》开始于第一学期第九周。目前，该课程所使用的教材是日语教育与研究出版社出版的《新经典日本语会话教程》系列教程。大学日语系《基础日语》和《日语听力》课程所使用的教材均为《新经典日本语》系列教材，因此，利用教材的优点，能使各个领域之间的内容更加紧密地联系在一起。我们以《日语口语3》第一课《自我介绍》为例，探索对分课堂教学背景下的日语口语教学内容。本教材各堂课都包括五大组成部分，主要包括：结合如今已经存有的理论知识储备，完成角色扮演任务，学生先根据上下文完成会话（填空），然后听录音进行确认；思考后仿照例句完成会话（填空），然后听录音进行确认；选择话题进行自由会话；文化专栏。在此分三个步骤介绍对分课堂模式下《日语口语3》的授课流程。

步骤1：教师讲授（45分钟），新学期第一次授课，在第一节课中，老师们的工作重点是对课程性质、课程要求和课程目标进行说明，并对对分课堂的教学方式进行介绍，到了第二节课，老师们就会开始上课了。在这一节课中，教师引导学生做了第一节和第二节的练习，着重于"常用词语"的解释。因为在学生的敬语学习中，需要联系敬语的用法讲解"学生自我介绍"过程，需要运用一些表达技巧和需要注意一些问题。

步骤2：内化和吸收（课外）。第一节课之后到下一节课之前，这段时间是让同学们自主完成作业的阶段，也是同学们"自我消化"的阶段。浅谈分班教学方式的运用，在很大程度上取决于课后作业设计的合理性。在这堂课之后，老师可能会给学生安排如下作业：让学生以日语进行自我介绍。你有什么嗜好？用日语向学生们推荐自己喜爱的书籍、影视作品等。假如有一次访问日本的机会，您最希望参观的是什么地方呢？请解释原因。请看下面的"文化专栏"。这门课程的文化栏目将会介绍日语中有关汉字的一些需要注意的问题。请在一个特定的国家（例如韩国）中，找出有关的风俗习惯，并和日本做出对比。

步骤3：讨论（45分钟）。对于第二次课程来说，首个课程以讨论的方式开展。在这个部分，老师将学生们分成几组。为使学生们有新鲜的感觉，他们通常使用纸牌进行抽签，四人一组。学生们先在小组中进行讨论，交流他们在完成作业的过程中所获得的经验和感悟，之后两两组合，进行对话的实际排练。最后，老师会从学生中挑选出一组学生，在课堂上发言。以此为依据，老师会对学生的论文进行评估，学生之间可以进行相互的评论。学生的家乡、兴趣及所渴望的城市都不一样，所以他们所做的准备工作也会有很大的不同。利用分组讨论和课堂发言的环节，能够加强学生之间的沟通，让学生们能够对不同的区域和文化有更深的认识。特别需要指出的是，在回答第4道题目时，一些学生不但注意到了日本与其他各国在对角色进行介绍时用词上的差别，还注意到了一些非言语表现上的差别，也就是身体语言上的差别。

（二）对分课堂模式下的日语口语教学成效

相对于传统的教育方式，这种教育方式在实践中获得了如下效果：第一，为学生留出足够的时间进行两周时间的解释，让他们能够更好地消化并吸收所学的知识，同时还能认真地为他们的作业做好充分的准备，同时还能有效地防止当堂作业给他们带来的思想负担。1975年美籍匈牙利心理学家米哈里·奇克森特米海伊首次提出了著名的沉浸理论。"在以往的沉浸论中，困难和技术是影响沉浸感的两大要素，只有在二者之间达到某种平衡，才能使沉浸感产生。如果难度过大，受试者就会失去对自己所处环境的掌控力，从而使受试者感到焦躁和沮丧。相反，如果难度过小，参加者就会感到厌倦，从而丧失兴趣。"这种隔堂讨论模式，最好一周应用一次，可有效降低参加者的焦虑感及挫折感。这种双人班的教学方式，特别是对语言水平较低的学生来说，能够给他们一个通过自己的努力去弥补自身缺陷的机会。其次，合理运用对分课堂教学模式，往往可以充分展现"信息差"原则的作用，为后期开展多元课堂教学活动奠定基础。广义的信息知识不但包括可以表达出来的感受和认知，还包括理论知识要点、相关数据信息和资讯等等。信息差，是指人们在实际生活当中由于传递信息内容的差异性而出现的不对等现象，就是由于有了所谓的不对等，人们才了解到基于目的语沟通信息和完成任务的重要性。在对分课堂的教学方式中，学生们可以用自己的方式进行独立的、自主的学习，从而得到各种各样的资讯。在小组讨论和课堂发表的环节中，学生们的资讯差异能够让教室里的气氛变得更加生动活泼，从而让学生们的兴趣更加浓厚。在此基础上，将"任务型"教学法和"协作教学法"有机地结合在一起，形成了"小组讨论"的教学模式。特别是在课堂讨论环节中，它可以对课堂气氛进行调整，这样就能激发学生的学习热情，还能有效地培养学生的集体荣誉感、个人责任感和团队协作精神。

第四节　跨文化交际视域下日语口语教学的发展策略

一、在课堂上多使用日语进行教学

许多教师在上课时，通常会用他们自己的母语来教他们如何更好地理解词汇、语法以及文章的大概。事实上，每一种语言都有其独特的特点，想要在其中找到一个完美契合的词并不容易。如果过于强调日语和汉语之间的相互翻译，就会让学生无法跳出自己的语言，从而无法培养他们用日语思考和直接用日本语言来表达自己的想法。所以，老师们在讲课的时候，要尽可能地使用日语来解释问题。刚开始时，学生会感到不习惯，特别是在面对某些比较漫长的表述时，他们会有一段时间无法做出正确的回应，从而产生挫败感，这时老师就不能轻易放弃。我们可以用反复练习的方法，配合肢体语言，并通过大量的表达来激励他们，增强他们的自信。

二、创新教学手段，构建日语语言情境

教师还可以利用多媒体课件、实物等直观的方式进行教育，给学生们创造一个生动的语言和文化的交流环境，让学生们有一种置身其中的错觉，了解日本的文字与文化。用一遍又一遍的话来鼓励学生，使学生逐渐养成运用日语思维和用日语直接表述观点的良好习惯，从而提高他们的日语语感。

三、听与说有机结合

听力是一种最基础的语言输入方式，它是人们获取一种语言知识和信息的重要途径，同时也是进行语言沟通的基础。有了理解，就可以用"说"来沟通了。由听到说、由懂到说，是日语学习的一个客观规则。所以，在日语口语课教学中，教师应把听说能力的培养有机地结合在一起，以听说为一体。第一，在教学过程中，教师要尽量使用日语，特别是在缺乏语言环境时，要创造一个良好的听力的环境。一位老师能说一口流利而又准确的日语，这对于学生是一种很大的鼓励，因为只有听得多、听得准，他们才会说得好。第二，老师要从一开始就养成说日语的好习惯，要给学生们创造更多的机会去说日语，让学生们大胆地说。

四、营造和谐的课堂氛围

在日语课堂教学上，如果过分注重词汇的精确性和严谨性，会造成学生对词汇的恐惧和紧张。加之紧张、压抑的班级氛围，造成了学生害怕说不好而不敢说，越是不敢说，就越是说不好。口头教育难以进行，口头交流的能力也难以得到提升。因此，教师应在教学中发挥其应有的作用，要主动地为学生创造一个宽松和谐的课堂日语口语练习的环境，以不同的学习资料为基础，采取多种的日语口语练习方法，让学生们能够主动地参加日语的练习。

在教学活动中，老师应把学生放在第一位，充分相信和尊敬学生，并与他们进行更多的情感交流与沟通，创造一个融洽、轻松的学习氛围。要想取得最好的教学效果，必须消除学生的焦虑感。

五、培养学生的自信心

教师应当将学生的个体差异纳入考量，并在此基础上，针对他们在学习成就和性格上的差异，对其进行适当的调整。要将好学生和差学生进行搭配，将性格内向和性格外向的学生进行平衡处理，要善于发掘出每一个学生身上的闪光点，为不同层次、基础的学生创造出一个可以展现自己的空间，无论在哪个项目的口语培训中，都不能放弃差生，不能忽略性格内向的学生，在他们取得进展的时候，要适时地给予肯定与鼓励。老师的称赞与认可，不仅会使学生感到自豪，而且会使他们获得成就感，这样才能增加他们的自信，激发他们对日语学习的兴趣。通过这种方法，能帮助他们消除在学习中遇到的困难，使他们能够大胆地使用日语，并在一个轻松、融洽的语言氛围中逐渐地提高他们的日语口语水平。加强日语口头交流技能的培养，培养出适应社会需要的实用日语专门人才，是当前教育部门面临的重大课题。在日语教学中，日语口语是比较薄弱的一环，因此，日语老师在教学中，应将日语口语训练放在第一位，从实际出发。在日语口语教学中，要不断地摸索出一套行之有效的教学方法，让学生既能掌握所学的语言知识，又能提升自己的口头交流能力，从而更好地适应当今社会的发展与变化，在竞争激烈的市场中取胜。

六、加强文化背景知识的了解和学习

在不同的文化中，一些主题表现出不同的内涵。中国的文化发展涉及年龄、收入、财产等因素。在沟通中提到的是对另一个人的关怀，但是在不经意间转移到日本文化的谈话中，就可能导致日本人的隐私受到侵害。此外，在日语中，也存在着性别差异。所以，日语老师应该将所学的语言与其所学的文化背景相融合，使学生懂得在何种情况下该说些什么，从而增强他们对语言运用自觉性。因此，要想对一种语言有一个准确的理解，那就是要了解它的文化。中国留学生受到深深扎根在他们心中的本土文化的影响，他们在使用日语时，往往会带上汉语的思想和表达方式，反映出中国的社会环境等等，这样就很可能造成表达上的歧义。所以，要把文化与日语的知识学习有机地融合起来，采用"文化引入"的方式进行。

（一）文化导入的内容

教师在开展文化导入教学之前，必须明晰文化导入的实际内容有哪些。文化可以在一定程度上制约语言表达，这可以体现为两大方面，第一是词语价值，第二是话语价值。所以，在日语口语教学过程中，教师也必须从这两大角度入手，科学导入日语文化内容。基于词语价值彰显的文化导入内容比较多，不仅包括词、习语基于文化内涵的不统一性，字面价值无差异的词语对应的多元文化内涵，还包括民族文化体系当中特殊事物和定义的语义表现。此外，基于话语价值的文化导入内容还涉及话题的科学选择、语码的合理选择、话语的有序组织等。

（二）文化导入的方式

文化导入的方式主要有两种。

1.结合教材导入。在本课程中，老师可以将所要讲的东西与课本中所要讲的东西联系起来，并在课堂上引入相关知识。比如，在一堂有关食物的日语口语课程教学中，老师可以先给学生们讲一些其他国家的食物，然后再给学生们补充一些有关的词汇、常用的表达方式。这是最直接、最自然的介绍。

2.结合多媒体导入。中国留学生在学习日语时存在着一个很大的劣势，那就是缺少一个日语的整体良好氛围。由于缺少日语学习的语言环境，使得学生对日语和日本文化不能有深刻的认识，从而使他们的语言表达更加艰难。针对这一问题，老师可以运用多种手段，向学生们传授日本文化的相关内容，并通过创造一些日语情境，让学生们置身于日本文化之中，增强学生们的相互沟通，更好地调动学生们的学习积极性。

七、借助多媒体教学手段，利用异国文化材料

在科技飞速发展的今天，互联网无处不在。对于日语学生来说，运用好

互联网，对他们的日语教育有着极大的帮助。老师们可以通过互联网找到外国的文化素材，并将其与多媒体技术相融合，向他们展示。目前，随着网络科技的迅速发展，学校在教育教学上也与时俱进，利用网络多媒体来辅助教师的授课，利用互联网进行日语学习的教学十分重要。老师通过互联网搜索各国的有关文化资料等，并通过多媒体技术向学生展示。在选择教学文化素材的时候，老师要注重对有关的文化素材进行筛选，在对有关节日的有关活动进行介绍的时候，老师可以从网络上找到一些真正的录音素材，让学生们对异国的文化有一个更好的认识。

八、提供真实的口语交际环境，培养学生的"输出"能力

在日语口语教学中，教师必须为学生创造契合生活实际的口语交际环境，注重培育学生的口头表达技能。目前，我国日语的学习人数虽多，但能熟练地使用日语交流的人并不多。日语教学的终极目标是培养学生运用日语的能力。老师是知识的传承者，在传授知识的同时，也要注重对学生"文化输出"能力的训练。语言教学的终极目标就是掌握和使用语言来表达自己的思想。人们经常说，要想学会一种语言，就要进入与之相对应的语言情境。因此，给学生一个真正的语言情境是十分重要的。在口头交流中，教师可以运用情境法来模仿言语情境，为学生创设一些可以提高口头交流水平的情境，例如，老师们可以对情况进行仿真，让学生们运用他们所学到的东西去询问特定建筑物的地点，并且在游戏中设定一个奖励系统，充分地利用了学生们的竞争意识强和好动的心理特点，来展开教学活动设计。此外，在提高日语口语水平的同时，还应注意加强日语语言表达能力的思考。当学生交流时，老师要留意他们有没有运用中国式日语。因为学生接触日语的时间不长，日语的表达水平也不高，所以他们经常受自己的母语影响，在表达的时候，他们经常用中文来表达自己的思想，导致学生说的日语口音不标准，影响了他们的交流能力，也会成为他们未来进行跨文化交流的障碍，影响了他们在未来的日语交流中的成功。因此，可以说，在日语口语课教学中，日语表达能力的培养是非常重要的一环。

第六章

跨文化交际视域下的日语阅读教学

第一节 阅读教学理论概述

一、阅读教学的重要性

在日语教学中，阅读理解是一个重要环节。在大学日语教育中，日语阅读是一项十分重要的任务，而在当前的各类日语测试中，日语语言阅读题目所占据的比重均在30%以上，可见日语阅读技能与技能的提升对大学日语学习的重要性。以下是阅读的要点。

（一）阅读教学是获取信息的主要手段

在我国高校日语教育中，提高学生的阅读水平应是其主要目标，其中一个主要目标就是要使学生能用日语获得更高层次的科技和文化知识。虽然语言信息交流方式主要有两种，即口头交流和书面交流，但是其会被客观现实因素影响。对于大部分学生来说，将来要用日语沟通时，他们所获得的资讯仍以阅读资源为主。而在第二语言习得过程中，两种语言之间存在着一定的差异。人们在实际习得母语的时候，往往是首先培育自身的听说能力，而不是读写能力，也不需要付出很多努力，但是日语学习时的情况则不同。书面语其实是我们掌握复杂、竞争、完整信息的根本来源，这也在一定程度表明实现阅读教学和日语教学融和的作用。

（二）阅读教学是提高语言行为和能力的重要基础

增强阅读能力，才可以更好地提升自身听说和写作的技能。从多方面入手培养日语阅读能力，往往是写出地道文章的前提。要想讲好日语，必须有一个好的声音，这是毋庸置疑的事实。相比之下，我们学生的语言和文字表达能力，仅仅就其内容而言，往往显得幼稚可笑，或者空洞无物。我们差不多可以断言，这一糟糕的结果与阅读教学的不完善和不当有着密不可分的关系。

（三）阅读教学是语言知识的积累过程和文化知识的导入过程

大学生日语的学习，就是一个对语言与文化方面的知识进行持续积累的过程，针对这一点，日语领域已经有了一定的共识。我们可以采取听说和网络智能教学措施讲授语言理论知识，但是听说课无法完全促进我们的文化导入，因为这种课程往往稍纵即逝。网络教学说到底属于一种"辅助教学模式"，无法起到面授的效果，而阅读教学则能在对比研究课文理论知识的基础上做出研究，进行深入的阐释讲解，明晰内在文化含义和具体规约。通过这种方式，可以使学生在不知不觉中加深对外国文化的了解。另外，日语教学作为高校教育中的一项重要内容，还应该以开阔眼界，提升整体素养为目标。在这一点上，读写教学明显能起到听、说、写所不能及的作用。

（四）阅读是一种交际手段

如今，当我们谈及日语交际法时，我们第一个想到的就是师生间的互动。他们忽视了一个事实，那就是，当他们读日语的时候，他们实际上是在与作者沟通。从这一点来看，日语教学中的学习者在语言水平和文化素养方面都要优于我国大多数的日语老师。所以说，把阅读当作一种交流方式可能更为合理。这一点，很久都未被日语领域的一些人认知。这和人们以往关注语篇独自性息息相关。基于系统功能语言学理论的语篇分析者提出，语言的根本就是指引我们将语篇分析当成一大环节，而不是一个物质或者产品。因此，即使在大学日语教学中仍有许多问题，也只有一个，那就是阅读量不够。目前，我国高校日语阅读教学模式亟待改革。

二、阅读教学的现状

在高校日语教育中，教师要提高大学生的日语阅读水平，提高他们的语言知识素养，奠定他们的语言基础。然而，日语的学习却始终面临着诸多的问题。

（一）学生自身的学习现状

1.母语思维影响

中日两国由于其所处的文化背景和思维模式，在用词、用词等方面存在着较大的差异。所以，在阅读教学过程中，老师的教学不应该只限于讲解语言知识，还应该重视培养学生的跨语言文化思维的培养。

2.阅读习惯不良

读书的好与坏，是关系到读书成败的重要因素。每个学生都有不同的读书方式。纵观目前国内高校的读书情况，我们可以看到，许多学生在读书过程中都存在着一些不良的习性，归纳起来如下：

（1）用笔或手指着字，逐个阅读。

（2）大声阅读出来，也可以在内心深处默读。

（3）重复阅读之前的知识或者内容。

这种不良习惯不仅会极大地降低学生的读书效率，而且会对学生的读书成绩产生很大的影响。因此，在课堂上，教师要注意发现并改正学生的这种行为，使其养成良好的行为习惯，使学生能更有效地阅读，更有效地学习。

3.背景知识欠缺

在大学日语课堂教学中，以学生为中心进行日语课堂教学，对提高大学日语课堂教学质量起着重要作用。因此，这些问题极大地限制了日语阅读课的顺利进行。从当前的情况来看，高校毕业生的文化背景知识欠缺问题比较严重。其中一个重要的因素就是学生对所学内容的了解不足。背景知识是指一个人所拥有的一切知识，它既有语言知识本身，也有文化背景知识，还有一些人已经拥有的人生体验。对日本文化的广泛了解有助于提高学生日语阅读水平；相反的，在没有相关背景文化的情况下，就会引起错误和难以理解的问题。就当前而言，我国的大学生对于日语民族的历史、地理文化知识的学习缺乏，这严重影响了我们日语课教学的顺利进行。

（二）日语教师的教学现状

1.教学机械化，缺乏创新

如今，一些高校还是在日语教学当中运用传统机械教学模式，即在课堂教学之前开展知识预习，于课程教学过程中做出内容概括，分析难点和主要问题，进而向学生提出问题，最后进行课后知识记忆。但是，采取这样的教学模式，往往存有很多尚待解决的问题。

（1）在没有清晰目标的情况下，研究如何进行课堂预习。

（2）在教室里，教师只是介绍，没有同学参加。

（3）单纯的领悟训练，只会影响到学生的领悟能力提升。

简而言之，缺少互动的教学方式，一定会把学生限制在老师的知识范围内，不利于提升他们对世界的认识和理解。

2.应试教育倾向严重

目前，我国大学日语阅读教学中仍然存在着较强的应试倾向。在日语阅读教学中，日语教师往往偏重于对考试技巧的解释，而忽略了对学生阅读能力的培养。比如高校的日语测验就带有一种应试之嫌。另外，高校的日语考试都是以笔试为主，虽然对日语教学有很好的反馈作用，但在语言表达方面，却只是一种评判。而且，在进行各种程度的测验时，只需把握好一些关键字，就可以把题目解答出来，这样导致了他们的阅读能力被限制在了一个大概的了解上，而无法获得实际的提升。虽然一些老师都明白，应试教育会在一定程度上影响到学生的学习能力，但由于受到教学压力和绩效等方面的影响，他们确实没有精力去改变这些，所以他们会陷入进退两难的境地。在日语教学中，教师扮演着举足轻重的角色，而要想彻底解决上述问题，除了提高老师的专业素养外，还必须提高老师的学习能力，还必须得到有关教育部门的协助和配合。

3.教学观念落后

当前，在我国的日语阅读教育中，在教育理念方面，还存在着较为严重的问题。许多老师只是将知识的教授作为重点，对生词进行讲解、逐句逐段地剖析，进而探索问题答案，没有关注学生自身阅读技能的锻炼，也没有充分发挥其主观能动作用。阅读技能属于一种核心语言技能，该技能的发展可以促进学生内容研究、思索和评估技能的发展，还能够间接增强学生的人文素养，激发学生的学习热情，开阔学生的视野。深入研究日语课教学中提高学生日语实践技能的培养方法，具有重大的现实意义。教师要认识到，阅读是一种主体性的、个人化的活动，学生不能用自己的理论去解释，而要用自己的理论去指导阅读。所以，老师们一定要改变在阅读教学中存在的旧观念，多给学生一些自己的阅读和练习的机会，让他们的阅读能力得到提高。

（三）教学环境需要进一步改善

1.课程设置不够合理

作为日语教育的一项关键内容，当前无论是从教科书还是从课程设置来看，都有很多问题。首先，缺乏对学生的学习目的与规划，缺乏有效的课时与教师的保证，严重制约了学生的学习与发展。其次，阅读技能的提高是逐步进行的，不同时期的教科书所侧重的内容也不一样。以下几点值得日语老师重视和改进。

2.教材设计不合理

作为教学指导的一种重要材料，教材对教学内容、教学方向都有很大的作用。然而，放眼我们的日语教科书，可以发现它的设计有很多不合理之处，从总体上来说缺少了一种内部的连贯性。在此基础上，这是可以促使学生深入理解和掌握日语阅读内容的学习方法和策略。单纯结合表明来说的话，日语专业教科书基于"层层递进"的原则做出了内容编排，但是在各个环节和流程中，教科书的着眼点和针对性都是避免强的。同时，这也契合学生的学习需求和认知规则。但是，这也会导致明显转型问题的出现，即实现了前一个学习阶段与后一个学习阶段之间内容的有效衔接。出现了这样一种与课本相脱节的情况，在某种意义上，对课堂上的教学产生了很大的影响。在阅读的过程中，应当遵循循序渐进的原则，在学生的各个阶段，应当让学生接触到日语的阅读资料，但因教科书之间的脱节而造成了学生对日文的认识不足，阅读教学中缺少整体性。学生们原来的学习速度都很慢，更别提提升日语的学习速度了。除此之外，从教科书的内容来观察，无论是申请人还是编辑的题目和章节，都有一定的结构上的不足之处，所选取的社会科学题目、人文科学题目和自然科学题目，从数量上来说是不均衡的，题目选取的广度和深度都有待提高。这样的教学方式，缺少了与学生生活的联系，所以，学生们对它的学习兴趣也就没有了。

第二节　跨文化交际视域下日语阅读教学的常用模式

一、PWP阅读教学模式

PWP阅读教学模式指将阅读教学分为读前教学、读中教学和读后教学三段教学的一种阅读教学模式。读前教学。读前教育的首要目标是为阅读做好铺垫，通常情况下，读前活动可以持续10到15分钟。读前准备工作主要如下：

1.背景知识激活。要根据具体情况，尽可能与已学过的东西相结合。

2.课文导入。导入方法也比较多，不仅有讲解文章框架和内容分类，还有提出核心问题，激发学生的探索积极性。

3.语言准备。在阅读过程中，学生们需要知道相关的东西，并掌握一些常见的词语。在阅读之前进行某些词汇教学，并对语言表述进行解释，可以为学生做好语言准备。

4.策略准备。学生能够采取两大核心措施，第一就是排除障碍和解决困难，第二是强调语法运用。采取读前复习，以及具体讲解等都能推动阅读。读中教学也是阅读教学活动的关键，学生需要基于这一阶段实现自身阅读技能培育。无论是数据和内容识别，还是具体词汇积累和学习，以及评估、推理技能的增强，或者逻辑关系和篇章内容的研究，都是在这一环节完成的。

阅读中的教育活动内容很丰富，主要包括以下几种。

1.课堂阅读。在阅读过程中，教师应该对学生的阅读有一定的时间要求，而这又是对阅读速度的要求。此外，还可以在战略上做些暗示。学生可以在默念的同时提问。课堂上的阅读与实践通常为30到40分钟。

2.理解检查。对文章内容的了解（如文章大意、中心思想、重要细节等），通常可以通过课本上的习题来了解。考试还应该包含对单词和句子的了解。

3.讲解。讲解的目的是让学生掌握自己练习和学习的实际情况。有的时候，就算学生答对了，教师也会在重点处稍微解释一下，给予重点分析。读书课堂上的解释有时候无法避免，解释应该尽量简短，单纯讲解词句在文章当中的作用和实际用法，不进行内容扩展讲解，也不针对具体的词做多方面的解释。语法讲解只需要契合学生可以达到的限度就行。需要注意的是，我们不能太深入地分析"不做扩展性讲解"，如果单个词汇在多个文章当中的义项不一样，我们就可以进行归纳性分析和讲解。读后教学也属于课堂阅读内容讲解的扩展和延伸，教师需要结合实际情况做课外作业。课外作业主要涉及两大内容，第一是复习巩固旧课，学习新课知识，第二是进行课外知识阅读。如果有必要，可以让学生们去看一些课外书籍，或者由教师挑选一些读书资料，并在下一节课进行复习。另外，阅读后写作是课外锻炼的一项普遍形式。在实际的阅读教案当中，主要涉及四大过程，第一是图式激活，第二是阅读和理解，第三是语言提示，第四是写作。我们往往推崇讨论式阅读，但是教师布置给学生的课后作业和任务往往是总结读后感、编写后续课文内容等。

二、任务型教学模式

（一）任务型教学的含义

20世纪70年代，以任务为基础的教育就是所谓的任务型教学，其属于一大系统模式、原则，目的是实现语言运用理论到实践教学操作的有效转化。其和"任务内容"的设计、操作和完成息息相关，以学生的亲身体验为主要内容，并在此基础上对学生的学习过程进行重点关注。任务型教学和别的教学有一定的差异性，主要是指基于具体目标和任务激励学者积极学习，逐渐增强自身的语言运用技能和素养。这就说明了交流的重要性，说明了有意义语言的重要性，也说明了语言的精确性。"任务"，也就是所谓的"做事"，因此，在日语教学中，学生的作用就是语言教学中的一个关键。在课堂教学中，为了顺利地完成老师安排的阅读任务，学生们要利用语言的和非语言的意义，尽力地调动起各种有关的资源，构建出自己的意义体系，以实现教学的目标，也就是解决某种交际问题。所以，可以把它的含义总结为：在教学过程中，老师基于特定的任务，使得课堂的教学目的更贴近于任务，通过催促学生去做老师安排的工作，从而获得更好的教学结果。

（二）任务型教学原则

1.真实性原则

教师在科学设计教学任务时需要运用一些输入材料，这些材料应该和学生的实际生活息息相关，无论是任务情境还是活动设计与开展，也必须和学生的实际生活有所关联。老师应该努力创造出一个与现实环境相吻合的环境，让学生在现实环境中更多地对真正的语言信息进行接触和处理，并且能够把他们在教室里所运用的语言和技巧运用到现实生活中。

2.形式/功能原则

对于传统的语言训练来说，它最大的缺点就是，语言的学习与上下文和功能相分离，虽然学生已经掌握了多种语言的格式，但是在许多时候，他们并不能够使用它们来恰当地在各种场合中表达自己的意思。形式/功能原则指的就是基于真实性这一原则，明晰语言模式和功能模块之间的关系，使得学生可以在做任务的过程中了解这种相关性，了解语言和实际语境的相关性，促进学生的语言内容理解和掌握。

3.连贯性原则

连贯性原则往往关注教学活动组织中的连贯性和顺顺畅性。任务型教学并不是在一堂课中穿插了一、两个活动，也不是一系列活动在课堂上相互不相关的累积。它是用一种方法，为了达到教育目的而安排和执行一套任务。一次教学中的多重作业，都应该相互关联和相互补充，一起为达到本节课程的教学目的而努力。

4.可操作性原则

任务型教学并不是单纯地对任务的复杂程度进行研究，它注重的是在特定的教室环境中，任务具有一定的可操作性，因此，所设计的任务一定要能够被学生接受，并且易于执行。

5.实用性原则

无论是在课堂上，还是在课堂外，我们都必须始终以实现课堂教学目标为中心。所以，在设计和安排教学任务的过程，教师应该尽量避免过多的无用环节，不能只注重它的外表形式，而忽视了它的实际效果。老师应该在有限的时间与空间里，尽可能地为每一位学生创造一个独立的活动，让学生们彼此沟通。

6.趣味性原则

在实际的理论知识讲授过程中，教师必须确保讲解内容的趣味性和丰富性，以防止课堂教学中出现重复问题，从而降低学生对课堂教学活动的兴趣。除此之外，还可以通过鼓励学生主动参加活动，利用多向交流和互动，来激发他们在完成任务过程中的成就感等。

三、体裁教学法

（一）体裁教学法的含义

传统语言教学法研究者提出，语言可以说是多个"建筑构块"的组合，是由多个语法内容、词汇、语音要素等组成的。学习语言，即学习将具体规则融入孤立语句当中，形成"建筑构块"，采取重复、操练等模式，完成学习任务，最后将一些不契合实际生活的语片融合起来，组成表意单位。体裁教学法最初起源于20世纪80年代中期，具有一定的创新性。该教学法的实施基于语篇图式开展活动，体裁相关理论是基本理论。这一教学法强调将体裁分析理论合理应用到教学过程中，结合语篇图组织和开展一系列教学活动。

（二）体裁教学法的分类

1.ESP和EAP领域的"体裁教学法"

从事ESP（English for Specific Purposes）和EAP（English for Academic Purposes）教学与研究的人十分推崇"体裁教学法"，他们常把"体裁教学法"

看作是一种有效的教学手段。对于他们来说，专门用途语篇，不管是口语语篇，还是书面语篇，都是特定事件，有明确的交际目标和读者，所以无论是从语篇、文体，还是从社会功能等上来说，都有针对性的体裁属性。教师在针对专门用途语篇做出体裁研究之后，往往能够指引学生分析语篇谋篇布局和相应的文体特点。

2.新修辞学派的"体裁教学法"

这里说的"新修辞学派"指的是在北美从事修辞、作文研究和职业写作教学的一批学者。新修辞学派并不会将体裁结构模式当成主要的研究内容，而是站在体裁对应的社会情景上，着重研究语篇分析的社会行为与目标。换句话来说，新修辞学派强调"体裁教学法"运用的核心是指引大学生和相关人员研究特定体裁对应的功能结构，以及相应的运用场合。新修辞学派的体裁观也对所谓的ESP和EAP教学理念有很强烈的影响。以体裁为基础的教学实验的主要教学步骤如下：（1）体裁分析：通过实例分析某一体裁的"图式结构"。（2）模仿分析：指引学生合理采取体裁分析技巧，分析同体裁下的多个语篇。（3）小组讨论：结合已经了解的某体裁的"图式结构"，使得多种语篇结构混乱化，指引学生拼接复原语篇。（4）独立研究：指引学生寻找相同体裁下的语篇，做出深入评估和论述。（5）深入分析：研究该体裁的语言特点和语言风格。（6）模仿写作：指引学生深入了解语句体裁的结构及其语言特点。

3.澳大利亚学派的"体裁教学法"

在澳大利亚，"体裁教学法"主要用于成人教育的语言教学中。早在20世纪80年代末，一些热衷"体裁教学法"的教师和语言研究者便创建了"文化教育研究网络"，目的是实施新的写作教学方法，比如结合做报告、深入探索、详细说明等设计教学活动方案，鼓励学生积极参与，指引学生根据教学计划和方案要求完成不同体裁内容的写作。结合这类基于体裁的日语教学，教师要为学生讲解实际生活中的相关体裁，做出体裁研究，增强学生的实际写作技能。在实际的实施环节，师生要一起参与教学活动，促使学生了解体裁对应的图式结构，指引写作操作。其主要教学步骤如下：（1）范文分析：通过范文介绍一种体裁，重点分析其"图式结构"，明确语篇的社会目的，所运用的方法是"图式结构分析"。（2）模仿写作：根据体裁分析的结果，教师与学生一起撰写属于这一体裁的文章，其中包括阅读、研究、搜集和整理资料、写作等不同阶段。（3）独立写作：学生选择一个题目进行研究，之后写出这类体裁的文章。在向成人移民提供语言教学服务时，还设计了建立在体裁基础上的课程。

（三）体裁教学法的优点

在阅读课程教学中应用体裁教学方法，可以让学生（特别是已经达到初等或中等程度的第二语言学习者），在阅读过程中得到更好的体验，获得一种比较稳定的、可以借鉴的和依靠的话语模板，提高学生对话语的理解和创造的自信。

运用体裁教学法进行阅读教学，不但需要研究具体的语言要素，还要深入探索语言要素和语境要素的相关性，还有相应的价值和交际功能，进而增强学生的跨文化交际能力和素养。

在阅读教学的各个环节合理运用体裁教学法，可以促使学生深入理解和分析文章大意，更好地理解作者的思想，还可以与作者展开更高水平的交流，从而获得一种美好的享受，以及一种深奥的教诲。

运用体裁教学法进行阅读教学，能够强化师生之间、学习者之间的协作关系，其次，它可以为教师营造出良好、高效的教学环境氛围奠定坚实的基础，更好地培养学生的合作精神，构建和谐的师生沟通通道，使学生的人文素养得到全方位的提升。

（四）体裁教学法的不足

体裁的规约性可能会导致教学活动具有"规定主义"色彩。假如老师本身没有任何的想象力和创造性，那么就会让学生觉得这样的教学方式过于死板、单调，从而造成了学生在写作上的"千文一面"。

体裁教学法，这可能会导致在课堂上，呈现出一种以话语为核心的趋势，老师们很容易将注意力集中在对话语的描述和重复上，而忽略了具有创造力的语言操练活动。

体裁的种类十分繁杂，在课堂上，要完成一本学生未来可能会接触到的所有种类内容的书籍往往是比较难的，所以，无论是在写作课还是在阅读课的教学中，体裁教学法都有其局限性。

第三节　基于社会文化的隐性知识和日语阅读教学

一、问题的提出

日本自弥生纪元以来，一直受到内地文化的熏陶，许多地区仍有中国内地文化的痕迹。然而，在日本人的精炼、糅合之下，日本却渐渐有了自己独有的岛屿文化。长久以来所造成的中日两国之间的文化差别，已经深深地影响到了日语专业学生。通常，学习日语的人在了解日本人时，往往会用自己固有的思维方式、自己的价值观，自己的现有的社会和文化常识。

二、隐性知识

隐性知识是迈克尔·波兰尼（Michael Polanyi）于1958年在《人的研究》一书中从哲学领域提出的概念。当然，如果将理论知识严格区分为显性和隐性两类，并非绝对正确。某些理论既属于隐性知识，也属于显性知识。根据波兰尼（1958）的观点，假如语言是一个确定的客观事物，那么它必定具有清楚的知识性，然而这毕竟是一门技术，是关于"言说"的认识，因此也带有默会认识的特征。著名应用语言学家威多森（Widdowson）则区分了交际中的"语言知识"和"言语知识"。认为语言知识揭示的是语言规律和原则，属于陈述性知识；言语知识是对语言运用的说明，属于程序性知识。显性知识是指在实际的语言知识习得过程中，学生针对某语言成分，以及该语言成分在实际生活中的价值意识；隐性知识是指语言自主运用的程序性理论知识。虽然语言兼具显性和隐性知识的双向特点，但是针对语言哪些部分具备显性特征，哪些部分具备隐性特点，我们是不好区别的。实际上，语言的多个方面内容都兼具隐性元素和限度。笔者在这里主要研究的是语言背后的社会文化隐性理论知识，以及其与日语阅读教学之间的关系。在教育学领域，国内对隐性知识颇具研究的学者是石中英教授，他从宏观角度探讨了隐性知识对教育改革的作用。石中英教授认为，在教育与教学活动中，既有显性知识，也有隐性知识。作为一名教师，必须认识到隐性知识在教学生活中的广泛存在。其次，要对隐性知识进行"显性化"处理，这是理解隐性知识的重要步骤。我们应充分认识到"实践教学法"在教育中的重要作用，在每一节课中都要考虑到相关的隐性知识。

三、隐性文化知识影响读者对日文阅读的理解

法国语言学家梅耶说："语言毫无疑问是一种社会现象。"语言的发展在一定程度上体现出社会时期的发展，彰显出民族文化特色和精神元素。民族文化对语言产生的作用，有些是存有外在特征的，有些是隐性因素，潜移默化地发挥作用。日本语言的书面化，既有西方人的豪放，又有东方人的矜持和保守。日本人在表达爱意的时候，不说"I Love You"，往往顾左右而言他，比如说"月色真美"。甚至连求婚的时候，也拐弯抹角地表示："喜欢我的爸妈吗？喜欢我的家人吗？成为一家人好吗？""你愿意每天早上为我做早饭吗？""以后每天早上，我们一起刷牙好吗？""请一直陪伴我左右。"要向学生们进一步解释为何日本人通常不会直截了当地表示他们的情感，而是使用这样的隐晦、委婉、暧昧的表达方法，那就涉及日本的岛屿文化。日本是一个多山的岛屿国家，四面被海洋包围，经常发生火山爆发和地震等自然灾害。面对严酷的自然条件，日本人民只能齐心协力，同舟共济，求得生存。因此，日本人形成了一种强烈的团体意识。因此，他们非常重视自己在团体中的稳定、融洽的人际关系，最怕被人孤立，所以他们会想尽一切办法去调和自己在集团中的关系。正因为如此，他们才会将这份情感隐藏在心底，生怕伤了身边的人，被人嘲笑。因此，在日本人的生活与工作中，通常不会直白地表达自己的情感，更不愿直白地回绝他人，更多是用一些含糊不清的词语，柔和、婉转、含蓄，不仅保留了某种神秘，还可以避开自己的直接看法，将自己的看法与别人产生分歧的概率降到最小。同时，因为这个国家的人口很少，所以日本人也很注重"以心传心"。日本人情感丰富而微妙，只需一个眼神、一个声调，一个身体的微小举动，就能传达出他们的意思。尤其是在情感上，

与欧美相比，日本人表现出更多的委婉与含糊。这一点，自然也能从日本书法艺术的审美特色中得到佐证。日本书学不仅具备多元格调，而且强调捕捉"物哀"，和人心产生共鸣。川端康成就有这个传统习惯，他能用最精确的字眼描述人类最细微、最短暂的感情。

在日语阅读理解和日语知识翻译当中，掌控好语言文字背后蕴藏的社会文化知识是很关键的，我们必须在语言和人、社会三者相互作用的联系下分析和运用语言。可以说，对日语的准确认识，关键就是对其背后的日本文化的深入掌握。

在日语教学当中，学生合理提问，往往会激起教师对隐性理论知识、日语阅读教学两者相关性的研究。结合以波兰尼为代表的不同行业的学者，针对隐性和显性两个理论知识的研讨，可知不管是站在语言学视角，还是站在教育学视角，日语阅读教学当中的隐性理论知识都是很丰富的。日语专业教师在实际教学当中，决定不能漏掉这部分隐性理论知识的讲解。结合日本学者野中郁次郎提出的知识转换理论分析可知，隐性、显性理论知识都可以基于人类创新活动实现有效转换。所以，作为日语专业教师，必须指引学生有效构建欠缺的日语图式，指引学生实现隐性理论知识到显性理论知识的有效转化。在日文阅读理解教学过程中，老师不仅要注重词汇和语法知识的讲解，还要尽可能地让日语专业学生了解词汇背后的社会、历史、文化等隐性知识，这样才能深化学生对日语的认识，把隐性知识变成显性知识。

第四节　基于文化符号学发展的日语阅读教学

很长一段时间，阅读问题都被称作针对文本语言内容的解码问题，其具备一定的被动型，我们针对阅读的分析也大部分被语义学研究所困，20世纪70年代，随着阅读理论的发展，尤其是古德曼（Goodman）的阅读心理学模式和鲁姆哈特（Rumelhart）交互作用模式的出现，阅读研究开始转移到语用学研究的范畴，即研究意义（使用者解释的结果）与语境之间的关系。

一、理论基础

结合符号学分析，我们可以得知无论是哪一种文本，即无论是口语文本还是书面文本都没有根本性的价值和优势，而是由阅读人员赋予其价值。在阅读过程中，符号学主要针对的是理论构成和表征的相关问题，认为"文本"是形成价值符号的合成物。文本意义的产生、变化和创新涉及两个环节：创造文本的过程和接受文本的过程。我们在实际创造文本的过程中，会对各种内心象征性因素做出处理，在采取内容组合、知识翻译和信息连接等措施之后，增强其价值负荷。当文本融入接受者符号领域边界的时候，接受者会受到原始符号的影响，实现自我个性、知识记忆、信息代码和想象与文本分析的有效融合，进而产生具备补充价值的新维度。接受者在做出知识解释和文本解读之后，需要结合文本知识构建符号系统。无论是文本价值转变过程，还是文本内容创新和接纳过程，都是和别人展开对话和交流的过程。在文化符号学领域内容，文本自身的特征明显，具体如下：

1.表现性，即基于一系列符号记录文本内容，比如口语化的文本、书面类的文本等。表现性能够促使我们了解到，文本其实属于一种物质展现。

2.边界性。文本往往是具备一定边界感的，在各种文本当中，边界属性和表现都不一样。

3.结构性。文本不是单纯的两大边界对应符号的排序，其具备内结构体系，对应的层次体系也比较完善。符号无组织的内容集合并不属于文本，其边界感和结构性有很大的关联性。文本是具备交际作用和属性的，比如文本可以实现数据传递，文本可以产生新的数据和信息，文本可以彰显记忆作用。总之，文本属于系统化的价值和功能的主要载体。

二、传统的日语阅读教学存在的问题

很长时间以来，在日语阅读教学当中，通常都具备一种观点，即我们只有掌握语言基础理论内容，才能够展开正常的阅读，才能掌握阅读文本内容，领悟其大意。他们以为，读书教学的目标仅仅是扩充字汇，熟练地运用读书技能，加快读书的速度，但是，在日语阅读教学中，教师往往没有关注对学生思维逻辑素质、推理评判技能、内容归纳技能的提升和培养。所以，大部分老师运用的模式主要是：学生在课程学习开始之前做出预习，提前查找生词。教师要在课堂上引导学生逐句学习文章内容，掌握语法结构，了解语言重难点，进而和学生共同完成课后作业。教师常常只关注于阅读材料的解释，而忽视了引导学生积极地参与到阅读这个别人不能取代的过程中来。再加上老师对学生的讲解太过投入，不知不觉中，学生就会产生一种依赖性。只想着老师的解释，而不是靠自己的阅读理解来解答问题。此外，以讲授为主要内容，会削弱学生积极参与到班级活动中的意识，让他们只能被动地等着接收信息，实际阅读的时候，学生要将字词当作单位，逐渐阅读句子，同时还可以查字典辅助，速度不是太快。而在评价、判断、分析、总结等问题上，又常常不知所措。由于目标语言的知识储备不足，又缺少相关的背景知识，使得学生对所读内容无法做出准确的判断，阅读完成之后，学生往往单纯关注文字内容，容易在实际答题的时候出现错误。

三、文化符号学理论在日语阅读教学中的应用

日语阅读课教学应注重课文知识的传授，以提高学生的日语阅读水平，对学习者建构阅读的符号化形式进行优化和改进，提高学生对符号化内容的理解能力。

（一）立足文本

文本中的"召唤性结构"和读者的"期待视野"构成了文本解读的前提和动力，突显了文章所隐含的价值与研究功能，为之后创新和高效阅读奠定了坚实的基础。基于此，教师必须着重培养学生根据文本内容了解"召唤性结构"及文本内在价值，必须全面地、深入地分析课文内容和相关资源。学生在解析文本的时候，需要梳理文本内容，研究文本语言，产生情感共鸣，通过解读文本产生良好的情感体验，和文本展开有效对话，掌握文本理论要点。在日语阅读教学中，教师要想深入解读文本，必须把握好文本的价值取向，提升文字驾驭能力。

（二）建构价值

阅读教学过程其实就是进行理论知识体系构建的过程，同时也是整个分析与重组的整个过程。"总体而言，读书是对信息的收集和处理，认识世界，发展思想，获得审美体验的重要途径。"而阅读活动的开展过程是以教师的指导为基础的，实现师生和教材编写者以及文本内容的对话，产生新的认知，提升思维创新能力，激发审美情趣。学生可以通过参加阅读活动完成知识体系建构，彰显文本价值，培养学生的阅读技能和素质。站在这个角度上来说，阅读课程是文本结构和价值吸收、重组的载体。所以，课堂教学其实就是彰显文本价值的核心渠道。在日语阅读活动中，文本价值和作用的彰显体现在两大层面。一方面，文本具备明晰的人文性价值和作用。在实际的阅读教学过程中，老师应该以课文的人文内涵和价值导向为基础，科学、理性地展开教学预设，由浅及深，对诗歌的内涵凸显做出了铺垫，循序渐进地开展内容分析，最终，会出现教师和学生对文本的感情的共鸣和思想的共鸣，在这些共鸣之中，可以看到文本的包罗万象与博大，进而达到了对文本进行广泛阅读的目的。

（三）加强分析

衔接可以说是彰显文本属性的核心，可以表现为文本表层结构，属于一种有形网络。语法手段（如照应、替代、省略等）和词汇手段（如重复等）的使用都可以表现文章结构上的衔接。文本语段以及语句之间存有很多关系表现，比如并列关系、转折关系、因果关系等等。这些关系都是基于多种衔接措施形成的，很多是通过组合连接词语实现的。连贯也是文本体系下的一种语义关联，其在文本最底层，是一种无形网络，经过逻辑推理来完成。要想真正做到文本连贯，我们不但要完成语篇衔接分析任务，还要针对语篇对应的实际语境做出研究，领会内部蕴含的"言外之意"。很多时候，语篇的连贯还和读者和作者内在的理论内涵有较强的相关性，有时还必须依赖于读者展开联想。针对文本做出衔接和连贯研究，可以帮助学生了语句和篇章结构间的衔接性关系。在阅读的过程中，老师要注重对文章的连贯整合方法进行引导，使他们能够将语言的基本内容与背景知识相融合，并且能够使用一些诸如判断推理等阅读技巧，从而实现对作者写作主旨、模式和内容的掌握、理解。

（四）提高逻辑思维能力

推理指的是结合已有数据和信息，依据原始经验和理论，经过研究和评估，推导出新的资源和信息，最终得出结论。所以，理解阅读的逻辑过程，对于理解文本中的词语、理解文本意义，都是大有裨益的。体会文章的选词造句，可以进而提升阅读理解的能力。在日语阅读教学中，学生的逻辑思考能力直接关系到学生的阅读成绩。越是具有较高的逻辑思考能力，就越是能够更好地理解文章，从同一段落中获取更多的信息。从培养学生逻辑思维的角度出发，笔者认为，在教学中应注重对学生的指导。

1.预测文章内容，帮助学生结合文章主题、标题、语境等要素评估文章的实际内容。

2.猜测生词含义，教师要着重培养学生基于信息和资源猜测词义的素养和技能，为了保持思想的一致性，要避免中断，使得学生快速、高效地学习，有效掌握日语文化知识。

3.领悟遣词造句。高效地阅读不仅要关注章节的表面内容，还需要让自己融入文章阅读的气氛中，充分地利用自己的想象力，通过语言符号来展现文章的内在含义。教师可以指引学生从修辞等多个方面了解文章深层次的意义。

4.判断文章基调，在阅读的时候，要紧紧跟随作者的思维，努力去理解作者的观点是积极的还是消极的，是客观的还是主观的，是赞扬的还是贬低的。在阅读的时候，老师应该告诫学生们要站在作家的立场上思考问题，要尽量接近作家的思想，不要把自己的主观想法强加在作家的头上。

在文化符号学理论研究基础上，笔者提出了一种基于"以人为本"的新的、具有创造性的阅读方法。它是一个不断对阅读对象进行判断、推理和分析的过程。阅读技能发展是学习的过程，而技能的提升则需要通过反复的阅读与实践来实现。这样就能得到正确的读物。

第五节 跨文化交际视域下学生日语阅读能力的培养策略

一、基于跨文化视角的日语阅读教学理论基础——文化符号学

按照符号学的观点：任何文本，无论是口头的还是书面的，本身是无意义，是阅读者赋予其意义的。在阅读领域，符号学集中关注构成和表征的问题，将"文本"看作产生意义的符号的特定合成。在文化符号学中，其核心概念就是文本。文本意义的产生、变化和创新涉及两个环节：创造文本的过程和接受文本的过程。实际创造文本的时候，作者必须针对内心想象的象征要素做出变形和加工处理，并采取内容组合、知识翻译和信息连接等方法强化意义负荷。在文本融入接受者符号空间的边界时，接受者在已有符号体系的作用下，将自己的个性、文化记忆、代码和联想带入对文本的解读中，文本由此获得了新的、补充的意义维度。接受者在这一阐释、解读过程中，自身的符号系统也根据文本实现新的建构。文本意义改变，文本内容创新，以及文本知识接纳都和对话息息相关。

二、跨文化视角下的日语阅读教学策略

（一）阅读课教学要与传授社会文化知识相结合

在日语阅读课堂上，我们不仅要教授一些基本的语言知识，还要注意从语言现象入手，并与相关的文化背景相联系，让学生对所学习文本中的文化背景有一定的了解，同时还能吸取与之有关的文化资料，从而实现对文本的深刻了解。通过文化背景知识的介绍使学生感到获益匪浅，不但对阅读文章加深了理解，还了解了日本现代社会的风俗习惯等。在具体讲解日本文化时，教师首先要向学生简单介绍日本的来源、属于哪个语系、是不是通用语，另外还要向学生介绍日本文化是外来文化的综合，日本为了从外国引进最先进的文化、技术，首先学习其国的语言。如在中国的唐朝各个方面都比较发达，

堪称世界第一，于是日本开始向中国派遣唐使，学习汉语，到了明治维新的近代，西欧比较发达，又开始学习西洋文化，因而时至今日外来语越来越多，已成为日本语系中不可缺少的一部分。一个国家的语言体系是其国民文化的索引。日语和其他语言相比最大的差别就是其复杂的文字组织，像这样把平假名、片假名、汉字和罗马字、阿拉伯数字一起混用的现象在世界上除了日本以外没有其他国家。造成这一现象的最大因素，就是其所处的环境，即日本是坐落在亚洲大陆东部太平洋上的一个岛屿国家，它的地理位置决定了必须积极地引进外来文化才能发展自己。而现在日本发展成为世界经济大国，与它大量吸收外来先进文化是分不开的。通过介绍使学生对日本文化的形成及日本文化的渊源有了进一步的了解，之后再讲解课文就比较容易了。

（二）在讲解语言知识的同时，要注意中日文化差异

在日语课堂上，我们常常会看到，学生往往将自己的思维模式转移到日语的使用上，从而导致了一些不良的言语行为，从而导致了交流的障碍出现。因此，在实施日语阅读课程教学的过程中，还需要对学生存在的语言错误及交际风格的错误展开对比，并有意识地归纳出几个带有一定文化背景的词语和成语，使学生在学习一门语言时，对自己国家的文化和外国的文化有一个较为透彻的认识，从而正确地进行交流。比如，在中国人的街坊邻居们，他们彼此相遇时，都会问一句"吃饭了吗？"这和中国地域辽阔、有很好的食俗或者是数千年农业文明所形成的语言习惯是吻合的。对于日本人来说，这种问候语就是一种委婉的邀请，而对于单身的年轻男女来说，这种问候语就是一种和女生约会的暗示。日本四面八方都是大海，自古以来就有不少人在海上以渔夫为生，因此对天气尤其在意，见面问好的时候，常说："真是个好天气"等等。又比如，日本人的用语是含糊不清的，他们在交谈时会特别注重对方的地位和年龄，男女之间的差异、亲密程度。汉语中没有敬语和俗语的区别。日本语言中的一个特点，就是不想和别人起冲突，或者说不想给别人带来麻烦，用一种委婉的说法或含糊不清的短语。如经常使用"大概""好像""也许""据说""不太"等这样的表达方式，于是，他们的对话就变成了一种暧昧的过程。可以说，这种语言特征源于日本人特有的思考模式，而这

种语言特征又为日本人的语言表达增添了一种特别的魅力，因而也就有了日本人的这种语言特征。这和中国人在面对一件事情时，总是喜欢直截了当地表达自己的看法，比如"我认为""那么，就是"等等。有的词汇本身就比较含糊，如"手"译成汉语是手与胳膊都可以，"足"译成汉语是脚与腿。所以，在日语教学中，要时常对中日文化进行对比，使学生懂得日本语中隐含的奥妙，对培养学生的语言交流能力有很大的帮助。

总之，要学好一种外国的语言，首先要了解一个民族的文化知识，然后才能理解、才能掌握、才能使用，不然就会引起很多笑话。所以，在日语教学中，将语言与文化相融合是一个行之有效的方法。此法可使学生对日本文化深入认识与熟悉，对日语自身有更深层次的理解，从而大大地提高日语阅读课的教学质量。

第七章

跨文化交际视域下的日语写作教学

第一节　写作教学理论概述

一、日语写作教学研究

（一）目语写作教学的特殊性

在四种不同的技能当中，写作和其他三种，即听、说、阅读是不一样的。若写作和其中一大技能相同，单纯运用于测评和模式训练，就是所谓的浪费。写作可以说是更高一个级别的学习过程。无论是其教学目标，还是其教学方法，都和其他三种不一样。

第一，从在语言习惯的方面来说，日语写作往往具备一定的特殊性。阅读不仅和写作息息相关，也和书面语研究有关，不可以基于语言知识习得获取，必须通过专门的学习。但是在阅读和写作之间，要想培育学生的写作技能是更不容易的。写作和阅读都属于具备产出性的技能，两者不完全相同，学生虽然可以用日语说，但是可能不会写，这是由于写作不是我们单纯的话落纸张，学生也无法基于别的语言技能的提升来获取较高的写作素养。

第二，站在语言神经生理研究的角度上来说，写作和其他语言技能是不一样的。因为人的大脑神经细胞排列情况和作用存有差异，无论是听说，还是读写，都在大脑皮质上有各自的管辖区，比如视觉言语中枢、文字书写中枢。实验研究表明，各类语言活动都通过统一的形式融入人的大脑，产生的效果不一样。所以，日语写作往往需要学生采取适合自己的活动模式和方法。

第三，结合写作全过程来说，日语写作特征独特。在多种语言技能当中，说和写具备一定的产出性，但是听和读的接受性往往比较强。所以，相对于听和读来说，说和写属于更加积极的学习活动。相对于说来说，写作的独特性比较强。口头交流往往受到时空的制约，所以言谈需要自动进行。此外，口头表达中的词语比较简单，语句表达比较宽松，也可以借助手势、动作表情和重音和节奏来表达。而以文字形式出现的语言表达，却不会受到空间的制约，常常会受到更多时间因素的影响。所以，写作在很大程度上是一种有意识的活动，而非机械的活动。此外，在写作中，只有通过语言和象征来传达想法，没有面部表情、姿势、肢体动作、声音等帮助，更没有及时回馈。所以，在文章中，要做到字斟句酌，句子结构要规范、严谨，段落要有条理。而写文章的优点就是有更多的时间去反思、去修正。

第四，在心理机制、目标、内容、结构等方面，日语写作教学应与其他教学方法相区分。加涅曾把学习分为8种类型：信号学习、刺激反应学习、连锁学习、语言联想学习、辨别学习、概念学习、原理学习、解决问题学习。但是，在写作活动中，它属于概念、原理和解决问题的学习，属于更高层次的学习，因此，它不能使用初级阶段的信号学习或刺激反应学习的方式。

（二）日语写作的过程研究

关于文学创作的研究，通常有两个主要的流派，第一是表达主义流派，第二是认知主义流派。作为表达主义者，往往认为写作属于可以认知自身价值的创造性环节，所以写作教学必须具备较强的个性化。在课堂上开展行之有效的课堂活动，常常能激励学生发现自己的优点，更有效地表达个人思想和情感。学生要频繁开展和参与记日记内容和独立写作的活动，做到自己自由、随意写作，尽量写作足够多的文字。从这里能够看出，作为表达主义者来说，往往更加看重沟通流畅性。作为认知主义者，需要将写作当成问题处理的过程，该思想和观念会对日语写作教学产生深远的影响。和表达主义理念相似，作为认知主义研究者，往往也需要认为写作属于指引内在心理活动开展的过程。但是，认知主义往往强调高级观念发展和问题处理，这一过程不仅涉及具体方案实施、修辞分析，还涉及问题提出和解决，最终得出合适的结论等。结合认知主义观念，可知过程教学往往强调激发学生的内在心理想象，特别是要在实际写作当中合理运用认知方式和元认知措施，这一教学不仅涉及内容创造和写作前准备工作，还涉及草稿撰写、内容修改、小组协作、信息反馈，以及最终定稿等。认知主义研究者指出，从根本上来说，写文章是靠学习，不是靠教。因此，教师在教学中不应过多干预，应营造一种激励与协作的气氛，使同学们能更好地表达他们的想法。

表达主义或认知主义都强调写作的过程，对写作思维、写作心理、语言机制等深层结构进行了讨论和归纳，并构建出了一套具有自己特色的写作理论。作文的创作不可能一步到位，所以，我们要将关注的焦点由作品的完成转移到作品的创作中去。作家们不仅仅要问自己，他们写是为了什么，的是为了谁，还应该问自己怎样写、怎样开头。在教学活动中，写作被认为是一个沟通的过程，是一个发现思想、深化思想，由思想到语言，由内容到形式的转变过程。这个过程涉及信息的生成、加工和传递，是一种非常复杂的认知过程。作家是创作的中心人物，其需要根据自己的社会经验和理论知识，结合写作目标，进而展开合理评判。因此，在日语写作教学当中，教师不能单纯关注写作当中的狭义内容，还必须考虑作者方面的因素、写作前需要做的准备工作、数据反馈等。

教师需要留给学生足够多的时间，激励学生构思，要从读者那里得到反馈信息，才能对内容和格式进行修正，从而取得更好的效果。创作就是写作者发掘自己思想价值的过程，也是让其思想更加明晰、准确、深刻的过程。写作者要使读者相信自己所写的文本，必须有许多材料，然后加以比较、分析、综合。这其实也属于一大同化适应环节，即实现新事物和作者认知结构体系的有效融合，在改变原有认知结构体系的基础上，融入新的内容和事物。在这种情况下，写作者不但可以把脑海中的想法当作素材，而且还可以发散思维。这一创作过程就是作家从分散到凝聚，由模糊到清晰，由肤浅到深入的一个发展过程。写作是由意念转化为言语的一个过程。作者需要实现自己期望表达内容到语言知识的有效转变，合理转变为具体的文字，这不但需要作者合理运用个人所学的语法和单纯理论知识，还需要作者合理结合相关文体理论、修辞措施、布局方法，以及相关社会文化知识。在实际的言语交际过程中，我们还需要考虑到四大点，第一是可能性，第二是可行性，第三是得体性，第四是发生性。也就是说，不仅要做到语法上的正确性，而且还要做到内容生动、恰当、有感染力，符合人们的习惯。所以，第一个草稿当然要经过反复的推敲和修改。除了纠正语法和拼写上的错误之外，作家还经常要把句子、段落，甚至整段都按一定的次序重新写一遍，直到找出最好的语言表达方法。

二、日语写作教学基础理论

（一）认知语言学理论

认知语言学兴起于20世纪80年代末的美国和欧洲。在我国认知语言学理论分析不断深入的背景下，相关研究成果也被科学运用到日语教学过程中。在日语学习环节，科学运用认知语言学理论非常必要，为今后日语写作工作的有效开展奠定了基础。

1.认知基本理论

语言认知指的是基于语言结构体系创建、内容掌握和运用，深化人们对新内容和事物的认知和了解。认知语言学主要理论方式包括：认知语法、结构式语法、认知语义学、认知语音学和神经认知语言学等。认知语言学的特点涵盖了以下方面：认知语言学研究者指出，语义是两方面的融合结果，即主观与客观。我们要想研究语义，首先，必须了解设计人员的内在想法和心理因素；然后，需要明白人自身具备的语言技能不是独立存有的，和常见的人的认知关联性比较强；接着，语言研究体系中，不同范畴的边界感是不够清晰的；最后，认知语言学研究者指出，语言结构体系下的句法是存有一些问题，句法、单词和语义都具有相关性，特别是语义的价值更大。

2.认知语言学在日语写作教学中的应用

（1）在日语写作词汇教学中的运用：①隐喻在日语词汇教学中的应用。隐喻现象是人类语言共有的现象，日语中存在一些隐喻性内容。人们更喜欢用具象语义来表达抽象的意义，比如把人生看作是旅行，把时间看作是财富等。认知语言学中予以扩张的原理由三种隐喻方式组成：比喻，是指基于一个事物定义来表达另外一个事物。学生基于母语分析，可以寻找和目标语相近的表达方式，促进学生的知识记忆；转喻，是指两大不同的事物存在相近性，在定义上具备一定的关联性；提喻，是指基于词语的常规价值，展现内在价值。②基本层次范畴理论在日语词汇教学中的应用。基本层次范畴比普遍定义高，比特殊定义低，其属于一类上位范畴。所以，在日语词汇教学的实践中，老师首先要让学生掌握一定程度上的概念及相关的概念，基于上下位顺序不断推进，为学生创造出一个完整而清楚的印象。在实际的教学当中，教师必须实现同种类物体的有效融合，做出综合性分类。

（2）在日语写作语法教学中的运用：在日语的传统课堂教学中，语法一直起着非常重要的作用。认知语言学研究者认为，对语言进行分析的能力培养，其实是建立在对语言的总体语感之上的，更重要的是要建立在对语言具有全面的总体语感之上。其中，日语格助词的使用方法与助动词的使用方法，以及复杂表达法，都是教学核心和难题。①词在日语写作教学中的运用。我们运用日语格助词，往往能够彰显表达抽象内容的语法价值，而且每个格助词都是具备多个义项的。但是，众多义项也可以组合成为一个统一的原型一项网络。我们需要引导学生了解该助词的原型作用和价值，进而从具象认知转变到抽象认知，不断扩张，归纳分析格助词对应的义项体系。②在学习格助词时，可以采取这样的方法，会取得很好的效果。③词在日语写作教学中的运用。我们基于词汇扩展理论探索日语词汇价值体系，已经有了显著成果，但是这些成果主要是针对实词和格助词做出分析的，实际教学中可能会产生某一模式下的多个语法意义。在日语写作表达和交际过程中，日语助动词的价值和作用比较明显，而且存有一些意义相近的助动词，我们要想为学生展现不同助动词的差异化不太容易。所以针对这部分语法功能词，我们可以采取实现认知语言学的语法化发展方式，向学生研究其作为实词的价值，进而就可以明确它们之间的差别。之后分析和探索其通过实词虚化机制转化为语法功能词的全流程，就可以了解其参照实词的功能和特点，促使学生深入理解和掌握知识要点。

（二）图式理论

在多极化、信息网络化、全球经济一体化的背景下，高校毕业生必须具备较强的日语综合运用技能。日语写作是一种语言的输出方式，它在真实的交流活动中起着举足轻重的作用，它可以从侧面反映一个人的思考、组织和语言的表现。但是，日语写作对于学生来说，却是一个非常困难的问题。当前，国内日语学界对日语作文的研究大多局限于词汇和句型；文章和其他传统的研究一样，作者尝试在日语写作教学中运用心理语言学的图式理论，从而对高校日语写作教学起到实际的促进作用。

1.图式理论概述

图式理论（Schema Theory）是指获得和合理使用语言理论知识的过程，也是数据保存、合理提取以及科学运用的过程，是认知心理学领域下可以解释和分析心理发展的理论模式和体系。其概念于1781年由德国哲学家康德（Kant）首先提出；1932年英国心理学家巴特利特（Bartlett）将图式的概念运用到记忆和知识结构研究当中，将图式定义为"对过去的反映或经验的积极的组织"，从而大大发展了图式理论；20世纪六七十年代随着现代认知心理学的产生，图式概念获得了更新、更完善的含义。美国认知心理学家鲁梅尔哈特（Rumelhart）指出，图式理论和人们掌握的理论知识相关，关注人们自身具备的理论知识和相关结构，其实更是可以对认知活动有序开展发挥根本价值的。图式理论一般可以分为三类：内容图式、形式图式和语言图式。内容图式指的是语言理论知识主题，以及受众对这一主题和理论知识的关注度。具体来说，不仅涉及文化理论知识、专业理论知识，还涉及语用理论知识等，是研究特定语篇必备的外类理论知识，会决定最终的语篇作用和意义。形式图式指的是合理应用语言研究当中的行文、谋篇等元素，我们也可以叫做语篇图式，其也属于一种修辞图式。具体来说，其涉及语法结构理论知识，以及各类文体理论知识，如叙述文、说明文、议论文、诗歌等不同文体组织结构等。语言图式指的是人们自身掌握的语言理论知识，也涉及其这种理论知识的合理使用，着重关注人们对多元语言文化知识和语言理论的有效掌控与合理运用。

2.大学日语写作教学与图式理论

日语写作的基本流程是：搜集与题目有关的资料，按照基本的逻辑次序对资料和文化内容进行科学化的组织，用语言来表达资料，在编辑文字内容之后形成完整的篇章。从这里能够得出，不断优化和完善图式理论体系，往往可以促进学生的日语写作，产生的作用比较显著。写作人员针对某内容和事物做出描绘的时候，必须对于事物有比较完整的认知，合理运用内容图式相关的各类理论知识，可以辅助写作人员制定完整而有效的日语写作计划。之后要结合写作计划和方案，合理运用形式图式的相关行文和结构理论等，形成完整的文章结构。最后，我们还必须合理运用语言图式体系下的语言理论知识，通过精准的词汇和合理的语法知识编写成文。可以得出，若写作人员没有完整的图式理论，是不能编写出优质文章的。所以，在实际的大学生日语写作当中，教师必须基于认知心理学领域的"图式理论"分析，不断增强高校大学生的写作素养。

3.图式理论指导下的大学日语写作教学策略

（1）拓宽知识面，激活内容图式。在实际的大学生日语写作教学过程中，内容图式是指和日语写作知识相关联的背景理论知识，也是写作人员对写作知识的掌握情况。大学生日语写作水平的持续提升，往往和其基础理论知识的不断学习有关。写作者的知识积累得越多，就越能专注于怎样形成一个清晰、完整的写作方案，这样才能更好地掌握文章的脉络。此外，恰当的背景知识运用还可以补充外语教学水平上的不足。首先，教师在进行日语写作时，应有意识地将社会和经济因素引入到写作中，在指导学生写文章之前，要注意选好文章的题材；利用与文化、娱乐等有紧密联系的教材，为学生提供读物。通过这种方式，可以不断地提高学生对社会和文化的认识水平，并提高其对文化内容的敏感性，有助于他们在写作中克服由于文化差异造成的困难，并注重提高他们在目标语言国家中的相关文化背景知识水平，以启发学生的思考与想象力，从而提高学生的写作水平。其次，写作者还应当在言语和非言语两个层面上不断积累关于各种主题、文化背景的知识，并熟练掌握传统的书写和口语知识。

（2）注重语篇学习，建构形式图式。通过对日常日语作文的评阅，我们可以发现许多日语专业学生在他们的作文中都运用汉语成分，这一点可以通过图示理论来理解，了解他们的心理机理。除了存有语言理论知识欠缺的问题，教师还会发现一些大学生自身的谋篇水平不够高，即不熟悉日语文章体裁和语篇结构等内容。所以，作为日语教师，在教学过程中，要注意日语语篇分析与引导，并在教学过程中充分发挥其语言作用，要指导学生对所要写作的文章的话语结构和逻辑关系有一个全面的了解，从而提高学生对话语的掌控能力。首先，具体描绘一个事件或者事物的时候，语篇写作人员通常站在个人或者某角度上，作为一大视点基准，将固定视点当作核心，展开具体的内容描述。而对于汉语语篇写作人员来说，往往站在中立的角度，或者持续变换角度做出内容描述。因此，在撰写日语文章时，必须坚持从日语角度来看问题，这样就可以撰写出符合实际的日语内容。从风格上看，日语文章中的写作者更多地追求实用主义，更多地关注个人创新。汉语言学研究者更多地关注于标语式的赞美，善于使用富有情感的词语，喜欢引用经典，等等，但是在日语写作中，却不能与日语的写作习惯相吻合。

（3）完善语言教学，丰富语言图式。语言知识往往是组成完整文章和作文的根本元素。在日语写作教学过程中，教师必须注重单词、语法和语句体系方面知识的讲授，着重注意增强学生的语言理论知识运用精准性，指引学生形成系统化的语言图式，使得写作人员充分激活自身内心存有的内容图式，快速、有效地构建语篇，圆满结束写作。举例来说，在词汇教学中，词汇可以为多元图式的创造奠定坚实的基础，因此作为写作人员，必须不断学习和掌握多元理论日语词汇。但是，学生实际用来学习知识的时间不多，激活和合理运用日语词汇知识，是基于图式理论来处理的问题。图式理论研究重视词汇学习，不能单纯了解词汇意义和价值，而是组成"词汇—分支—再拓展"的系统化的构思图式。写作人员应当利用这个词组来扩展和要表达的内容之间的逻辑、层次关系。例如，按照文章的标题和话题，先选好自己要用到的单词，再用这个单词来扩展文章的内容；想象与这个词有关的东西，将这些东西写在这个词的周围，并分别用线将这些东西连起来，建立一个主干和一个分支的联系。当然，我们也可以根据这一步骤，对每一个分支进行细化和扩展，然后重复进行，最终扩展成一段或者一篇论文。因此，在日语的教学过程中，老师们应该根据自己的需要，向学生们提出有利于激发和建立图式的词汇，帮助他们更好地构建出自己的想法图式，从而使他们能够顺利地进行作文写作。

（三）语块理论

1.语块理论概述

（1）语块的定义及分类

"语块"也被称之为"词块""预制语块""扩展化搭配""程式化语言"等。贝克（Becker）在20世纪70年代首先提出了语块这一概念。他指出，语块不仅具备词汇特点，还具备语法特点，属于一类语言结构，往往由多种词汇组合而成，有针对性的话语功能。语法专家和研究者可以针对不同的语块做出内容划分，其中广为国内外研究者认同并使用的是纳丁格（Nattinger）和戴凯瑞克（DeCarric）（1992）的四分法：聚合词、习惯用语、短语限制语、句型框架。聚合词是指具有习语性质的固定词组，不可分割，相当于日语中的"複合語"，如家族速九等：习惯用语是指固定形式的语块，相当于日语中的"慣用句"，如油左壳石等：短语限制语是指形式较为固定，其中一部分可以与同类型词相互替换的语块，相当于日语中"フレーズ"，如ギターを弾く等：句型框架主要是指变化自由度较大的句型，相当于日语中的"文型"，如へによってへを受ける等。

（2）语块教学法与二语习得教学

迈克尔·刘易斯（Michael Lewis）（1993）在《语块教学法》一书中，提出了语块教学法这一理论，他指出，语法不是由单纯的语法和单词组合而成，而是由多种预制语块组合而成，人们在合理运用语言理论知识的过程，并不单纯运用语法组合词汇，而是运用之前编制完成的语块，所以语块能够使得语言输出更加便捷、高效。之后，一些学者基于二语习得教学做出了语块教学相关内容探索，二语习得教学的作用和价值逐渐增大。

2.语块教学法在低年级日语写作教学中的优势

（1）提高日语写作表达的准确性

在低年级学生的日语作文写作当中，往往由单词错误使用、句型搭配不合理，以及助词使用不恰当等现象。在日语学习的初期，学生对日语的基本知识还没有完全掌握，他们还没有形成自己的思考和表达方式，因此，他们的写作是一个比较复杂的语言输出过程。学生们需要按照语法规则，将已经存储在他们记忆中的词汇、句型临时筛选、组合起来，最终形成一个句子。这一语言输出过程导致了学生在写作中对于独立词的运用比较准确，但对于助词、助动词及搭配的使用，却出现了较大的问题。在学生的作文中经常出现把"大学左卒業寸石（大学毕业）"写成"大学6卒業寸石"这样的误用表达。这一现象说明，学生在语言输出时，对其中的"大学""卒業寸石"这样的独立词的使用基本不存在误用，对连接这两个单词的助词"花"和"办6"的使用却存在较大问题。如果学生把"大学左卒業寸石"作为语块整体加以记忆储存于大脑中，使用时把"大学左卒業寸石"将其当作一个词块，从记忆中抽取出来，用于实际情况，这样就可以在语言的输出中避开因暂时的组合而造成的语法失误，从而增加日语的表达精度。

（2）克服母语的负迁移现象

低年级学生还没有养成以日语思考方式来表达事物的习惯，所以他们在写文章时，往往是以汉语为中心，然后将汉语翻译为日语。这就会导致低年级学生在实际写作中出现词汇和文字搭配不当的问题，不利于学生良好日语学习习惯的养成。语块的运用，能够让学生们像自己的本族语言使用者那样，通过一种完整的形式，将已经存储在他们脑海中的传统日语词语全部抽取出来，以此来消除他们对汉语词语的偏见，并消除汉语思想对他们的干扰。

（3）实现写作的高效性

低年级学生在书写的时候，要根据自己所学习到的语法规律，利用暂时的组词来组成一个句子，从而组成一篇论文。这个语言的输出程序，将会花费更多的时间。如果将语块当成二语习得记忆和应用的基础单位，在写作输出过程中，可以直接从记忆中抽取固定或半固定的词块，并将其用于写作，这样可以有效地缩短词组和句子的时间，提高写作的效率，在日语CET-4等有限时间写作中占有举足轻重的地位。

3.语块理论在低年级日语写作教学中的应用思考

（1）指导学生建立日语语块库

①培养学生以语块为最小记忆单位的日语学习习惯。日语自身也有黏着语和屈折语的属性和特点，可以基于这种助词和助动词的黏着彰显词汇价值和作用。日语中存在着大量的由多字构成的词汇。低年级学生做出学习日语理论知识的时候，往往会将单词和语法分开，单独掌握和记忆，不具备两者融合运用的观念和意识。所以，教师在实际教学过程中，必须为学生讲解关于日语语块的定义、分类和对于二语习得的作用。基于语块讲解单词含义，以及语法在实际语块中运用的价值，指引学生于多元语块运用中找寻语法规则，增强学生的语块知识认知技能和素养，是用拼贴法培养学生日语语言素质的好方法。②引导学生积累高频语块。语块具备一定的高频性，能够指引学生的写作，帮助学生分类别地学习高频语块知识，鼓励学生在实际写作过程中科学使用语块，快速完成写作任务。教师在为学生讲授写作知识和方法的时候，同时，帮助同学们在不同类型下，更好地掌握高频词汇。同时，老师要指导同学们在每个主题下进行高频率词汇的学习，并建立一个专用的日语词汇数据库。再者，日语的口头和书面语言之间存在着许多差异，如果把口头和书写混淆了，也会给学生的写作造成困难。所以，在对口语语块和书面语语块的独特性内容进行解释和分析之后，学生就能够对二者之间的差异有一个清晰的认识，从而避免发生内容混用、滥用的情况出现。③指导学生多渠道积累语块。语块的积累对词汇学习的需求较多，老师既要让学生们在作文中进行词汇的积累，又要让他们对日语、视听、会话等进行基本词汇的学习。在学习各种学科知识，如阅读等知识方面，要注重对语块进行识别、理解和积累，并引导学生自觉地记忆、背诵和使用语块文化。除此之外，在多媒体和网络等现代信息技术高度发达的年代。同时，学习者获取语块的途径也日趋多样化。教师可以利用课余时间，通过课外阅读、观看电影电视剧及卡通片等方式，对词块的含义和它的应用场景进行收集和了解，让学生能够更好地运用词块。

（2）以语块理论为中心的低年级写作教学

在他们的记忆中，储存的语块数目和他们对语块的灵活使用的情况，是决定他们是否能够达到流畅交流水平的根本。因此，在日语写作课教学中，要从整体上对提高学生的写作自信心提供很大的帮助。在课堂上，教师要以限制话题为主要手段，根据每个写作主题，让学生们发挥自己的聪明才智，从中抽取并总结出已经储存于他们记忆中的有关题材的高频语块，老师们还会对与之有关的一些关键语块展开扩展、引申及补充，并为学生讲解半固定语块的可改变内容，指引学生合理运用语块。此外，为了克服学生在日语中缺乏语言表现力等方面存在的不足，我们还挑选了一些具有一定典型性的例子，使他们能够背得滚瓜烂熟。在对作文进行讲评的时候，要避开以教师对作文中可能会出现的语法错误作为主要内容的教学方法，运用教师讲评、学生互评、学生选读等方法，让学生在讲评中发挥正面作用，让学生在互评过程中找到在作文中应用适当且具有创造力的语块，并将那些使用了错误或不当的语块找出来，互相学习，共同进步。在课外练习中，要以自由作文的形式来培养学生的写作习惯，也就是让学生以自己周围的事情和自己的兴趣爱好等为基础，每周都要写一份周记，逐步地提升自己的写作水平。

第二节　跨文化交际视域下日语写作教学的原则

一、循序渐进原则

"冰冻三尺，非一日之寒"，日语的书写能力也不是一夜之间就能练成的，应从简单到复杂，一步一步，一环接一环。"逐步推进"这个词，主要包含了两层意思。

第一，结合语言自身来说，必须基于写作句子展开技能训练，进而进行段落技能训练，最后进行语篇分析。

第二，结合实际训练活动内容来说，实际训练的时候也必须按照由易到难的顺序。写作训练活动主要包括获得技能训练活动和使用技能训练活动。获得技能训练活动开展的核心是帮助学生掌握语言内容组合方法，主要涉及两大活动。

（一）抄写

抄写要求学生合理运用自己掌握的语言材料和知识，展开模仿性重写，核心是掌握拼写规则、学习标点符号用法等。

（二）简单写作

所谓"简单写作"，就是让学生围绕一个语法重点，通过多种形式的写作来巩固和发展自己的语法知识。运用技巧活动是指运用语言进行有目的性的交流，旨在提高学生运用语言的灵活度，以及运用语言的创造性。这包含了两类活动。

1.灵活性训练。根据规定，对学生进行书面训练，如句型转换、合并句子、扩展句子、润色句子等。

2.表达性写作。据实际情况，让学生们做一些有针对性的作文训练。以上的这些活动，基本都是以从简单到困难的次序来进行的，老师要在此基础上，结合他们所处于的学习阶段和真实的水平，来对他们展开教学，安排他们的写作活动。

二、采取多种形式的原则

通过多种形式的表达，丰富了学生对文化的认识。日语表示事物的方法很多，同样的意义，可以用不同的句子来表示。在写作教学过程中，教师可以让学生学习使用各种句子的形式来表达同一个意义，这是对他们进行写作练习的一个主要方法。可以化知识为技能，使语言运用更灵活。

三、综合各种教学方法的原则

结果教学法、过程教学法和体裁教学法，这三者皆有优点，也有缺点。结果教学法的优势：有利于提高日语水平，减轻或消除母语对写作的影响，有利于教学；容易在日语写作中产生成就感，进而提高自信心。此外，这种教学方式在中国已被普遍采用，其对教科书、教法等方面的科研成果也已相当完善，可以方便地找到相关的可供借鉴的材料。它的不足之处是，对写作的复杂程度进行了轻视，对篇章的思想、可读性以及文体的风格进行了过分的重视，教师与教师之间缺少了沟通，从而限制了学生的创造力发展。过程教学法的优势：能够促进学生的写作水平提升，让学生有更多的创意，更多的思考，更多的易读性，加强学生的书写和交际技能，使其日语的日语写作水平更上一个台阶。其不足之处在于，忽略了学生的语言水平，尤其是对日语作文的真实状况的了解，在写作过程中，学生很可能会出现过多的语言障碍，从而导致作文的难度加大。因此，教师的教学成效并不显著。同时，学生也很容易失去自信。另外，过程教学法对于老师的需求也是比较高的，这就需要有更高质量的老师来把守。体裁教学法的优势是可以让学生意识到，作文是一种有规则可依的社交行为，它是一种了解客观世界、参加社会活动的方法。从长期来看，对学生创新思维的培养的弊端是文体的标准化，容易造成"规定主义"。假如老师本身没有想象力和创造性，就会让学生觉得这样的方法僵化、单调，还会导致在课堂上，呈现出一种以话语为核心的趋势。因此，老师们很容易将注意力集中在对话语的描写和重复上，而忽略了有创造力的语言训练。另外，由于体裁类型非常繁多，在课堂上，很难将学生未来的生活中所能接触到的全部体裁都囊括进去。所以，在写作课的教学中，题材教学法的运用存在着一些限制。

四、尊重学生的主体性原则

在写作教学中，教师要充分发挥学生的主体作用，做到以学生为主体。在作文教学中，教师应充分运用各种形式和教学方法，使学生在作文教学中发挥更大的作用。关于过程教学法，笔者认为，这一方法的运用成功与否，这要看老师们是不是会把同学们安排到一个团体里去，也要看他们是怎么安排的。良好的小组讨论应达到以下三个目的：第一，使学生的学习热情得到最大程度的调动；第二，鼓励和帮助学生；第三，让学生了解日语学习的意义。在进行小组讨论的时候，老师可以进行如下的五项活动。

1.提问。提问是小组讨论的核心，提问的关键在于其得当性。首先，要有正确的顺序。其次，要用恰当的方法提出问题。老师要保证所问的问题清晰。通过对学生的答案的分析，可以为老师们提供一个反馈信息，让老师们对自己学生们的能力有一个大致的了解。在开始提问前，教师一定要弄清楚答案。可以让学生把自己的双手举起来，或者把答案写下来，但是不能让他们随意地说出答案，因为那样会引起混乱，还会让那些胆小的学生丧失学习的兴趣。为了满足不同水平的学生，老师应该提出有适当难度的问题，让所有学生都能顺利地参与到这个活动中来。提问可以使学生更好地表达自己的观点，进行归纳，减轻他们在写作上的难度。

2.卷入式。卷入，也就是尽可能多地让更多的学生参加，让全班学生都有提问的机会，如：请学生们朗读黑板上的题目，并请学生们一起回答，要求学生提问，并要求他们复述问题或回答，等等。

3.反馈式。要想顺利地进行小组讨论，老师可以随时得到来自全班的反馈信息，这使得老师可以针对学生的实际状况，不断地调整问题和提问的方法，这样才能确保所有的学生都能积极地参与进来。通过对问题的回答，老师可以让学生们迅速地将问题的答案记下来，并在课堂上进行点评。老师及时巡视，以获取反馈信息为目标。

4.复习式。复习回顾既可以使学生巩固所学，也可以使他们知道自己的不足。在使用这一技巧的过程中，教师必须给学生一种全新的体验，而不是简单地重复所学到的东西，还要加快讲课的节奏。

5.学生互助式。教师不会只是给出一种单一的回答，更多的是要让同学们互相交流，共同解决问题。可以让学生之间进行问答，也可以让多名学生一起对一个问题进行解答，这种方式能够让学生学会怎样去尊重他人，去支持他人。在课堂上，老师们可以采用不同的教学方法来组织讨论，这要视课堂规模、学生日语程度而定。所有的技能都是相互补充、相互融合的。因此，教师可以采取多种方式进行交流。不管用什么方式，老师都应该让每个学生感兴趣，主动参加，并充分发挥其聪明才智。此外，讨论的话题也可以多种多样，老师可以组织学生们就文章的内容展开讨论，从而拓宽学生们的思维，让文章的内容更加丰富，语言更加有意义。老师还可以组织学生们对文章的格式、结构和体裁展开讨论，让学生们写出一篇标准的作文。除此之外，老师还可以在作文评阅结束后，针对学生在写作过程中存在的较为集中的问题展开讨论，以便对学生的修改起到辅助作用。

五、改进作文评论的方式原则

在批改作文的过程中，日语老师应从何时批改、批改什么如何批改三个层面进行努力。文章的评价可以分两个级别，一是在最后一篇文章之前，二是在最后一篇文章结束之后。若有学生在班上习作，老师可亲自到学生面前，或鼓励学生到老师处，向学生们出示手稿，可能会对特定情况进行评论，让学生在大体上注意一些重要的问题。在学生提交论文之后，如果时间许可，应对其论文中存在的一些问题进行认真的批改，包括文章的内容与语言，对学生的作文要及时评价。学生们将自己上一次所做的作品交到老师手中，老师应该在下一节课前将作品评阅完，然后在课堂上将作品归还给学生们，并进行快速的批阅，这样可以让学生们在还记得自己上一节作品的时候，仔细地观察老师是如何修改的。如果可以的话，也会要求学生改写他们所撰写的主题。在评改的内容方面，老师们还需要考虑以什么作为重点的问题，因为老师不可能将作文中的每个内容不清之处都说出来，并将作文中的每个语言表达错误的地方都纠正过来。写作的最终目标是使用文字来交流，所以，在评判一篇文章时，我们应该先思考以下问题：学生这么写，是否把自己的意思表达得很明确？教师若能确定学生所写的内容，但不明确，则可将其修正，或在评语中指出问题，让学生重新思考自己该如何写。此外，老师也可以和学生们一起探讨评改的内容，询问学生们的看法，从而知道学生们想让老师把哪些地方当作是他们的修改的焦点。评论要清楚、具体，这样效果会更好。老师在批改一篇文章的时候，没有考虑到如何撰写评论。另外，在写评论时，要注意对学生的评价，多以赞扬为主。对于写得少、写得短、不爱动笔的同学，要多鼓励他们，多给他们批注，让他们慢慢地培养出写日语的兴趣。在教学过程中，由于教学时间的限制，老师可以选取一批学生的作品，并以小组讨论、交流等形式，使大多数同学受益。对同一性质的问题所要写的评论，可以逐步减少，以后遇到类似的已讨论过的问题，就可以只画一条线或做一个标记，不改正，也不写评论；真正做到让自己的评价完全由自己来评价并以小组讨论、交流等，使大多数同学受益。这样，既能养成教师的高度责任心，又能逐步减少教师的工作压力。此外，教师在评价时，应鼓励学生使用自己所说的话。探索日语写作教学中出现的一些问题，结果表明：在日语写作过程中，教师对日语写作中存在的问题进行了修正，使得学生在写作过程中出现了从句和长句。所以，在指出学生作文中的错误的时候，应该表扬并鼓励他们尝试新的语言表达方法，这样才能减少批语纠正语言错误所带来的负面影响。

六、范例引路原则

日语写作的最大困难在于以下几点：一是没词可写，二是词少。在日语的教学过程中，在书写方面，模仿也是一种不错的方法，让学生们按照日语的例子来模仿，从而写出内容丰富、形式优美的文章。这是一条日语创作的道路。此外，在学生写完文章之后，老师还可以给出范文，这个范文既要为学生提供格式、内容要领，又要有语法修辞和语言习惯等方面的范例，同时还要兼顾日语的各种表现形式，对语言进行灵活应用，使学生在写完文章之后，能够得到一个相对规范的答案。通过和自己的作业进行对比，可以对自己的答案进行一个初步的评估，找到自己的不足之处，从而对学生的进步和发展有所帮助。

第三节　跨文化交际视域下日语写作教学的方法

一、交互式教学法

（一）交互式教学模式的特征

1.以学生的兴趣导向、行为能力为教学活动核心目标

学生对于教学活动感兴趣，是他们学习的直接动机，正是因为有了这种内部动机，他们才会积极地参与到活动项目中来，主动地学习，去战胜各种挑战，最后把这个项目做好。交互式教学主旨，以及需要处理的问题，往往和学生的学习兴趣和爱好相契合，这也是促进交互式教学活动开展的基础。运用交互式教学模式，我们可以将课堂教学内容分为五大内容，第一是问题，

第二是模型，第三是解决，第四是应用，第五是训练，这一教学活动是在老师的监督和指导下，通过师生互动和协作的方式进行的。在教学过程中，老师应以指导、协助和及时总结为主。要想成功地完成交互学习的任务，教师和学生都要对有关的材料和信息进行仔细收集，并制定出与之相适应的学习计划和学习策略，充分地运用各种不同的学习途径，充分地将课堂和外部的学习资源充分地运用起来，在这个过程中，学生一定会得到相应的知识和学习技能。

2.教学内容设置的情景化、实用性

交互式教学的情境是指教师和学生一起创造出来的，它可以是真实世界中的某个场景、活动或方案等。然而，在交互教学中，所设定的情境通常要满足两个最起码的条件：第一，要激发学生参与到课堂教学中来，使其乐于参与；二是教育的内容不应仅限于理论性的教育，要尽量接近学生的真实生活，或者从真实的社会中获得。教育内容的情景要接近于生活的现实，新旧知识之间的落差不应该过大，这样可以有助于学生实现新旧知识的联结。这也是为了让学生们在实践中得到更多的体验和技能。

3.学习过程的自主性、协作性

交互式教学对学生的主体性和自主性培养非常重视，"凸显了学习者的主体地位和积极参与的能动性，在教师营造的学习环境氛围中，重视师生之间、学生之间以及学生与资源之间的相互协作。"在这个过程中，老师要充当起对学生的督促者、引导者的角色，在这个过程中，老师要将自己的学习主体性的作用还给学生，让他们能够将自己的学习主体的能动性完全地发挥出来，培养出自己的主体意识。互动教学方式与常规的课堂教学方式有很大的区别，它突出了课堂教学的主要内容，即课堂上的互动。大家齐心协力，把工作做得最好。所以，在交互教学中，可以将学生的合作精神充分地彰显出来，让他们可以更好地与别人进行交互与沟通，通过思考、探讨、沟通来发现并解决问题，在这个学习的过程中，他们并不是对知识进行复制或记忆，而是对知识体系进行构建。

（二）交互式教学法在日语写作课中的实施环节

1.目标内容设计环节

教育目的是教育的出发点与归宿，是教育的落脚点。"互动"的教学方式，它要求在教学中，不应只关注于学习的知识与技巧，还要注重学生的人际交流能力。将交互式教学运用于日语写作课教学中，目的就是要为学生营造一个良好的协作和交流氛围，老师通过分组的方式，使学生在课堂上活跃起来，注重异质性学生的影响，让学生们进行充分的讨论，大胆地表达自己的观点，力求使学生们在掌握综合应用知识的同时，在合作学习的过程中，使他们的个人能力得到全方位的提高。因此，在预习过程中，必须对所学内容进行全面的学习，把握其中所蕴含的新思想，并对所学内容进行合理的提问。在设计作文问题时，必须具有开放性，题目的难度要适度，能使学生对写作感兴趣，并能形成一定的梯度和水平。当然，老师也应该以各种目的和任务为基础，构建多种教学方式体系。举例来说，讨论型的创作可能会以录像为基础，借由影像来探讨真实的生活问题。口岸配送还可以根据图像进行视觉创作，通过直观的图片来激发语言表达。

2.写作前的热身准备及导入工作

首先要开展引导性工作，老师可以使用多媒体资源，给学生们呈现与这门日语写作课程相关的图画和内容，并使同学们对本课程的内容及任务、目标有一个基本的认识。在引入了主题之后，老师就接下来要做的工作进行了简要的说明。在此基础上，设计了一套完整的日语教学方案，并设计了相应的教学方案。在此基础上，结合具体的教学内容，提出了日语写作的策略和技巧，如语类法、范例讨论法等。在此过程中，老师要从学生的角度出发，选择合适的题材。教师可以选取一些文章、阅读材料，要求学生在课堂上大约20分钟内容完成，并采用"问题单"的形式，将自己所关心的问题和要点一一罗列出来。接着，将他们划分为多个写作小组，通常情况下，4～5个人的团队是最适合的，实行异质性的分组。

3.课堂内容设计环节

交互式教学活动这一环节，要把教师之间的作用进行更深层次的划分，发挥引导和督促的作用，要把学生放在第一位，这是一个"学"的过程。一方面，要使学生成为知识的需求者、新知识体系的建构者，让他们最大限度地发挥自己的优势。同时，提倡更多地降低老师的授课时间，增强学生的学习时间，让学生在讨论、思考和交流中找到问题。在课堂写作的过程中，教师要灵活地选择具体的教学方法，可以选择从易到难。在此基础上，借助多媒体，运用幻灯片，将范文呈现在学生面前，并从日语的句型、重点词汇、优美的段落等方面进行了剖析，提出以培养学生对语言运用的灵活性为目标的例子。比如在进行语句写作训练的过程中，学生往往会遇到一些语句使用和搭配方面的难题，此时教师要为学生分析日语和汉语之间的语序差异性。再如，在篇章结构写作过程中，教师不但要告知学生不能养成汉语思维习惯，而且要引导学生学会运用文章结构的科学构成方法，从"开端、叙述、展开、结尾"四大环节入手进行写作，防止出现文章不具有深度的问题。在正式的写作教学中，教师可以采用分组讨论的形式，每个组都有一位组长，组长之间要轮流担任。在写作过程中，整个工作流都要求同学们去思考。在完成了第一个草稿之后，首先要对自己进行仔细的推敲和核对，要将每一个字都与原著进行对比，之后还要用一个小组的方式来相互核对，不仅涉及助词的运用，还涉及标点符号的运用等，这将有助于激发学生对日语作文的兴趣，提高他们的独立写作和团队合作的能力。

（三）交互式教学在日语写作教学中实施的注意事项

1.教师的角色和作用

总的来说，在学生的学习中，教师对他们进行指导、监督和启发的次数较多，他们能够得到的体验也就愈多，他们能够更加清晰的意识、引导和控制自己的学习过程。实现交互式教学方法和日语写作的有效融合，在这一过程中，教师应起到引导和监督的作用，帮助学生从依靠写作向自主性写作转变。老师要具备给予学生写作动机的能力，以及提升他们的写作意识的手段，运用灵活的教学策略、模式，激发他们的写作积极性和主动性，可以通过在课前进行材料的选择、组织交际活动等，协助学生实施计划并与他们共同参与写作训练活动，明确学生的写作目的，为开展班级中作文教学工作和活动创造必需的保障条件。目的是让学生掌握所需的知识和技巧，用具体的写作活动开展来激发学生对写作的兴趣，从而让学生的写作积极性长久地保持下去。具体来说，就是老师可以调查学生的写作需求，分析学生的学习和写作的需求，并以教材内容、教学目标、学生写作能力水平等为依据，有针对性地进行课堂教学设计，并指导学生主动思考，寻求答案，培养大学生对日语写作的兴趣，从而使学生通过主动思考，在老师的指导下获得新的知识。此外，还会培养出学生一种强烈的创作热情，增强学生的求知欲。在讲解的过程中，老师们也要注重细节把握，让自己的节奏张弛有度，使学生更好地使用所拥有的有限的作文课程。关于作文教学，互动教学强调教师应扮演好学生的心理协调者、咨询者的角色，为学生创造一个良好的作文学习氛围。老师要对学生在课堂写作中所遭遇的负面影响进行密切关注，尽量消除他们的心理障碍，自觉地提高他们的写作兴趣和动机。在课堂教学中，老师可以通过与学生们的沟通，为同学创造一个好的学习环境，提高他们的学业成绩。与此同时，老师们要对每个人的差异有充分的认识，掌握语言结构、词义及用法，合理运用学习策略，做好学生的写作助手，对他们进行多种形式的帮助和引导，从而促进他们在写作上的自主意识发展，培养大学生日语写作的自主性。老师应该经常对他们的作文作业进行考核，以了解他们的学习情况。为了培养好的书写习惯，老师们可以通过鼓励并强迫他们坚持用日语来书写他们的学习日志，并在日志中记载他们所看到的事情。此外，还要利用好各类媒介，比如建立微信群、QQ群等，开展多媒体的网上日语作文课，定期开展网上日语交流，向学生们推荐一些好的日语作文范例材料，增强学生与教师、学生与学生之间的交流与联系，扮演一个资源提供者、学习传播者的角色。

2.学生的评价过程

在课堂上，老师应始终坚持不间断的评价，而在评估中，则要注重对学生的绩效与学业的评估。作为一个阅卷人，老师要对其所写的文章进行反馈，可以在明确教学基本流程的基础上，建立一个过程评价标准，教师也可以建立一个学习评价等级标准，在完成一个学习任务的时候，了解学生是否已经彻底地掌握了学习目标规定的知识内容或技能，并将其运用到实际工作中去，有没有提高自己对问题和团队合作的意识，是否有制定清楚的工程实施方案等等，对其实施效果给予优秀、良好、中等评价，及格和劣等评定。要想让项目学习获得一个较为完美的结果，对学生的评价要将其贯穿在整个活动中，以完成项目任务的各个阶段为基础，对学生展开自评与他评，采取以形成性与终结性评价、个人与小组互评为一体的多种形式，此外，要重视使用多个等级的评估指标，以衡量不同学生的学习情况，并展现出一定的灵活性。例如，教师对于日语学习成效的评估，可以从以下几个角度进行：一是课堂表现，二是在小测验中的表现，三是积极主动地完成老师给的任务，研究二次授课对学生创新能力的影响等。例如，可以参考合肥学院"N+2"的考试体系，采用结论性的评估方法，一改以往"一次测试就有一个结果"的模式，将最终测试变成了过程测试。这一次的考核体系改革，还导致了教育方式和学习方式的改变，对提高学生的学习质量起到了积极的作用。

二、过程教学法

20世纪60年代，美国出现了一门母语课，这门课是一门受"发生知识论""信息论""控制论"等多种语言理论与教育方式的共同作用而产生的一门新的写作教育方式。在教育学家们不断地探讨、不断地尝试，尤其是在美国写作学会的倡导下，"过程法"曾经是最具影响力的一种教育方式。过程式教育如此成功，甚至有人已经到了"崇拜""狂热"的地步。自20世纪80年代以来，许多研究者在二语写作课教学中采用了"过程法"。从理论角度看，它突出了"思考"在作文中的重要性，并突出了作家的主体性和主观能动性。在实际操作中，一改以往注重语法结构、修辞技巧，以及死板模仿的方法，将重点放在实际交流能力和智力的培养上，强调写作的过程，倡导学习者的协作。它的突出特点是强调学生的思考能力培养，强调学生在其中的积极角色。在行为主义心理学研究者看来，任何一种学习活动，都是一种刺激、一种反应、一种强化。所以，基于这一点的听说教育法对机械操练的影响尤为重视。这体现在了写作中，这就是把注意力集中在作文中的语言要素、作文的结构形态等方面，而忽视了真正意义上的写作能力培养。在瑞士心理学家皮亚杰关于产生的认识理论的20世纪60年代早期，在日语教学中，人们逐步认识到了日语教学的重要性。认知理论研究着重强调了在学生的学习过程中，创造力思维所起到的主要作用。它认为，学习并不只是一种熟练的技能，它还是一种更高层次的智力活动。所以，它拒绝学生消极被动地接受知识，倡导让学生积极地、主动地去探寻原理。在认知理论的指导下，以程序为基础的教学方式把写作看作是一个认知的过程，是一个发现、适应和吸收的过程，因此，它要求学生要进行独立思考，收集素材，组织素材，将素材内化，从而发现规律、掌握原理，从而使他们在写作中更好地发挥自己的创造力，更好地发挥自己的写作才能。在认识主义以外，交际式的教育方法对进程式教育也有正面的作用。这使得日语的学习范围由原来的单一的语言知识扩展到了语义、语体、语域乃至社会和文化领域。在日语作文教学中，除了培养学生的口语技巧外，还应培养他们对社会情境、读者心理、交际目的和结果的分析能力。同时，过程式教学法研究者还着重指出，写作的根本任务是沟通，所以要尽量将教学过程生动化、情境化，以创造出恰当、自然的交际情境。流程式的教育可以分成7个阶段。

（一）输入阶段

在这个过程中，学生可以通过各种方式来完成自己的想法：自由联想、写提纲、阅读、倾听、调查等等。"自由联系"指的是使学生能够根据一个题目，得到尽量多的材料，在写作之前，这是一种非常行之有效的思维方式，老师可以以特定的写作需要为依据，让学生们集体讨论，或者自己去思考，使学生可以更迅速地进行内容创造和联系。基于任意联想，老师可能会让学生们用口语表达或者书面形式来表达他们所要表达的内容。在这一阶段，学生可以不局限于观点或语法的对错、修辞的得体、文章的组织结构是否合理等方面，而是要尽量用单词、词组或句子的方式，把所联想到的相关想法和观点写下来，之后才能做出选择。可以选择与之有关的各类图书和地方报纸作为参考，让学生一边看，一边在空白处记录下自己的看法和感受，把他们变成一个对事物敏感的正面的读者。请学生们去听课，听录音带，做好笔记，以便日后参考。调查报道是为了拓宽数据的来源，让学生们可以从自己的同窗中采访别人。通过这些活动，学生能体会到收集素材和创作灵感的多种方式。这段时间也是创作之前的准备时间。在写作过程中，老师还可以通过提出问题的形式，激发学生对写作的兴趣，引导他们按照写作的主题、目标进行写作。读者的思想、读者的期待，作者的观点、立场、态度，论语中的语调与句子的基本构造，都有关联性。此外，在这个环节，也可以涉及列提纲的工作。教师要知道学生基于自身知识结构和情况选定主题要点和思想，选定合适的读者，明晰写作目标，进而集中构思，拟写出专门的提纲。提纲的拟定方式比较多，离不开关键词、词组，也包括主题句，基于数字标明，有利于学生明晰学习思路，组合成专门的篇章。

（二）写初稿

写作初稿，就是要对自己的想法进行进一步的整理，确定自己要写的东西。在进行了前期的精心准备和构思之后，学生就可以进行第一个草稿了。在这一时期，需要学生将自己的想法用文字表述出来，他们需要对自己心目中的读者有一个清晰的认识，才能掌握准确的创作方向。在课堂教学中，老师要对此进行有效的监督，并要适时地和学生们展开交流，通过提问，使同学对所学内容有了进一步的了解，帮助学生完成基础概念分析，并适时地向他们提出反馈，让学生将注意力集中于文章的表述，而不必过多考虑句子结构是否恰当、词语选择是否恰当等形式化问题。除了这些，教师还要告诉他们的学生，书写第一稿是一个不断地做思想斗争的创作过程，写作者构思、修改、再构思、再修改，直至完成初稿。

（三）学生互评

将学生分成两三个小组，根据老师所提的问题，来评价他们的报告，这些问题与报告的内容有关，而不是与报告的格式有关。

（四）写二稿

写二稿时，他们的学习方法实施是根据学生们的意见来进行的。如果学生们对自己的初稿提出了一些反馈，那么，学生们应该谦卑地倾听，并对自己所写的论文进行再评价，找出其中到底有什么地方确实存在着问题，以及有没有需要对其进行修订。改错方式有多种，既有个人改错，也有团体改错和结对改错。不论采取何种方法，都要注意论文的主旨、内容、段落的编排和风格的选择；句子形式的正确性，有没有语法上的失误，词语的使用和表述的准确性；文章的内容与写作目标是否一致，开头、结尾是否合理，细节是否典型、充实、富有条理，论点、论据是否正确，是否存在大小写、拼写等技术性错误。

（五）教师批阅

老师的评语包含了对作文内容的描述、定义、连贯性等方面的指引，而且每个指引都伴随着相应的习题。老师对同学们的第二份草图进行了梳理，并做出了一个合情合理的评价，通常要将文章的内容通读三次。第一次阅读时，必须先通读一遍，把握全文，在必要的时候可以写一个大纲。第二次，根据论文的主要特点，提出优点、问题和建议。第三次，用其他色彩的笔画出有语法和词语使用不当的部分，但是，千万别用红笔画出来，否则，只会让学生们觉得自己犯了错，从而打击学生们的学习热情。

（六）师生交流

通过与学生的对话，使他们能更好地理解文章的内容。当学生回答了文章的内容和问题之后，教师可以提出一些语法上的问题，针对学生语法中普遍存在的错误开设纠正班，讲授相关的语法规则，并开展练习。

（七）定稿

学生们收集了来自各方的建议，经过反思和修正，最后才完成了作业。同学们把完成的草稿和所做的各种笔记、提纲、初稿等提交到教师那里，教师会对论文的总体内容和可读性做出评价，并指出与初稿比较起来，自己的成稿有什么改善。与"成果"方法相比，"过程"方法的中心特征在于对"主体"的价值与功能的突显。利用小组讨论的方式，达到让学生主动参与和互相交流的目的。利用老师对学生的初稿、一稿，直至成稿的多种评改方式，达到了教师的监督作用和师生之间的充分交流的目的。因此，能否成功地实施这个课程，取决于老师有没有组织以及怎样把同学们安排到一起，并对他们的作业进行信息回馈。

三、口语训练法

（一）运用口语训练推动日语写作教学的前提

1.日语写作教学改革的推动

在日语文化知识学习中，"写"是最基础的一项工作，这一课程也属于日语课程专业的一大必修课。在日语的传统写作教学中，教师对一种类型写作模式进行理论性的解释，并给出几个关键词、中心句和例子，让学生按照所学的词汇和句型去写。这样的一种教学方式，束缚了学生的思维，妨碍了他们的创造力，使他们对作文失去了兴趣。让教室里的气氛很沉闷、很无聊。所以，必须对日语写作课进行改革。

2.日语写作课程的改革的研究基础较好

许多老师和学者对日语写作课的改革做了许多探索，并给出了一些不错的教学思路和方法。王际莘指出口头叙述是抵制母语负迁移的干扰，锻炼日语思维的一种有效方法。王小伟则提出了"化整体为零式"的教学法，即在思索和探讨时，先讲句子，再讲段落，最后讲作文。单瑜阳老师在分析了同学们普遍存在的问题后，采用了分层的方法，并运用了连结性图表及修改的动作来启发同学们的想象。王若楠认为，要转变思维方式，摆脱自己的母语束缚，以日语思考，就可以创作出具有原汁原味的日语言章，这就需要同学们深入理解日本的文化。笔者在多年的日语教学实践中还发现，日语的口语和书面表达能力发展常常是成正比的，口头表达能力越强，书面表达能力就越强。所以，作者认为，在日语写作课教学中，进行口语练习是可以提高写作效率的，可以更好地发挥学生的想象力，从而提高他们的写作能力和水平。

（二）口语训练在日语写作中的教学实践

为更好地检验日语作文课中口语培训的有效性，笔者采用了不同的口语培训方法，均收到良好的成效。

1.通过动漫台词丰富日语表达的多样性

因为日本动漫受到学生的喜欢，所以通过丰富动漫台词和创设专门的场景，可以帮助学生了解日语运用语境，彰显日本文化，促使学生说出规范的日语，增强学生的日语会话技能。除此之外，学生们还会对动画中的人物和故事有自己的见解，他们还会模仿他们所喜爱的动画中的角色的发音和经典台词，这样，他们就会在不知不觉中背下许多日语的惯用表达方式。因此，笔者在一次讲授观后感写作的授课中，让学生们针对《灌篮高手》这一动漫进行讨论，讲述自己喜欢的角色及其原因。因为这部动漫几乎所有的学生都看过，而且对主人公印象非常深刻，因此学生畅所欲言，积极表达自己的想法。但是笔者发现，讨论时大家会很激动地用中文不停地说，但是真正地站起来用日语说时很多学生就不知道该如何表达。或许是因为感情太多太丰富了反而不知道从何说起，于是笔者就问他们原因，并让他们举出具体的例子加以说明，这时学生就会细致分析每个角色的性格。说完喜欢的原因之后，笔者再让学生们讲述这些角色对自己的启发，于是一篇议论文就通过这样的"单词——句子——口头作文"的"从易到难""先少后多"的训练方式完成了。虽然有些日语是在老师的帮助下完成的，但是这种启发式的口语训练增强了学生说日语的信心，也降低了对日语写作的畏惧感。

2.通过朗诵和即兴演讲提高日语表达的准确性

在日语言学作品中，人们常常会写出一些生活中的小片段。所以，要培养学生的日语语言表达能力，培养学生的日语思维素养，就必须多阅读、多观察日语中的文本。在日语写作课后，笔者采用了"课前5分钟"的发表佳作的形式，让学生们以2～3个人为一组，用幻灯片把自己喜爱的佳作读出来，然后和在座的学生们一起分析其中的妙处，尽量模仿日语的表达和思维。

四、结果教学法

最早出现的日语写作教学理论和传统修辞学内容息息相关。到了20世纪60年代，日语写作课教学还把重点放在了对文学作品的解读和分析上，其目标是让学生了解不同风格的特点和写作技巧，进而让他们学会模仿，写出属于他们自己的东西。这一写作教学模式就是结果教学模式。结果教学模式属于针对句子层面开展写作的模式之一，它注重对学生用词造句的能力进行培养，同时，还需要加强句式的衔接与语法的练习，即由句出发、由句到段、由段到章、由章到章。教师最关注的是他们的作文结果。结果教学法实施的主要流程是，老师会先对一种修辞手法做出说明，再让学生们去读一篇文章，并在班上对该文章展开分析和探讨，最后老师会按照之前所讲的修辞手法以及所读的文章，来为学生们布置作文。在此期间，老师往往会为学生们准备一些作文的大纲，或是一些范文，老师们最终会对学生们的作业进行一次讲评。结果教学法在被应用到日语写作教学环节的时候，还注重文章的成文，注重语言的正确性，注重结构的整体性，注重文章的质量。结果教学法是中国日语作文教学中应用最广的一种方式，很多日语作文教材都是按照该方式编写的。结果教学法在实际操作过程中，两者之间有很大的差别，总的来说，这种教学方法侧重于对语言知识的应用。强调文章中要使用适当的词、句法和衔接手段。就段落来讲，强调主题句、段落的组织与结构，即通过所谓的模式来展开段落，常见的模式有：事情发展过程、对比与比较、因果关系、分类、下定义等。结果教学法一般把写作分为4个环节。

（一）熟悉范文

教师合理选取范文做出全面讲解，研究其相应的修辞模式和结构方法，指明修辞特点和语言特征。

（二）控制性练习

教师要针对与范文相关的句式，指引学生展开替换练习。学生要基于教师的指引，从句式练习转变为段落写作。

（三）指导性练习

学生通过模仿例句，运用所学的语法，编写类似的文章。

（四）自由写作

在此过程中，教师要让学生充分地运用自己的语言能力，并运用到实际的语言实践中去。结果是忽略了写作的复杂度，因此对学生在作文中所面临的难点没有足够的理解和认知。同时，在教师的全面控制之下，学生的写作过程也不会有任何的自主创新余地。学生们只顾着考试成绩的好坏，他们的作文往往是内容空洞的，结构生搬硬套，表达得也很平淡。

第四节　日语写作教学与文化负迁移

不管哪一种形式的文字，都是一种使用语言的技能，它既要表现出主体和客体对这个世界的认知，又要表现出对生活百态、情感自然的观察，都离不开语言的神奇力量。这一点在日语作文中显而易见，因为作文既是日语整体水平的一种最直接的体现，又是日语学生看待这个世界的一种视角和一种心态。而这些，都是和文化息息相关的。日语书写能力的强弱，不仅与日语学生对日本书式文字的了解程度有关，还与他们对本国文化的了解程度有关。目前，大部分日语学生都是在上了大学之后才接触到日语的，因为他们接触日语的时间不长，又缺少日语实际应用的环境，所以他们天生就有一种对中国文化的依赖性。因此，日语学习及日语写作中存在着文化上的负面影响。笔者从三个角度，即"常见错误""迁移现象""教学对策"来讨论日语作文教学中存在的问题及解决办法，希望能使日语学生摆脱"负迁移"，取得更好的作文成绩。

一、日语写作中常见的错误

在我们刚开始学习日语时，很多日语学习者都会因为日语中有很多汉字而觉得很好学。然而，正是由于两者之间的相似性，才使得日语学习变得更加便利，也使得日语学习变得更加困难，甚至会出现"负迁移"的现象。日语写作中的负面影响有以下几点。

（一）发音错误

对于任何一位学习另一种语言的人来说，语音都是不可忽视的重要因素，同样，日语也不例外。但是，学习日语不同于学习任何一种语言，日语的写作，都是由日语学习者根据自己的听力，根据日语的发音，将自己所学的东西写出来。所以说，日语发音的质量，对学习日语的日语学生是否能够用日语准确地表达自己的语言，以及对学习日语学生的日语写作能力有直接的影响。我国大学生最初学习日语知识的时候，往往以汉字标记进行发音，例如，瓦他西＝わたし等。虽然这样做更直接，但是因为汉语的语音习性和中日两种语言的语音差别很大，所以用汉语来表达日语的语音是很困难的。造成日语学习者在一定程度上受其母语的影响，从而形成一种中国式日语语音，从而对今后日语的学习和写作造成阻碍和困扰。

（二）词语误解

在学习日语的过程中，日语专业学生所遇到的汉字越来越多。一些日语中的可用汉字和中国汉字似乎一样，但实际上是大相径庭的，稍有不慎，就可能造成误解。举个例子：汉语中的"爱人"意为"老婆"，而日语中的"恋人"则意为"老婆"。正因为日语与汉语使用同样的汉字，对于中国人来说，学日语的时候，他们只需要看一眼就能看懂其中的意思，所以一些日语学生并没有完全学会日语的汉字，也没有完全理解它们在日语中的具体意义，所以在实际运用时，常常会产生一些含糊或者意义不明的失误。尽管日语里有许多汉字，但是，由于中日两国长久以来的演变和隔阂，以及日本人在接受外国文化时所展现出的极高的创造性，许多汉字已经失去了汉语原本的发音和意义，并将其与日本的民族文化联系在一起，形成自己的语言和文化象征。在这一文化演化过程中，词汇的误读和歧义是日语学习者常常面临的一个困难问题，过于自信的发音往往会引起错误。

（三）表现方法上的错误

1.自动词、他动词的错误

日语动词主要有两种，第一种是自动词，第二种是他动词，但是我国汉语当中却没有这两大类型的区别，我们的日语专业学生在汉语里找不到相应的用法，往往会出现下列失误。

例1：私は母からの手紙を読んでいる時、涙を出す。（涙が出る）例1表

示"我在看着妈妈的来信时眼泪留了下来"。这种流泪是自然发生的，因此用自动词"涙が出る"来表示，而不用他动词"涙を出す"来表示。

例2：交通事故の多発に対して、安全運転キャンペーンが行った。（行われた）例 2 表示"针对交通事故的多发，决定举行安全驾驶活动。"对日本人而言，他们更喜欢对事情本身的客观描写，而不是强调人的行为，因此将只有他动词形式的"行う"变成被动态"行われる"来表示事物的状态，这是日语中常用的一种表现形式。日语学习者若不能领会日本人思考问题的方式，不能领会日本书学的本质，便会错误地运用那些看似语法上对的语句，但其实日本人并不这么运用。

2.授受表现使用错误

因为日本是岛屿国家，它在时空上孤立，在时空上无限，这一切都让日本人产生了一种很大的危机意识，这种特殊的地域环境还形成了一个具有鲜明个性的民族，有武士精神、依附于自然，对于生命的无常与死亡无所畏惧，均源于古代环境所培育出的一种文化心态。这就是日本人重视情感的原因。在汉语中，"给"这个词就可以表达出这样的含义，在日语中就有"（て）あげる""（て）くださる""（て）いただく"等 14 种表现形式，中国第一次学习日语的人，由于没有充分理解"やりもらい"的含义常犯以下错误。

例1：田中さんは山口さんに花をくださった。（あげた）。在例1中表示山田给山口"东西"时，即第三者间物品的传递，在日语中要使用"あげる"或"さしあげる"。例2：敬老の日に母に時計をさしあげた。（あげた）在例2的日语使用中"さしあげる"使用不当。在日语里，一个人再怎么受人尊重，如果他是你的亲人，就不能使用"さしあげる"，而用"あげる"。这个思考方式很难被中国人所了解，因为中国人认为，即使是自己的亲人，也要对母亲表示尊重，所以，学习日语的中国人会受中国文化的影响。

二、负迁移

（一）语言负迁移

迁移，属于一大认知心理学定义，它指的是学习者在学习新知识的时候，

将他们之前所掌握的知识转移运用到新知识的学习中。根据迁移性质的不同，迁移又分为正迁移和负迁移两种。如果旧知识的迁移对新知识的学习起帮助、促进作用，它就是正迁移；反之，如果旧知识妨碍了新知识的获得，它就是负迁移。我国日语学习者在学习日语之前，就已初步了解汉语，所以，在学习日语时，经常要根据所学的日语词语、句式等来查找与汉语相关的词语。若能在汉语中发现与之对应的词语，这样才能让所学的日语更容易被人们接纳，并有正面的影响。如："本を鞄の中に入れてください。"翻译成汉语就是"请把书放到书包里"，日语中的"～を～に～動詞"这样的句型，用汉语表示就是"把字结构"。相反，像汉语中"小王来了"这样一个句子，翻译成日语就有，"王さんが来ました""王さんがいらっしゃいました""王さんがまいりました""王さんがおいでになりました""王さんがお越しになりました"五种说法，这便是日语中敬语的用法，视来访者的身份而定，敬语的用法也是大相径庭，如果我们的日语学生不了解这一点，往往会在运用时出现错误，造成负迁移。

（二）文化负迁移

文化的变迁与语言的变迁是相同的。语言为文化之载体，所以日语学生在学习日语时，除了要掌握日语的基本理论外，还必须理解日语所依托的文化环境，只有如此，我们才能真正实现日语教学的至高水平，即"语言与文化相结合"。否则，这就不可避免地导致了语言和文化上的误解，导致了外表和内心的脱节。在跨文化交流过程中，母语会对第二语言产生影响，这就是所谓的"文化负迁移"。在和日本人的交流中，由于日语中的含糊不清的表达方式，二语学习者往往很难领会到对方的真实用意，从而造成误会。例如当你询问田中先生，"あした　山口さんの結婚式に参加しませんか。"如果对方回答说，"いま忙しいから、ちょっと考えておきましょう。"（因为现在忙，我稍微考虑一下。）从字面上看，没有"Yes""No"，作为中国人你很难猜出田中先生是否参加山口先生的结婚式。熟悉日本文学的人都知道，田中是如何拒绝山口一郎的结婚邀请的。通常情况下，当别人发出邀请时，只要回答者说"～考えておきましょう"基本上就没有希望了，若不明白日本人的用意，又要再纠缠下去，那就令两边都很难堪了。

三、教学对策

要改变日语书写中使用汉语的弊端，我们应该采取如下措施：一是拓宽日本"异文"的获得途径；二是使日语学生更多地与日本"异文"接触；三是强化"异文"之间的比较；培养日语思维，改善作文评鉴，对日语学生日语写作和跨文化交流都有很大帮助。

（一）利用多媒体教学，营造日语环境

基础日语课程教学完成后，对于中国日语专业学生，应该引导他们使用计算机和其他多种手段来学习日本文化，并主动参加日本文化相关的各种活动。老师可以安排他们去看有关日语的电视节目、卡通，学习日语歌，聆听日语电台，读日文报刊和文献，这些对研究日语和日本文学有很大帮助。因为无论什么类型的电视节目，都会对日本的生活进行全方位的报道，可以说是日本的一个小样本。通过观看日本电视连续剧，不但能让学生们学会使用日语，也能让学生们了解日本人民的生活习俗。所以，不管是看日本的电视连续剧，或者是学习日文歌曲，都将有助于学生更好地了解日本文化，提高他们的日语书写能力。

（二）改进教学方法、养成日语思维习惯

如何使日语学习者在学习日语时不受母语影响，逐步形成日语思考习惯，从而写出更符合实际的日文作品？首先，不管是日语老师，还是日语学生，都应该有一个共同的认识，即日语写作就像学游泳一样，只有在实践中不断地实践，才能不断地进步。不然，就算你在岸上学了再多的游泳技术，没有在水中练习，也是一事无成。任何一篇文章，都要在千锤百炼中成铁，除了天赋之外，还需要坚持不懈的努力。其次，在日语作文课上，日语老师应对学生进行日文作文示范，并与学生进行交流，以提高学生的日语水平，深化学生对日语作文的认识，帮助学生掌握日语作文的写作思想、写作技巧，以及常见的句子，引导日语学生通过中日文化对比，加深对日本书学的认识，

并进一步认识日本人的生活、性格、思想等。生活意识和语言表达方式对中、日两国之间的差异产生了深远的作用，对两国之间的差异产生了一种心灵上的认同，对两国之间的差异有了一种全新的认识，逐步克服了本族语言中的消极影响。

（三）改进评阅方法

因为受着深厚的文化负面效应的影响，一般情况下，仅靠日语学习者自身努力学习，往往难以获得较好的学习效果，这时教师的指导就显得尤为重要。在日语写作教学的课堂上，教师应充分利用有目的地纠错、专业指导、分析范例、多方批改等方法，通过以上研究，可以更好地指导日语写作，激发学生日语写作的兴趣。如果条件许可，可以请日籍老师来对学生进行集体辅导和批改，并对学生进行集体辅导，这将有利于日语学习者写作能力的提高，也有利于我国日语写作老师的教学。在教师和学生的共同参与下，日语写作变得不那么困难了，每个经历都是有意义的创作，并获得了成功的喜悦，这才是我们最初的目的，也是我们的期望。因此，要想写出一篇优秀的日语作文，不但要求日语学生具备良好的语言基础，而且要用心去感受中日文化的相似性和差异性。在与日本书本的广泛接触中，以日语的思维方式，以日语的独特表现方式来完成日语的创作。唯有如此，不断努力，日语的真正价值才会得到充分的体现。

第五节　跨文化交际视域下日语写作教学的发展策略

一、加大对学生的语言输入力度

克拉申（Krashen）在其二语习得理论中提到，语言习得是通过语言输入来完成的。因此，在日语教学中，教师应该把重点放在如何给学生提供最优的语言输入上。大量的阅读是第二语言学习的主要方式，而第二语言学习的成功离不开对目标语的深入了解。在老师的引导下，学生可以在阅读的过程中对单词的使用范围、语义以及语法进行猜测，从而提高他们的语感，并将其应用到自己的写作中，从而学习如何将其进行连贯和一致的组织，传达准确、流畅、顺口的讯息。朗读是一种语言输入方法，在阅读过程中，学生可以不断提高对二语的认识，加深对二语知识的理解。与此同时，学生也应该在老师的引导下，培养日语文化素养，使用对比的方式。对于在写作过程中可能会遇到的相似或对立的语言思维表达，应该要适时而又精确地向学生解释，要对母语与二语之间存在的差异以及它们所要遵守的词汇搭配原则进行解释。在第二语言习得中，要发挥其"正向迁移"的作用，使学习者能够以一种正面的态度来对待暂时的语言学习困难和问题。

二、重视感情因素，提高学生学习动机

克拉申（Krashen）认为在二语习得过程中，当学生有较强的学习动机时，学生的焦虑感就会减少，从而提高学习效率。为此，教师应改变教学理念，加强对日语教学中情感因素的认识，注重对学生情感的宣泄，并在教学中充分发挥其作用。在教学过程中，要密切关注学生的行为，及时发现学生的紧张情绪，及时指导他们采取有效的应对方法，尽量减少学生上课时的紧张情绪，营造心理自由、融洽的日语教学环境，增强了日语教学的积极性。通过让学生从一些容易的题目入手，进行有计划、有步骤的反复操练，可用激发他们对日本文化的学习兴趣，逐渐提高他们在第二语言学习中的写作能力。

三、鼓励学生进行语言输出

斯温（Swain）指出"可理解的输入"在习得过程中固然有很大作用，若学生流利、精准地进行二语阅读的话，则需要进行"可理解的知识和信息输出"。因此，教师可以鼓励学生对自己感兴趣的题目或作品内容进行拓展分析，让学生用写日志或感想文等方式，逐步地展开语言输出，将关注重点放在了语言输出上。学习者可以找到与目标口号的不同之处，从而找到自己的缺点，从而提高二语习得的效率。

四、利用多媒体教学，营造日语环境

完成基础日语课教学任务后，针对中国日语学生，应该引导他们使用计算机和其他多种手段来学习日本文化，并主动参加日本文化相关的各种活动，体会日本文化的魅力。无论哪一种类型的电视节目，都能反映出日本的方方面面。观看日本电视剧，不但能学习日语对话，也能了解日本的风俗民情，以及日本人的思考方式。所以，不论是看日本连续剧或是学习日文歌，都有助于学生更好地了解日本文化，提高他们的日语书写能力。

第八章

跨文化交际视域下的日语翻译教学

第一节 翻译教学理论概述

一、翻译的基础定义

结合翻译对于人类交流产生的价值，我们可以认为，翻译是人们在交流思想的过程中，搭建起了一座可以将两种语言联系起来的桥梁，从而让通晓两种语言的人可以利用对原著的再次表达，去做一个思想交流。所谓"翻译"，就是将一种语言（也就是原语）中的意思，用另外一种语言（也就是译语），将一种文字（也就是原语）中的意思传达给目标文本中的人，从而获得与目标文本中的人所要传达的意思和感觉。此处的"感受"是指接受者看到或听到一条消息时脑海中的反映，其中包含着对消息概念的认知和理解，以及被消息传递的思维和情绪所感染和影响的"大体类似的感觉"。

（一）翻译的内涵

翻译的内在含义，其实也是翻译的核心特点，是其和别的事物不同的联系特点。要想深入研究翻译这个概念，我们首先需要分析其词性。因为对名词和动词所下的定义是有所不同的。一般来说，对名词下定义时，要论述清楚它的构成、状态、性质、用途等；而对动词下定义时，则要阐述清楚它的主体、客体、实施动作的形式或标准，实施动作后带来的结果和影响等。在汉语领域，我们可以将一个单词用作名词，也可以用作动词。通常来说，词汇作为动词的时候，往往意味着实施一些行为，或者事物改变形态；而作名词的时候，不仅代指做这些动作的整体、相关工具，还有事物对应的状态等等。翻译也是这样，在用作动词的过程中，往往会代指翻译这一过程；用作名词的时候，往往代指参与该翻译工作的人，以及该活动对应的职业。"他是一名翻译""这位翻译的水平高"等就是作名词的情形。"将下列日语翻译成汉语"和"将普通话翻译成藏语"则是作动词的情形。所以，汉语名词有可能是从动词转变过来的，我们在了解其动词运用的含义和外延性智慧，就能够更好地了解其作名词时候的概念。其次，我们要想针对翻译这个单词做出定义，还要了解其本质特征。也就是说，我们在了解其词性以后，就可以了解其作为动词所代指的行为规范，以及其和别的行为规范的差异性。

（二）翻译的外延

翻译的外延，就是翻译适用的范围。在明确了什么是"翻译"之后，我们就可以进行相关的理论和实践研究。因此，在对译文进行界定时，我们必须明确译文在哪些情况下被用作动词，即明确地回答下列问题。翻译的主体——由谁来翻译？翻译的客体或对象——翻译什么？翻译的标准怎样翻译？翻译的属性——翻译的本质是什么？翻译的主体，是要回答应该由谁来翻译，哪些人有资格做翻译，哪些人不能做翻译。因为不规定主体，一般只有两种情况，一是谁来做都可以，允许、同意所有人来做：或者谁都可以做，承认谁都具备这种能力。其实，不是什么人都能当翻译。或者说，不是人人都能做到的。第二种说法就更加不合实际了，以中国的实际情况来看，能够从事翻译工作的人，在整个中国的人口中，也是寥寥无几。目前，在翻译理论研究中，对此问题的解答还很少，或者相关的相关工作还不完善，所以，想要做翻译的人，在开始做翻译前，不知道要做什么，许多没有足够的翻译资质的人，他们都在做着自己的翻译工作。他们遇到了许多困难，无法解决的问题，对如何改进也没有头绪。与此同时，也会对其使用者或雇主造成极大的困扰。因此，很多著作都是由没有翻译技能的人来翻译的。此举不但令数以千计的读者迷惑，同时也对日本图书杂志在中国的传播造成了一定的冲击。只要对翻译的客体有了清晰的认识，我们就可以对翻译活动的具体含义进行清晰的认识，并辨别出翻译活动到底是什么，翻译的任务和目的究竟是什么。至于译文的规范，那就更是个大问题了。在翻译界，一谈到翻译的准则，大家也许会以为，这一准则早就有了"信达雅"，不正是所谓的"信"和"雅"吗？的确，"信达雅"是译文的准则，这是人们普遍认可的，对"信达雅"的界定也很明确，但对"信达雅"的含义和外延，人们还没有弄明白。然而，究竟怎样的翻译才算得上好，却一直存在着争论。到目前为止，对"译文"的界定并没有明确指出"应当如何译文"。即便是有相应的解释，也因为其解释没有清晰的定义或者含糊的解释而很难具体操作。在界定"转换"时，也需要对"转换"的性质进行解释。如下所述，作为一个概念的定义，因此，我们需要对"翻译"这个概念的性质做出解答，从而使"翻译"这个概念从"其他"中得到清晰的区分。对这些问题的解答，将有助于我们更好地进行更深入的研究。

（三）翻译的本质

1.翻译的本质——行为

翻译的本质，即翻译的属性，或翻译的性质。虽然已有一些学者对此进行过讨论，但至今仍未有一个清晰的界定或结论。有些人说，"本质上是创造同义句子"，有些人说，"是辛苦的思想工作，是二次创造"。这两个界定，均将翻译的本质归结为"创作"，但是，从本质上讲，"创作"并不能归入本质一类。无论是"脑力劳动"还是"创作"，其本质都是一种"活动"。根据翻译的含义，我们可以知道，翻译是一个"表达"的过程，这里的"表达"就是把自己的想法和感觉说出来或者书写出来。大家都知道，一般来说，我们在表达，也就是说出自己的想法或写出某些信息之前，我们都会将自己的思想、信息或感情进行加工，然后用某些载体表现出来。无论我们是否觉察到，这些过程中总带有一种创造性的成分，但是真实的。就是这样的创造才能，才能决定我们的表现才能。所以，同一件事，两个人去做，效果是截然不同的。这个表述，就是用自己的本族语来表述，而我们在翻译过程中，则是把一种语言所传达的讯息，以另一种语言所传达的讯息展现出来，也就是译入语的语言。换句话说，在阅读原著的前提下，把所读的讯息转化为其他的文字，所以这是一个二次创作。所谓"再"，就是对原作（原作中已有一种创造）重新创造的意思。实际上，我们正在进行内容转换，不管是把外国的东西译为本国的东西，把古书译为现代书，还是把手写字译为盲文，都要经过二次创造。语言是一门比较复杂的东西，要把它运用得很好，就得花很大的工夫。在我们的生活中，经常听到人们说："哎呀，我今天说话不太好，把他给气着了。"也有人说："他今天说得太好了，我对他佩服得五体投地。"我们和家庭成员、同事、上司相处的好坏，在很大程度上取决于我们使用语言的能力与技能。在此，一般是指人们的本族语，也就是他从一出生就会说的那种语言。另外，它还是一种被特定群体长期使用的语种，如盲文和手语等。无论哪一种，它都是一门很久以前就会的语言。一个人要说出自己的想法，还得花那么多精力，开展创造性的活动；而要把所要表达的意思和情感，运用其他语言（如本族语或非长久所说的其他语言，如日语等）表达出来，则就更难了。这是由于人们在学习或运用一门语言时所花的时间通常要比在一门语言中所花的时间要少得多，而且在一门语言中所处的环境也要比在一门语言中所处的环境要好得多。所以，一般而言，他的能力和技能都远不及自己的母语，他所了解的只是这个外国的历史、地理、习俗；通常情况下，文化等与其母语所对应的信息相比，是要差得多的，而且，在用这种外国语言传达信息时，还会涉及多个领域的专门知识，这就给翻译带来了很大的困难，要花很大的精力去重新创造。汉语中的翻译这个词语也能作为名词来使用。作名词时一般有两个意思：一是职业，如"翻译这碗饭可不是好吃的""我的职业是翻译"等句中的"翻译"；二是担任翻译的人，如"我是一名翻译""那个翻译很漂亮"等句中的"翻译"。也可作动词，如上文所说的翻译。这本书的重点是它的动词特性。有些人曾说过："我之所以学习日语，就是为了把和我所学有关的材料翻译出来。"在此，"翻译"虽为目的，但其本质仍属行为，即传讯和传媒两种行为。

2.传递信息的行为

翻译是一种将一种语言文字的信息用另一种语言文字进行表述，也就是说，是将信息从发送方，也就是说话人或作者，向接收方，也就是听话人或读者的一种活动，因此，它属于一种传递活动。这样做的目的是要把一个人所发的消息尽量完全地传达到另外一个人那里。

3.媒介行为

从这一点可以看出，翻译是一种中间活动。这种特性，这就是一种创作的行动。由于这并不是一种机械地或原封不动地将一方的信息传送给另一方的行为，是需要进行一定的加工，也就是进行再创造（在原有创造基础上的创造）的行为。究其原因，主要在于英汉两种语言在表达方式上存在着差异，同时也在于源语与译语在表达方式上存在着差异。这就要求译者具备熟练的原文、译文两种语言的能力，还必须具备两种语言背景下的表达习惯和文化知识素养，具备翻译的知识或技巧，并可以熟练地运用这些知识、能力和技巧，将发出方的信息完全地传递到接收方。传媒活动的另一重要特征是，传媒活动中的"二次创作"在政治、经济和历史上的差异；不同地域、不同文化背景的人们或群体之间进行交流与理解。在这一点上，译者是沟通的桥梁。

二、日语翻译的过程

日语翻译过程大体可以分为理解、表达和核校3个步骤。

（一）理解透彻

理解是译文准确的先决条件，通读原作，对原作进行透彻的了解，对译文的正确翻译至关重要。但是，要想理解原作，就一定要从整个角度来看，不能将一个字或一句隔离开来，有的时候，要通读整篇文章，才能对词义、句法结构、逻辑关系进行准确的理解，了解语言风格、修辞特色、个人风格、职业范畴等等。汉译日翻译的时候，首先要了解的就是汉语，而汉语则是我们的本族语言，这看似没有什么问题，但在实际操作中，我们会看到很多人因为没有仔细地阅读原著，或者对原著产生了误解，从而导致了翻译和含义不清的情况。另外，一些文章对学生的一般知识及相关的专门知识也有要求。当文章涉及一些特殊的事物、历史背景、典故或者一些特殊的词汇时，要在文章的开头就写好。有些文章或者是文学作品，我们必须对相关的原作者以及原作的出版状况有所认识，还要对文章的思想和文体进行深入的把握，这样我们就可以对这些语句的准确意思有一个全面的认识。在一些情况下，我们并不能完全理解和明确，特别是在翻译某些较为专门的科技文献时，我们必须事先做好充分的准备工作，充分运用词典和网络。同时，还需要向专家咨询，收集更多的信息。概括地说，在了解的过程中，应该完成下列步骤。

1.阅读整篇文章，了解文章的主要内容和主旨。

2.通过学习背景资料来深化对文本的认识。

3.再次阅读文章，找出需要核对的词语和可疑之处等。

4.通过查找或向他人咨询，找到那些词语和疑问，找到恰当的翻译方法。

5.想一想怎样才能使它更接近原作的风格。

（二）表达

表达是对日语词语和句子的仔细挑选，使人们对汉语原文有了充分的了解，并在此基础上加以再现的一个过程。对原作的准确、全面的理解是表达的基础，而表达能够反映人们对原作的了解，但是，对原作的理解并不代表一定能用得体的日语进行表达。另外，要想取得最佳的表达效果，还要看读者对原作的了解有多深、多广，同时也要看译者在日语方面的造诣，同时也要考虑到某些翻译技巧的运用。

（三）核校

审核校对过程指的是针对原文没人做出信息核实，逐渐提升译文水平的过程。翻译工作很繁重，不可能一次两次就能完成。第一次写的时候，总会有许多地方不能令人满意，比如没有完全了解原文，翻译中存在错误、遗漏或不恰当之处。汉语与日语翻译都是用汉字，所以，在选用译文词汇时，常常会受汉语的影响，大量的汉字词汇，日语中均可见到，但其中一些和汉语并不相符：一些用起来就会让人觉得文化气息满满，与普通的口头或普通的文字格调不符，因此，在修订时，必须小心地选用日语中的固有词或基础词。另外，由于这是一部完整的作品。因此，在翻译过程中，应注重作品的内容连贯。由于汉语言中的衔接词语相对于日语中的衔接词语比较多，因此，应在翻译文本中加入衔接词语，使文本的衔接更为紧密。最终，那些带有汉语口音的词语也被转换成了更符合日语习惯的词语。因此，在校对过程中，我们必须把日语翻译放在一边，以便得到与日语语言的表达方式更为一致的翻译。在通常情况下，翻译程序能够深化人们对原作的了解，所以对译文进行逐字审查和校对是非常重要的，建议至少审核校对三遍。第一遍逐字逐句与原著进行对比，着重检查词语、句子和段落是否存在错误；第二遍侧重于修改、润色译文，检查翻译的内容是否符合日语的表达习惯，以及语言的通顺度；第三遍将已经审校了两次的翻译文件与原著对照，做最后的核对，确保翻译准确、流畅。

三、日语翻译教学的任务

正如前文所言，除了学习之外，大多数时候，翻译都是一种专业服务，通常是根据受众的需要而提供的，为那些不会源语的人提供文字信息的内容而提供一些酬劳。所以，我们的翻译课程不仅仅是为了指出学生的译文中存在的问题，也不仅仅是为了向学生展示优秀的译文。翻译课程教学的核心任务，应该是用合适的方法和材料，对学习者的翻译能力进行提升，让他们能够初步拥有一种译者的职业素养，满足市场的实际发展需要。一般认为，"汉译英所需具备的翻译能力大致包括5项：双语能力、语言外能力、专业知识、翻译策略能力、查询资料的能力"。这五项能力同样也是外译汉（日译汉）的译者所需具备的能力，而双语能力和翻译策略能力的提高可合二为一。

（一）双语能力和翻译策略能力

在所有的翻译技能中，双语技能是最重要的，这是不可否认的。翻译水平和质量的提升虽然以学生已有的双语水平作为前提，还需要一定的理论和技能的帮助，但是，在翻译的教育和培训过程中，利用合适的教材和方式，提高学生的日语能力，也是一种很有必要，很实用的方法。对于日语来说，这种模仿可以从两个途径实现：一是运用并行文字，如新闻报道、演讲、商业信函等；运用手册等，对它的书写格式、遣词造句、结构安排等都了如指掌，进而提升翻译语言写作水平。二是通过对译文中所反映出来的日汉语差异的分析与训练，让学生既了解其原因，又了解其原因，进而从理论与实际两个层面上，提升对原文本的理解与译文的表达能力。在此过程中，同时，他们也在努力提高自身的翻译技能。翻译策略能力是指在翻译过程中进行语言转换时，遇到问题时，找到最好的解题方法的能力，它被称为"翻译技能"。日汉翻译中经常会遇到的问题有：词语空缺时的处理、文化词语的翻译、特殊句式的翻译、长句的翻译、被动态翻译、隐含信息的处理、语句的衔接等。针对上述题目，有针对性低选取并设计相关的习题，通过对习题中所体现出来的日汉语言差异的分析与解释，达到了"知己知彼，举一反三"的目的，培养译者的战略思维与双语技能。

（二）语言外能力

日语学习主要包括三个方面：专题知识、百科全书知识，以及文化素养。在当前的互联网发展背景下，专题和百科全书的相关知识已经在网上得到了很大程度上的普及，但其文化素质还有待加强。我们可以有意地挑选出在日常生活中经常见到的、含有文化要素的素材，用来作为翻译的训练素材，用来进行训练和解释，让学生了解到翻译并不只是一种语言的变换，它也是一种跨文化交流的一种特殊形式。

（三）专业知识

翻译的专业知识是指与翻译有关的一些基本的理论知识，不仅涉及翻译目标、翻译流程、翻译文评估要求，还涉及其翻译理论要点等等。只要选择合适的教材，选择合适的教学方法，只有这样，才能使同学们在工作中了解到所学的专业技术，才能有意识地应用于将来的工作中。比如，在教学中，我们可以用例子来说明，让同学们明白，新闻是一种"信息型"的文字，它的翻译是为了向目标文字中的读者传递信息。在此基础上，简要介绍德国目的论学者弗米尔（Vermeer）的观点，并引导学生在选择翻译方法时考虑到纽马克（Newmark）提出的三个要素：文本类型、读者身份和翻译目的。通过这些训练与解释，使学生既能理解目标理论，又能在以后的翻译实践中自觉地思考目标与语篇类型之间的关系，深化对翻译工作的认识。

（四）查询能力

尤其对于日语学习类的大学生来说，查询能力是一种非常关键的技能。与其他专业相比，外国语学院的毕业生具有较高的日语水平，但是他们的知识面较窄，专业知识相对不足。在笔译教学的过程中，教师可以尽可能地选择一些具有专业性和针对性的主题，培养学生信息检索的能力和习惯。

四、日语翻译教学的内容

（一）翻译基础理论

我们合理运用学习翻译理论，往往可以指引学生宏观上探析组织译文的内在思路。在这种组织译文思路明确之后，就算有些小错，学生们也更容易修改。如果思路不对，整篇翻译就得多次重写。

（二）翻评技巧

翻译技能指的是要保证译文流畅，在内容大体相同的情况下，重新修改原文的表达形式和表达角度的一种方法。常用的翻译技巧有调整语序、转换词性、正译与反译、增补与省略、主动与被动、句子语用功能的再现等。

（三）中日语言对比

中日两种语言的对比应从语义、词法、句法、语体和语篇层面来进行对比，既要把握它们之间的相似性，又要从文化层面和思维层面进行比较，这样才能在传译过程中将原著的内容完整、准确、恰当地传达出来。

（四）翻译实践

如何科学合理地构建起一套完整的翻译学理论，并在最短的时间内把这套理论应用于翻译教育，已经成了翻译学的一个重大问题。我们必须加强翻译实践研究，不断提升日语翻译水平。

第二节　跨文化交际视域下汉语新词的日语翻译

翻译的目标是让受众更深入了解词语的含义。因此，在翻译过程中，对于两种不同的文化背景、不同的思维方式，不同的国家译者都要有一定的认识，以达到更好的翻译目的。首先，我们对当今汉语中出现的新词语进行分类，这样可以帮助我们发现更恰当的词语。从语源角度来看，近年来，英汉互翻译中出现的汉语新词大致可以分为以下三种。

一、来源于日语或世界共通的词

例如，"供给侧"（英文：supply-side；日文：サプライサイド）、"云计算"（英文：cloud computing；日文：クラウドコンピューティング）、"众筹"（英文：crowd funding；日文：クラウドファンディング）、"跨界"（英文：crossover 日文：クロスオーバー）、"点赞"（英文：like 日文：いいね）等。在日本，该类词汇往往来自日语音译，我们基于日语音译，就可以找到相应的日语，我们在确保其词义和应用范畴没有较大差异后，就可以正常使用。在这类词当中的"点赞"应该算是特例。"点赞"的前身为社交网站facebook中的"Like"按钮。这个按钮在汉语中被翻译成"赞"，取"赞同""赞赏"之意，主要表达一种认同感。"点赞"是一个动宾结构短语，"点"是动词，取触碰之意。因此，"点赞"即为触碰"赞"这个按钮，通过网络对他人所发表的内容给予拥护与支持。而在汉语表达中，这种语言被运用得更加普遍，被运用到了报刊、电台等公共场合，甚至是政府官员的演讲中。所以，"点赞"一字的译文也要根据上下文而有所改变。例如，中国国家主席习近平的2015年新年致辞当中就有这样一句话："我要为我们伟大的人民点赞。"这里的"点赞"如果直译成"力"，既无法体现其赞赏之意，在文章当中又显得很突兀。所以，在日文版的习近平主席新年讲话中，这句话被翻译成"私はわれわれの偉大な人民を讃えたいと思っている"或"偉大な人民を讃えなければならないと私は思っている"。在这个语境下，"点赞"词义已经被扩展了，这样结合上下文的翻译，更能传达句子的本意。

二、源于日语

很多来源于日本的ACG（动漫游戏）文化现代汉语中有一些词源于日语，比如"黄金周"。20世纪90年代以来，日本ACG（动漫游戏）文化受到中国年轻一代的追捧。因为在早期，许多作品都不是引进的正版，所以翻译的质量参差不齐，有些翻译爱好者甚至不太明白原文的意思。例如"萌""颜值""秒杀"等。这类词无论是汉语含义，还是其应用范畴，都和日语原词有一定的差异性和改变。"黄金周"的说法来源于日语的"ゴールデンウェーク"。"ゴールデンウェーク"（Golden Week）是个"和制日语"，特别是在四月下旬到五月上旬期间，假期相对集中。但是，我们嘴里所谓的"黄金周"代表的是持续休息一周的假期，没有特指意义。所以，如果把"黄金周"直接翻译成"ゴールデンウェーク"就会被日本受众误以为是日本的4月末至5月初的长假。为消除这种误解，需要避开"ゴールデンウェーク"这个词，而直接揭示本义，翻译成"大型连休"或沿用日语中的习惯说法，直接译为"七连休"。再比如"秒杀"这个词，在日语当中，代表的是在格斗比赛过程中，彰显根本优势，快速取胜。之后，又被我国游戏玩家合理运用，瞬间或几下击败对手就称作"秒杀"。而"秒杀"在汉语当中有两种比较普遍的用法：一是指被比较的两者中，有一方具有压倒性的优势。比如"广场舞大爷秒杀不锻炼的年轻人"，这里的"秒杀"可以直译为"秒杀"。虽然在这个语境下用"秒杀"会令日本受众感觉有些异样，但不会影响对词义的理解。而且，原本就是用"秒杀"来吸引观众的注意力，这么一翻译，应该也能起到同样的作用。"秒杀"在网上拍卖中也有很大的运用，那就是在网上以极低的价格，进行拍卖，然后所有的购买者同时在网上抢购。因为这些东西便宜，所以它们一摆上架子，一眨眼的工夫就卖光了。有鉴于此，在将"秒杀"一词翻译成日语时，若直接用"秒杀"一词，则会令人感到困惑，而应翻译成"即完壳"或者"夕人ム七一ル"。"颜值"来源于日语的"颜面偏差值"。"偏差值"是个数学用语，日本引入了"学历偏倚值"这一概念，用以测量学生的学习能力。但是，"颜值偏倚值"是网络上的娱乐用语，它的使用并没有汉语那么普遍。"颜值"一词在汉语中不仅用于人的外表，而且用于各种表象。例如《云南游：口碑如何赶上颜值》《拼颜值比福利社区老年食堂在杭走俏》，这样的标题并不少见。在这样的语境下，如果把"颜值"直接翻译成"颜面偏差值"，难免让日本人一头雾水。所以，我们不能看到"颜值"就翻译成"颜面偏差值"，而是要看其所处的语境。同样是"颜值"，如果是用于人可译为"レベル"，用于车的外观则可直接用日文汉字译为"外观"，以上新闻标题中的"颜值"则可意译为"景色""环境"，更一目了然。大众媒体平台上的新闻报道内容翻译，必须防止出现"颜面偏差值"这一词汇，日本的媒体对用词都有严格的要求，一不小心就有可能被认为是歧视。

三、原产于中国的新词

这些词语在我们的日常生活中经常出现，这是本书的主要内容。按照它们出现的理由，可以分为以下几种。

（一）中国社会特有的新思维、新政策

随着改革开放的不断深化，在新技术的支撑下，新观点、新思路不断涌现，人们对这一问题的认识也在不断提高，在内外两个层面上，也出现了一些新的治国理念和政策方针。比如"新常态""全面二孩""互联网+"等。"新常态"作为一个特指中国经济目前状况的专用词，是使用日文汉字直接表述为"新常態"，还是基于英文翻译的"new normal"以片假名表述为"ニューノーマル"，当初还是有两种意见的。"ニューノーマル"在日文当中的解释是指2007年到2008年的世界金融危机以及之后2008年到2012年的经济衰退后的金融业的状态。这显然与我们要表述的"新常态"是不同的。但是单纯以日文汉字"新常態"来表述，可能会令完全不了解中国经济情况的人感到突兀，想不到与经济有关。最终采用了"新常態（ニューノーマル）"的形式，这样既表明了词义又强调了它是中国的"新常态"。"全面二孩"是"全面实施一对夫妇可生育两个学生政策"的省略说法。这个翻译参考了"独生子女政策（一人子政策）"译为"二人子政策"。这样翻译并非取巧，因为

"一人2子政策"在日本也算是家喻户晓了，这样翻译体现了两者之间的关系，更容易理解。"互联网+"的翻译参考了日语翻译，因为互联网的日语"ネットワーク"就是日语的音译，而"十（plus）"的表述也是世界通用的，日本受众对此也早有了解，所以翻译成"インターネットプラス"很容易理解。"互联网+"该字虽为我国所独有，但却是从外国学者那里得来的。

（二）新的社会现象

新的社会词组也很常见，很多都是日本没有的，也没有被广泛谈论过的。比如"空巢老人"一句话，如果直接翻译成日文的汉字，就很容易造成理解上的混乱。在日语表达里面，"空老巢"不仅仅是指空荡荡的房屋，更是指入室行窃。而且在日语中，"老人"这个字用起来有些不敬，用"高龄者"这个字比较合适。另一个因素是文化背景。在日本，学生们长大成人后会和他们的父母分开，这很平常。有些家族仍然保持着由长子继承财产的传统，但是并不是所有人都生活在一起。因为有了完善的社保体系，老年人基本上能够在财政上自给自足了。基于以上考虑，"空巢老人"的翻译需要采取"日文汉字—假名中文读音+解释"的形式，即"空巣老人（コンチャオラオレン）子どもが傍にいない一人または夫婦のみで生活する高齢者"。

（三）方言、特有说法以及特定领域的词汇

随着人们移动和网络技术的普及，不同地区的文化可以相互融合，许多方言或特殊行业的词汇、说法被广泛运用。对于这种词语的翻译，首先要对词语的出处和词义的演变有一个清晰的认识，在翻译的过程中，必须考虑到上下文，不然就无法准确地表达出词语的意思。"范儿"，这个词原本是戏曲行话，也写作"份儿"。在北京方言当中是"劲头""派头"的意思。现代汉语中"范儿"常被用于形容风格和个人品位等。要正确地翻译该字，就得结合该字所在的上下文。比如说一个人有"范儿"，那就是有"劲头"、有"派头"，对应的日语是"風格"（注：日语的"風格"与汉语"风格"的意思不尽相同）。或者"物腰"；用于时尚可译为"スタイル"；说一个人有明星范儿可以用"オーラ"。"红包"文化源于中国人的人情世故，象征着融洽共处的

友谊之意。细分起来，"红包"可分为过年时长辈给晚辈的"压岁钱"、婚礼等庆典上的"礼金"、回馈他人辛劳的"红包"，还有部分工业发达地区在年后开工发的"开工红包"……在日本也有长辈给晚辈发"压岁钱"的习俗，称作"书年玉"，庆典婚礼等的礼金称作"祝儀"，回馈他人辛劳的叫作"謝礼金"。但是在日本文化中没有"开工红包"和"微信红包"。该词的翻译应视上下文和语境而定。是"压岁钱"就要翻译成"书年玉"，是"礼金"就要翻译成"祝儀"或"謝礼金"。对于日本文化中没有的"红包"这个词，为突出中国特色可以把它当作专有名词采取"音译+说明"的形式译为"紅包（ホンバオ赤い封筒に入れて人にあげるお金）"。

（四）网络、游戏或某影视作品

网络词汇对大部分中国人而言，也是个新鲜词汇。比如网购一族经常会遇到的一个词"白菜价"。这个词如果直接翻译成"白菜价格"就会产生歧义。在北方，大白菜是一种十分常见、价格低廉、味道鲜美的蔬菜。所以，"白菜价"就是指物美价廉，负担得起。但日本观众若按字面翻译，则不能领会其中的含义。之所以如此，主要是因为卷心菜在日本的价格并不低。对于一个翻译者来说，如果他对自己国家和目标国家的情况不熟悉，他的翻译就达不到合适的境界。"白菜价"即为"平价"，译为"乃本価格"或"安伍格"更加贴切。再比如2016年十大流行语之一的"吃瓜群众"。这个词在中国属于逐渐进入大众视野的词。对于中国人来说，他们对这个词并没有太多的了解，不过在任何情况下，都能将其运用到自己的身上。可是，他们不会认为一个字是自然的。"吃瓜群众"这个词来源于网络论坛，在论坛当中有人发帖讨论问题，后面往往有一堆人排队跟帖，或发表意见，或不着边际地闲扯。在这里不发言只围观的网民被称作"吃瓜群众"。为什么是"吃瓜"呢？其实这里的"瓜"是指"瓜子"，一边嗑瓜子一边看热闹，比喻这部分人事不关己高高挂起或不明就里的状态。这与汉语中原有的"围观""看热闹"词义接近，在日语中也有相近的表述，即"野次馬"。但是，"野次馬"除了围观还有起哄的意思，所以可以翻译成"野次馬見物左寸石人"更为贴切。新词的出现是社会变革的结果。新词语的出现表明了社会的巨大变化。新词并非无中生有，它的产生必然有其原因。新词语的生命力因人而异，有的很快就成了过去式，有的则会流传得越来越广。词汇的意义随其用法的不同而不同。在新词语的英译中，应注意新词语产生的社会文化背景，注意新词语适用于哪些人群和语境；目标国是否具有类似或相似的社会、文化、环境等，然后再进行翻译。一个新单词在人们的生活中得到了广泛的应用，在它的意义有了改变的时候，要适时地对它进行增补和修正。日语是一种以汉字为母体的文字。在中、日翻译中，最常出现的错误或遗漏之处，就是在翻译过程中，同一汉字出现的错误。同样的汉字，在汉语与日语中，其含义的内涵、外延或使用的范围都有较大的差异。在新词语的翻译过程中，在日语中，如果出现了同一个汉字组成的单词，要慎重对待，不要照搬照抄，以免造成模棱两可的情况。如果是中国特有的情况，"日文汉字加注片假名中文读音"不失为一个讨巧的译法。这一点，日本的翻译家们经常使用，我们可以参考。

第三节　文化差异背景下的日语翻译教学启示

随着日本经济水平的不断发展以及国际地位的不断提高，为了增进与日本之间的交流，学习日本语言才能加深对该国的了解。但由于两国文化存在较大差异，如果不深入了解中日文化之间的差异，在日语语句、句型学习中就会产生一些困难，因此，在本书中，对其严格分析具有重要作用。

一、日语教学现状

随着日语在世界范围内应用得越来越广泛，日语的学习者也越来越多。由于中日两种语言的文化之间有很大的不同，因此在学习日语时，就会比较困难。随着日本经济水平不断提升，学习日语的人数也不断增加。学习者除了要提升日语学习能力、读写能力，也要了解日本文化及历史。当前，我国日语教学存在较多问题。日语与汉字比较接近，在很多日语言章中都夹杂着汉语，所以学生要掌握有效的辨认方法。教师需要重视日语教学，促进专业成长。一些教师并没有仔细打磨教学技巧，只是将日语词汇、日语语法传递给学生，而学生在没有充分了解日本文化背景的前提下学习日语，学习效率及效果大打折扣。因此，教师不仅要教会学生掌握日语的运用技巧，还要引导学生了解日本文化，这样才能高效完成教学任务，逐步提高学生日语学习水平。

二、中日语言文化差异

中日语言文化存在较大差异，两者在表达上存在较大不同，认识到两者之间的文化差异，特别是文化与习俗差异，能够提高日语的学习效率。其一，礼貌用语不同，我国文化底蕴深厚，交际特点是一种外向型，愿意与人产生紧密的联系。例如，中国表示感谢一般会以"谢谢"语言来表达，尽管与一些不熟悉的人也会利用。但日本的文化交际是一种内向型本书，重视人与人之间的情感，例如，日本中一些表示感谢的用语比较固定，在不同的场合中，需要利用不同的语。"感谢"一词在日语中比较珍贵，主要针对一些熟悉、亲密的人员使用。其二，中日语言在人称上表达差异。中国人在与人交流期间，经常先询问对方，但这种方式在日本是不礼貌的，他们在交流期间，都会先自我介绍。中国使用的敬语比较多，日本形成的集团意识比较强，但两者的谦辞也比较相似，都是先降低自身的地位。其三，中日表达的委婉语言之间的差异，日本人在说一些不确定的事件时，其语气是不确定的，但中国人在说一些模糊的事件时，其语气是肯定的。例如，中国人在餐桌上用语很委婉，但该现象在日本是一种不礼貌的行为。其次，分析中日两国在回绝语言和客宾交往方面的不同，日本更注重"回绝"，他们会利用委婉的语言来拒绝别人，而中国人会直接拒绝，甚至还会增加拒绝的理由。在两国交流期间，如果去中国家庭做客，招待方会准备丰富的晚餐；在日本家庭做客，招待方会准备简单的茶点，并不会过于热情。根据以上分析，学生了解到中日两国无论是礼貌用语还是人称表达上，都有显著差异，这样既可以让学生感觉到对语言有了浓厚的兴趣，又可以促使产生良好的教育效果。

三、基于中日语言文化差异下的日语教学策略

基于以上对日语教学现状的分析和研究，中日两国在语言文化上存在较

大差异，对学生的日后学习产生较大影响，因此，在日语的教育中，针对中日两种语言的不同，对其进行了对比研究，并利用相关策略有效实施，从而保证教学效率的有效提升。首先，学生要理解日语与汉语之间存在的差异变化，并找出合理的方法解决日语与汉语之间的差异，同时，在教学中，还需要实施对比教学，以促进教学质量的有效提高。日语在不断发展过程中，会借鉴汉语中存在的一些因素，因此，了解汉语与日语直接的差异具有十分重要的作用。根据汉语教学与日语教学之间存在的差异变化，在日语教学过程中，可以介绍一些文化知识背景，以使学生对日语知识获得更多兴趣，从而减少学生在日语学习中面对的困难，同时，了解中日语言文化之间的差异还能减少学生在学习中出现的错误，并了解两国之间存在的一些不同行为。其次，在日语教学过程中，还需要为学生创建不同的教学情境。教学情境的设立能够使学生真实感受到日语学习，并激发学生的学习兴趣。比如：在日语课堂学习中，可以利用表演的方式让学生利用日语进行对话交流，这样，学生不仅能掌握好日语语言运用的主要技巧，还能使学生获得更大的学习兴趣。同时，在日语教学过程中，还可以充分利用多媒体实施教学，促进课堂教学的扩展性。因为多媒体与网络技术的利用能够对教学资源实施整合，丰富学生的语言学习环境，从而使学生在学习中减少日语错误。因为中日两国的语言和文化有很大的差别，所以不管是礼貌用语，还是客人的一些举止，都有很大的差别，相同的语言环境利用的语言方式不同，所以，在日语学习过程中，对中日文化进行了解与掌握，并将文化引入到教学中去，能够帮助学生提升日语知识的学习效率。

第四节　跨文化交际视域下日语翻译教学的方法和策略

一、方法

在日语翻译的课堂上，在使用文化译论进行翻译时，要使译文更好地实现目标，通常有两种基本的手法—异化和归化。伴随着国家之间的交流变得越来越频繁，众多的语言学家和翻译工作者从多个方面对跨文化交流问题进行了讨论和证实，同时还提供了各种翻译技巧和方法。"异化"与"归化"就是其中最具代表性的一对。王宁指出，文化翻译策略大体可分为两种，即"诉诸目标语读者阅读习惯的通顺—归化法，诉诸目标语的转化的抵抗式的异化法。前者代表了一种我族中心主义的帝国主义强势文化策略，后者则是一种'去中心化'的结构式的殖民主义翻译观"。

（一）归化法

所谓归化，就是源语的语言形式，习惯和文化传统的处理以目的的语为归宿，也就是用符合目的语的语言习惯和文化传统的"最切近自然对等"概念进行翻译，以实现动态对等或功能对等。其代表人物是奈达。主张归化派的译员在进行翻译时，应尽量跨越不同的语言和文化障碍，以达到目的语所认可的目的。所以，仅仅强调字面意义上的"等值"还远远不够，翻译最终的目的还应是通过将深层结构转换成表层结构或翻译"文章内涵"来获得"文化"对等。例如，在日语中「腐っても·」，译成"瘦死骆驼比马大"。将「ほれた目にはあば大古之<任」译成"情人眼里出西施"，它们都是以中国人所熟知的文化意象来激发他们的感情，这是一种"归化"的文化翻译方法。

（二）异化法

所谓异化，就是源语的语言形式，习惯和文化传统的处理以源语为归宿，也就是尽量移用源语中的语言习惯和文化传统，在译文中突出源语的"异国情调"。其代表人物是韦努蒂。例如，日语中的「武士仗食力炊上高楊枝」，译成中文"武士饥肠断，依然叼牙签"。又如，日语中的「钳屋D白榜」译成中文是"染房师傅穿白裤"，维护日语的文化形象，以便中国读者能够接触到他们从未见过的生动、形象的文化，属于异化法。在日语翻译过程中，异化和归化对应的理论有很大的不同，但这两种翻译方法并不冲突，翻译工作者也可以同时运用。因此，在翻译实践中，我们需要对译文中的各种因素进行全面的分析与对比，以便在译文中运用"异化"与"归化"两种方法，以取得不同的翻译效果。因此，对推动中英文化交流起到了积极的作用。

二、日语翻译教学中日汉文化的互动策略

语言是一门艺术，也是一种文化。可以说，一个民族甚至一个国家的文化在语言中得到了体现。最近几年，随着全球经济的快速发展，国家之间的联系越来越密切，语言翻译教学已经变成了热门科目。翻译教学看似是一种在语言交往中进行的转化，实则是两种文化的碰撞和沟通。人们往往因为文化差异而产生翻译错误，在这种情况下，我们要重视"文化互动"，在教育过程中充分关注两种文化的交互作用，以避免出现翻译错误。下面我们从日语翻译教学的角度出发，阐述中日文化互动的意义。

（一）文化互动的必要性

我们都知道，中日文化关系紧密，在一定程度上，中、日两国的文化是同源的。从中、日两国的文化关系来看，从汉字进入日本，到汉字进入日本，可以追溯到公元3世纪。日本便从那时起，将中国的传统文化融入其中，并不断汲取中国文化的精髓，以其为基础，创出了自己的语言和文化。

（二）日语翻译教学中日语的互动方法

互动涉及的范畴比较大，需要从文化定义、文化类别等角度来看待日本与中国文化之间的相互影响。在翻译教学中，对日汉文化交流的研究，要从宏观、微观两个层面进行，首先要关注历史背景、文化背景、社会习俗等方面，其次要关注两种文化的交互作用。

1.背景知识互动

基于背景理论知识的文化交际和互动，涉及思维方式、行为准则、价值取向、语言文化内涵、信仰、饮食习惯等多个方面。这就需要在日汉两种语言的交流和沟通中，恰当地引入相关的背景知识，体现背景知识和文化的互动。

2.以启发法进行文化互动

在此基础上，结合日语的翻译以及日本文化在我们的日常生活中的运用，可使学生对日本文化有了一定的认识，这时，我们就可以将这种既存文化的知识融入教学中，进行相应的启迪，让学生能够更好地把握与探索新的文化。

这种方式是最基础，也是最常用的一种方式，其主要功能在于，既能活跃教室的氛围，又能开拓学生的思路。与此同时，对有关的知识进行启发，也能使学生做出更好的判断。

3.以阐述法进行文化互动

阐述法是适用于启发法难以教授的学生的一种教学方法，对于涉及面很大，而且学生总是启发性而不发散的情形，老师可以直接说明日本文化，然后在这个基础上展开不同的文化交互。这就避免了上课的重复，使上课的时间得到最大限度的利用。例如，在日本某个特定时期，可以是一个震动日本的大新闻，因此，教师可以直接将该历史的有关背景介绍给学生，并要求学生进行相应的翻译。这种方式更直接、更高效，老师们在讲课的时候也能及时运用，而且还能在讲述这段时间里中国的历史，从而实现日汉两国文化的真实交流。

4.以直观展示法进行文化互动

对一些不能用文字表述清楚的文化，可以通过图片、音频、视频等多种手段进行解说。就像之前所说的，日本房屋的结构和房间的摆设，用一张照片来演示，应该能让学生一目了然，这样学生就能更好地理解。直观展示法的运用，可以使学生加深对日本文化的理解，进而以此为基础，熟练地进行日语翻译。这一部分通过对日汉文化在日语翻译教学中的必要性的分析，提出了日汉文化交流的有效途径。本书旨在启发广大日语翻译教师，重视中汉两种文化之间的相互影响，运用合理的手段，创造更多的相互影响方式。

第九章
跨文化交际视域下日语教学中的语用失误现象

第一节 语用失误理论概述

一、对语用失误的理解

语用学，往往属于语言学领域的一大学科。从表明上来看，其科研的内容就是语言合理运用。针对学习汉语的人来讲，他们不仅要学习汉语基础理论知识，还必须了解不同语言要素在民族领域的科学运用。在汉语教育中，应使汉语专业学生了解自己民族的社会和文化心态，使他们能够以汉语来表述他们的观点。在跨文化交际过程中，因为学习者对目标语的认识不足，对汉语民族的社会、文化、心理、习俗等方面的认识不够透彻，造成了与汉语民族的沟通困难，造成了交际失败。因此，我们可以说，在语言交流中，人们的交流是建立在相互了解的信息之上的。这样的话，交流失败的可能性就会小很多。在本书中，已知信息指的是语音、词汇、语法和汉字，还有社会文化、心理习惯等。

（一）珍妮·托马斯关于语用失误的理解

"语用失误（pragmatic failure）"这一概念最早是由英国语言学家珍妮·托马斯（Jenny Thomas）提出的，这一点也为后世的语用错误研究提供了一定的理论依据。托马斯认为，语用错误是一种语言错误，它导致了语言错误，不能达到理想的语言交流效果，使得听众从说话人的话中感觉到的意思和他想要表达的意思之间存在着差异。托马斯刻意地使用"语用失误"的概念以区别于传统的"语用错误"。他认为，如果说一句话没有达到预期的语用效果，那就是语用失误。话是错的，因为它没有实现说话人的目标。我们能够使用"语法错误"的概念，是因为在语法方面，我们能够根据规定性的条文判断其对错，而语用失误则不能。托马斯认为，语用失误可以分为两类：语用语言失误和社交语用失误。语用语言失误是指对语言的错用，包括错误地使用目标语或根据母语的语义或结构使用目标语。托马斯进一步解释说，当说话者映射在某一特定话语上的语用力（pragmatic force）有别于以该话语为母语的人通常所映射的语用力，或者当说话者将母语的会话策略错误地迁移到目标语上的时候，语用语言失误就产生了。社交语用失误指的是有悖于多元文化体系下影响文化规范和语言准则的不良行为。简单来说，就是在交流过程中，由于对交谈双方所处的文化环境的不同不甚清楚，因此，在交际中，交际双方所处的地位、所处的语域以及所谈论的话题的熟悉性都是影响交际效果的重要因素。交际中的语用错误可以表现为问候、称呼、谦虚、道歉、请求、介绍、道别与价值观形成，这一现象在不同的语言环境下，会造成不同语言间的沟通障碍。社会语用失误与学生的语言知识、文化背景、观念有关，所以很难改正，只有以后再谈。托马斯的语用失误"二分法"是极具说服力的。语用语言失误和社交语用失误具体的分类思想较为明确，对许多语用失误有着较好的解释能力，并对跨文化交流失误的实质和归因问题提出了一个新的角度，使人们在跨文化交流中更加关注语言习惯和社会文化规范。

（二）对于俗用失误的理解

在国内，最早开始研究语用失误的是黄次栋，他于1984年在其"语用学与语用错误"一文中首次提出"语用错误"这一概念。何自然等人开始采用托马斯的观点对语用失误进行研究，并指出，"语用失误它并不是指在正常的选词中，会出现的语言使用错误，它只是一种讲话不合时宜的失误，也就是说话方式不当、表达不符合习惯等，从而造成了交际不能获得期望的效果的失误。"我国学者钱冠连将语用失误定义为"在口语交往中，讲话人使用了符号关系正确的语句，但是他不意识到自己违背了人际规范、社会规约，或是与时间空间格格不入，没有注意对象，这种性质的错误就叫做语用失误"。然而，我们必须指出，语用失误并不能完全归咎于谈话双方。如果听众没有按照讲话人的预期领会他的意图，则双方均应为错误负责。说话者没有对听话人和自己之间共有的信息进行准确的评估，而听话者却过分地认为自己是在用本国文化中的习惯方法来解读话语，忽略了两个不同文化圈的人之间存在着一定的文化差异。这些问题尚需进一步探讨。

二、语用失误分析的理论探源

（一）从"言外之力"到"语用语言失误"

在完成了语用失误的定义之后，托马斯将其一分为二：语用语言失误和社交语用失误。语用语言失误主要涉及语言的语用问题，托马斯将其归咎于对话语语用之力的错误认识。托氏所称的语用之力其实与话语的言外之力同出一辙，即话语在听话人方面产生的效果。从这个意义上说，语用语言失误分析是以奥斯汀及塞尔的言外之力的有关论述作为理论基础的。托氏的语用语言失误和说话人话语意图的研究相关，奥斯汀及塞尔也针对说话人话语意图的讲解做出了分析，我们可以了解这两大语用观的相关性。托马斯（Jenny Thomas）认为，语用语言失误主要起因于对话语言外之力的误解或误用，其主要涉及语言语用问题。在区别话语意义的类型时，托马斯进一步解释"言外之力"，并称其为"第二层面说话人意义"。在这一点上，托马斯继承了奥斯汀的言外行为理论，并对其做了具体例证分析。早在20世纪60年代，奥斯汀就提出了以言行事的问题，论及了语言形式和交际功能之间的关系，认为：言外行为涉及话语的意图，是言语行为的核心。托氏所指出的语用语言失误，其实是基于对第二层面交际者价值误解基础上，这是一种具体化的创新性观点。与此同时，在进行跨文化言语交往的过程中，不同的语言有着各自不一样的言外之力，因此在表达某种言外之力时最易出现说话人（说本族语的人）话语的言外之力受到听话人（日语学习者）的误解。这也正是托氏的语用语言失误对奥氏的言外行为的系统化和实际验证。通常来讲，我们可以基于话语表明价值来展现语言行为。换句话说，说话者价值和语句字面价值比较契合。但是，说话者意义和语句意义也存有一些不同之处。站在言语行为的方面来讲，间接言语行为其实属于一种间接表达内在语言内容的行为。塞尔（Searle）把隐藏在表面用意之下的这个言语行为称为"间接言语行为"。托马斯指出，这一间接言语行为往往不具备固定推断模式和技巧，再加上交际双方来自不一样的语言社团，因此他们双方的话语内在价值也不一样，在这样的情形下，很可能会对说话人的言外之意产生错误看法，这个错误就是语用语言错误。可见，托氏的语用语言失误分析的基本理论依据就是塞尔（Searle）的间接言语行为说。

（二）从"社交原则"到"社会语用失误"

要想正常展开言语交际，人们必须严格遵循专门的交际原则。在语用学领域，主要的交际原则和格赖斯（Grice）的合作原则有关，也和利奇（Leech）的礼貌原则有关。托马斯依据对语用学交际原则的理解，提出了第二种语用失误，即社交语用失误。社交语用失误产生于对话语社交标准的不正确认知。托氏指出的社交条件代表的是语言交际过程中所需要的沟通理论知识和影响元素，其自身附属在社会生活理论知识范围内容。在实际的跨文化交际过程中，社交语用失误的表现有三种，第一是过于限制社交标准，第二是不能满足语用需求，第三是滥用误用。结合语用学研究的理念来说，托氏指出的相关社交条件和标准就是交际原则的内容之一。因此，对社交语用失误进行分析应以语用学中的交际原则为依据。托氏本人也承认，甚至社交语用失误这个提法也是从利奇那里挪用的。下面分述社交语用失误分析与合作原则及礼貌原则的理论关联。格赖斯的"合作原则"是保证会话顺利进行直至完成的必要条件。顺利进行言语交际依靠数量、质量、关联及方式准则的相互协调。所以，合作原则需要人们在语言交流中遵循这样的规范，对话双方要互相配合、互相协调，在各种语言交流中也要着重于某种规范，从而使语言交流更加高效，更好地完成语言交流任务。通常，当对话双方违背一定的合作原则时，就会出现语言交流障碍。这样的话，会谈就无法顺畅地进行下去，也无法达到预定的目的。托马斯认为，社会语用问题，第一个是社会状况，第二个是语言成分。交际双方对交际环境的准确判断是交际双方交际语言运用的一个重要方面。拥有了这种语用能力，就会对在什么时候、以什么方式和为了什么目的，进行什么样的口语交往进行判断，而这些判断就是语用分析的范围。分析违反合作原则产生的言语交际失误正是社交语用失误分析的一项重要内容，我们从中不难看出托氏社交语用失误分析模式中格氏合作原则的印迹。托马斯社交语用失误分析的另一项内容是针对交际原则文化特点做出深入研究。我们认为，在语言交流过程中，对话的两个人除了要遵循一些基本的合作原则外，还必须遵循与之对应的"礼貌原则"。利奇在格赖斯的"协作"原理的基础上，对"协作"原理进行了补充和修改。按照利奇的论述，礼貌原则可分为：策略准则、宽宏准则、赞扬准则、谦虚准则、赞同准则、同情准则。尽管礼貌原则的分项准则数目很多，且彼此之间存在着一定差别，但这些准则也有一个统一的精神实质：先人后己。在我们的日常语言交流中，我们都有一个经验，那就是对话双方在遵守礼貌原则的时候，应该保持适当的距离，过分礼貌（over polite）如同缺乏礼貌（impolite），同样是不足取的。托马斯认为，评价社会语用时，要综合考量社会语用的大小、得失、距离、相关的权益与责任等因素。在跨文化言语交流的过程中，说话人和受话人在使用一种语言进行交流时，他们都是根据自己国家的文化传统，采用单一语言进行交流，这样经常无法实现他们想要实现的目标，从而导致社交语用失误。由此看来，对社交语用失误进行分析，必然涉及不同文化的不同"礼貌原则"。

三、造成语用失误的原因

（一）如信息缺乏导致语用失误

1.语言知识的缺乏

由于对日语知识的缺乏，许多人在使用中产生了一些失误。因为不同民族和国家的人民所处的自然环境和社会环境不同，所以他们在生产方式、生活方式和价值观念上都有着不同的特点，这就导致了各个民族思想中的文化积累在他们的语言上有着明显的表现。所以当留学生对于目的语的语言不是很了解时，可以很快地将针对性词语及其结构从母语转变为目的语，进而出现失误，或者不了解目的语词汇的潜在内涵，盲目运用这种词汇。

2.社会文化知识的缺乏

每一种语言有其文化的基础，各种文化对于同一件事情的态度有可能是不同的，我们这里所说的社会文化知识包括伦理道德、价值观念和风俗习惯等。在不同的文化圈中，交际者对于什么是恰当的言语行为的理解和遵行方式是不一样的。在中国，传统的文化对家庭血缘关系有很高的重视，所以中国人讲究父慈子孝、兄友弟恭、相敬如宾，表现在日常生活中就是家庭的各个成员之间彼此嘘寒问暖以示关心。长时间的文化积累和沉淀使得家庭成员之间的这种彼此寒暄层层向外延伸，最终形成一种非亲属关系也以亲属关系待之的现象。所以非亲属关系的人在见面时也像家人一样的问候，在交谈时常常以对方的生活起居作为话题，比如"吃饭了吗""干什么去呀""最近工作怎么样啊"等，借此来表示互相之间的亲切关系。明白了这一点也就不难明白为什么中国人在见面时爱以私人问题作为话题了。

（二）母语文化负迁移

导致语用失误的文化具有民族性。同一文化中的人在交际时使用同一种语言、遵行同样的语言规约，这样的语言规则是这个国家的人民自然而然地获得的，也被该国的人们共有，因此，在这个国家内部的交流中，没有文化上的区别，交流双方的区别仅限于在知识水平和文化修养方面。例如，学计算机的学生说"CPU处理器"，文学院的学生不明白，是认识上的不同，而不是文化上的不同。然而，在跨文化交流中，情况却并非如此，因为文化具有民族性，这种民族性自觉不自觉地体现在交际当中，在接触另一文化时人们往往以自己民族的文化为出发点和参照物去衡量目的语，从而形成一种先入为主或者民族中心主义的观点。这种先入为主观点和民族中心主义观点在交际中控制着人们的行为，干扰对目的语的学习和理解。由于本民族的文化影响根深蒂固，是自幼就习得的，在学习和运用汉语的时候，母语多多少少都会对汉语发生负迁移作用。

（三）对失误的容忍导致的语用失误

在交际中，汉语本族语使用者对于同外国人用汉语交流已经有了一定的心理预期，知道他们汉语说得肯定不会像中国人一样好，因此，即便是在语言上犯了错误，违背了汉语的语言规则，违背了汉语的语言习惯，他们也往往能容忍，甚至是妥协。这种容忍也使得外国人的语用失误得不到纠正甚至是纠正过多少次也依然出错。虽然说在跨文化交际中容忍是重要的，因为不容忍的话会有很多的机会发生冲突，但是过分的容忍也让外国人长时间不知道自己究竟错在哪里，导致一种语用失误的顽固化、化石化。

四、语用失误分析的日语教学意义

前文论证了托马斯的语用失误分析原则，详细研究了语用语言失误和社交语用失误的对应知识框架，总结分析出托氏语用失误对应的语用学基础：一是奥斯汀"言语行为"和塞尔"间接言语行为"的有关论述；二是格赖斯"合作原则"及利奇"礼貌原则"的相关阐述。概括来讲，托氏语用失误分析理论是在"言有所为"的基础之上着重解决"为而得体"的语用问题。笔者觉得，该语用研究模式运用是基于语用学理论和原理而产生的，且可以从实践操作入手，评估语用学的相关准则，进而实现对语用学知识的实证分析，其日语教学的实践价值有两种。

（一）变"表达不好"（托马斯语）为"言有所为"

托马斯认为，语言技能实际上是一种抽象的复杂的语法技能。语法能力指的是一般意义上的语音、音位、句法意义上的知识。在母语层面上，由于语言能力不足而造成的言语交流错误，通常被归类为"表达不好"，所导致的直接结果便是语用语言错误。

（二）变"表现不好"（托马斯语）为"为而得体"

托马斯认为，语用能力指的是为了达到某种目标而对其进行有效使用和在特定环境中对其进行理解的能力。以母语为标准、以语言为基础的言语交流失误主要是"表现不好"，但"表现不好"的危害却比语言本身的危害更甚，对语言交流产生了巨大的"副作用"。

总而言之，要从两个角度来解决日语教学中的语用失误。其一，努力提高语言能力（语音、音位、句法、语义诸方面的能力），特别要重视对语言知识之外的言外之意的认识，这一点应当成为一名日语教师的主要教育内容。在课堂上，老师们力求使自己"言有所为""语有所指"，并在认识层次上对其加以灵活应用。第二，要注重培养学生的语用能力。在日语教学中，要根据具体的情境来培养学生的理解力和表达力。在这一领域，重点应该放在"为而得体"上，要尽量规避"表现不好"产生的"副作用"，要加大对大学生的文化观念培养力度，增强他们的文化敏感性，要努力培养他们"见机行事"和"待人接物"的能力。

第二节 跨文化交际视域下的日语教学与中介语语用失误

一、关于中介语与语用学

中介语，在本书是指把日语作为第二语言的学习者，在日语学习中，由于受到了母语和目标日语的语言规律和自身所具备的其他知识的作用，从而形成了一种语言系统。它处于汉语和日语两者当中，朝着目标语日语不断发展，最终成为一种独立、完整的语言体系，它是日语学习的一个过渡期，也是一个不断变化、不断发展的过程。语用学作为一门新的学科，主要关注的是如何运用语言。语用错误是指在交际时，人们所说的话都是语法上都是对的，而语言不能很好地表达自己的意思，或与目标语言的文化价值冲突，从而造成交流不顺畅，甚至失败。

二、中国日语学习者的中介语语用失误分析

中介语失误可划分为两种类型，一种是因为在语法和词汇上出现了一些错误，从而造成了与另一方的沟通障碍。一类是语用错误，由于语言表述不

恰当，导致了交际困难。例如，像"みんな楽しいだ""自分のしたことをよく検討してごらん"这两句错误的日语表达是属于语法、词汇方面的语言失误；与此相对的，例如，"社長、お荷物を持ってあげましょうか""先生も食べたいですか"尽管日语的语法是正确的，但是它的表达方式是错误的，发话者想要传达的信息和听话者所理解的内容不一致，这是一种语用学上的错误。下面，我们将从语用学的角度，结合日本书学作品的背景，对中国高校日语专业的学生在课堂上使用的典型错误进行详细的分析，分析中介语语用失误产生缘由。实例如下，其中正确的日语表达标记〇，错误的表达标记×。

1.学生：老师也想尝尝吗？

译文1，学生：先生も召しあがってみたら（いかがですか）。

译文2，学生：先生も召上がりたいですか。

2.社长，很重吧。我帮您拿吧。

译文1，社長、重いでしょう。お持ちしましょうか。

译文2，社長、重いでしょう。持ってさしあげましょうか。

3.您从远方专程赶来，十分感谢。

译文1，遠いところをわざわざ来てくださって、ありがとうございました。

译文2，遠いところをわざわざいらっしゃつて、ありがとうございました。

4.（学生之间会话）A：可以借用一下词典吗？B：好的，用吧。

译文1，A：ちょっと、辞書借りてもいい？B：ええ、どうぞ。

译文2，A：ちょっと、辞書借りてもいい？B：ええ、使ってもいい。

5.（朋友之间会话）A：方便的话，在附近喝点茶吧。B：不好意思，今天不行。

译文1，A：よかったら、その辺でお茶でもどうですか。B：すみません、きょうはちょっと。

译文2，A：よかったら、その辺でお茶でもどうですか。B：すみません、きょうはだめです。

6.您是松下电器的山田先生吗?

译文1，失礼ですが、松下電気の山田さんでしょうか?

译文2，あなたは松下電気の山田さんでしょうか?

上述对话中使用不当的例子并不代表着语言上的失误，只是觉得日语表达方式不恰当，与日本人的表达方式不一致，这是中介语语用失误的一大现象。下面笔者将从四大角度入手，研究语用失误产生的核心原因。

（一）中国式思考方式的影响

例1汉语中询问对方意见或想法的"你想……吗?"用日语表达时，可以使用"……たいですか"，并且例1句子中的词汇、语法都没有错误。但是在日语中，用于上位者时却是失礼的。日本中老师面对"先生召上りたいですか"这样的提问，既不能直接回答"は化"，让人感觉自己好像嘴馋似的，又不能直接回答，这让他觉得自己很贪心，但不能拒绝，让他很是尴尬。日本人讲话时，会顾及别人的心态，根据场合的氛围来发言。相比之下，中国人就比较干脆了，没有太多的顾忌。学生受到这种思考方式的影响，就直接使用"……たいですか"的表达，这样就会使另一方感到烦恼，感到不愉快，造成交流障碍。因此，在学习日语的时候，一定要避开汉语思维模式的影响。

（二）中日语用原则的不同

例2和例3都是恩惠行为的授受表达，例2中对方是受恩惠的一方：例3中自己方是受恩惠的一方。例2中"我帮您拿"直译成日语的话，是"持ってさしあげましょ"的表达。汉语中"我帮您"，含有我主动为您做某事的强烈的帮忙意愿。但是，日语里使用"……てさしあげましょう"表示为对方做某事时会让对方有被施恩的感觉，产生心理负担，所以，日本人通常会使用"お…………しましょうか"的自谦语表达，自降身份的方法给予对方体谅，这也属于日本人实际交往中的暧昧行为表现。例3中"您赶来"直译成日语是"あなたがいらっしやって"，汉语中，自己往往是受恩惠的人，不需要运用授受动词；但是在日语中，往往要遵循礼貌原则，不然就会很失礼。中日两大国家的民族文化不一样，背景文化不一样，语言使用方式也不一样。

（三）日本文化理解的不足

例4和例5属于"请求""邀请"方面的表达。例5拒绝朋友邀请时，应该委婉表达，以维护对方的面子。在日本文化交流中，直接拒绝他人的邀请会被视为不礼貌。因此，当我们无法参加某个活动时，最好表达出自己对该活动的热情和感激，然后再委婉地拒绝邀请。日本崇尚"和"，如果反映到语言表达中，就必须遵循语用学的基本原则，如和谐、礼貌等。了解一种语言所蕴含的文化元素，有助于进行不同文化间的交流。比如，在日本文化中，人们通常会使用间接的方式表达自己的意见或想法，而不是直接说出来。因此，当你在日本工作或旅行时，理解这一点很重要，这样你就可以更好地理解他人的意图和感受。

（四）词语意义转换的不一致

例6中"您"在汉语中属于礼貌的称呼，敬语也是日本文化中的一项重要习惯，可以用于认识的上位者和陌生人中。在日本社会中，人们通常会使用不同的敬语来表达对不同人的尊重。如果我们在日本工作或旅行，要注意使用适当的敬语，以免冒犯他人。与之相反，"东大"在日语中虽然是一种二次称呼，但却没有用于称呼地位更高的人，这是因为其不够恭维，而且日语中有一种省略的表示方式。

随着全球化的发展，跨文化交际变得越来越普遍。而在跨文化交际中，语言是交流的核心。然而，由于文化差异和语言水平的限制，学生在跨文化交际中犯语用错误的情况也越来越多，这样一来，交流起来就更加困难了。另一方面，高校日语专业的设置不合理、教材陈旧、学时分配不合理、师资力量薄弱、教学法不当等问题，也制约了学生的语言水平和跨文化交往能力的提高。

为了适应社会需求，需要审视大学日语教学，解决上述问题。首先，需要重新审视课程设置。现在的大学日语教学课程设置较为单一，需要增加更多的实践性课程，如口语、听力、写作等，以提高学生的语言实际运用能力。其次，需要更新教材。现有的教材老化，无法满足学生的需求，有必要对教科书的内容进行更新，让它们更加接近现实的工作与生活需求。此外，学时分配也需要更加科学、合理，使得学生在有限的时间内能够获得更多的语言知识和技能。

除了课程设置和教材更新，师资力量的培养也是重要的一环。高校应加强对老师的能力训练，使其掌握先进的教育技术，从而提升其教育质量。同时，也需要鼓励教师参与教学研究，探索更加适合学生的教学方法和策略。

最后，教学法改革也是必要的。现有的教学法过于单一，需要引入更多的多元化教学方法，如互动式教学、任务型教学等，以激发学生的兴趣和积极性，优化他们的学习效果。

总之，为了适应社会需求，大学日语教学需要进行改革。从课程设置、教材选择、师资培训、教育方法改革等方面着手，以提升学生的语言水平和跨文化交往能力，为他们将来的工作和生活奠定坚实的基础。

三、建议

（一）课程设置

分析某高校日语专业2015版人才培养方案，一二年级的课程主要是基础日语、视听、会话、作文、历史、地理等科目；三四年级的课程设置上，必修科目的周学时减少，实践课学时增加。目前存在的问题是，低年级的教学重点集中在文字学上，没有开设文化课。大学日语教学中虽有"文化课"，但并未开设"语用能力发展"这一学科。针对这一问题，应在日语教学中开设语用理论课，加强对学生的语用意识的培养。语言知识、语用知识和对日本文化的了解都是测验的重要内容。

（二）教材选取

大学日语教育的教学主要是在教室里完成，基本上是零起点的，因此非常依赖教材。对于初级阶段的学生来说，在日语文化知识的学习中，基本功是重中之重，而课本的选择也是重中之重。最近几年，高校日语基础课程教学中所用的教科书在选择方面有所变化，对词汇和对话进行了升级，其中的例子更加接近现实生活。这种改变使得学生更容易掌握实用的日语表达方式，从而提高了教学质量。然而，在教材设计方面，还存在一些问题。教科书没有把语言学和语用学的原理有机地融合在一起，这很可能会造成学生的语用错误。这种失误不仅会影响学生的语言表达能力，还会影响学生对日本文化的理解和认识。所以，在选择教科书时，既要有实用性，又要有趣味性，而且要有与日本人的实际情况相符合的内容，还必须有一套适合于日语教学的专门教科书，可以引入语用学知识。

对于大学日语教育来说，教材的重要性不言而喻。我们需要关注教材的质量和实用性，同时也需要关注教材对学生语用能力培养的作用。只有将教材设计得更加科学、合理，才能更好地促进学生语言学习的发展，提高日语教育的质量。

（三）教师素质培养

北京、上海，每年都有教师进修培训班，可以让日语教师互相学习，互相进步。但是在二、三线城市当日语老师，因为路途遥远、时间紧迫，往往不能去上课。所以，我们可以通过"互联网+"的方式，运用网上的教学方法进行教学，如教师讲解教学方法、观看微课教学方法、专业知识讲座教学法等等。老师们可以根据自己的意愿，安排自己的课程，包括设计日语教育方法等，提高日语老师的眼界，使得他们了解最新的教育理念，了解语用基础理论，深化对日本书学化的认识，提高职业素养，等等。在教学中，既要传授日语知识，又要传授其所具有的社会背景知识，这对培养大学生的文化素质具有重要意义。此外，在日本学习过的老师中，应优先录用具有海外学习经历的老师，增加日本老师所占的比例，这些都会提升师资的总体质量。

（四）教学法改革

在日语教学方面，过去教师多采用反复读、模仿、背诵等教学方法，尽管可以让学生对语法和词汇有一定了解，但在跨文化交往中，学生经常会出现学用脱节问题。教师在讲授日语的基础上，引入语用原理，从最基本的问候语入手，让学生们了解中日两国在语用原理方面存在的差异，提高学生运用日语解决问题的能力；让学生们积极参与口语角、演讲、辩论等实践活动，与日籍教师、留学生接触和交流，发现自己的语言和语用错误，从而提升自己的跨文化交际能力。

在不同的文化背景下，不同民族之间的沟通难免会产生误会。通过对日语专业学习者在课堂中出现的一些错误对话事例进行剖析，可以发现语言和文化的密不可分的联系，导致语用失误的主要原因包括汉语思维模式的影响、语用原则应用差异等，高校应深化日语教学改革，从课程设置、教材选择、师资培训等方面进行改革，大力提高课堂教学效率，教法改革等几个方面采取激励措施。

第三节　商务日语教学中学生语用能力和素质的培养

随着社会经济的快速发展，越来越多的企业开始走向世界。从某种程度上讲，跨文化沟通及商务活动都是通过语用交际来完成的。语用能力是日语交际应用的重要组成部分，应该与培养语法能力相结合，共同贯穿于日语教学的整个过程。随着日语语用学的不断深入和发展，语言交际能力逐渐在中日商务活动中受到人们的接受和认可，在推动中日活动开展中起到了不容忽视的积极作用。在新课改的大环境下，培养和提高商务日语教学中的语用能力也逐渐成了新的教学理念。学生语用能力的培养是培养其语言交际能力的关键，应当引起相关认识的高度重视。

一、商务语用能力

语用学可以说是分析人们在一定语言环境条件下如何表达话语内容的学科，和文化、社会发展以及人的心理特点等息息相关。著名语言学家杰弗瑞·利奇（Geoffrey Leech）在自己的理论研究当中，针对语用能力做出区分，第一是社交语用能力，第二是语用语言能力，前者代表的是结合地位、价值观念、文化信仰等展开交际的技能，后者则是基于语法规则哈要求，将不同的语言组合成完整的话语和文章。语用学可分为社会语用学、文化语用学和跨文化语用学等，其中商务日语语用学本质上属于语言语用学，商务语用能力主要包含跨文交际能力、商务活动能力和商务语言能力。通过欧洲学派的相关理论，可推测出商务语用学具有以下特点：具有明显的综合性，商务语用学既具有日语的一般语用特点，也具有自身的商务特性；具有一定的交叉性，商务语用学是从商务内涵的角度来凸显语言使用的本质的；具有发展性，通过考察动态语境，从而掌握商务环境下的语言文化意义及运用。

二、日语语用学的重要作用

交际能力主要有两大类，第一是语言能力，第二是语用能力，而后者指的是在实际的语言交流过程中，人们可以恰当地、有效地对语言进行理解和运用，进而以言语效能来完成交流，它是一种交际能力。而拥有一定的言语技巧，并不意味着拥有一定的语用技巧和能力，在传统教学理念中，多数却认为熟练掌握语言语法便具备了同样的语用能力，其实不然。语言的语法通常是规约性的，语用则相对较为灵活多变，在实际生活应用中，我们应该在掌握语法能力的基础上，有效地实现语言语用和交际的目的。另外，语法能力并不能取代语用能力，而应使两者有机和谐地相结合才能保证人们正确地理解并使用语言。

三、日语语用教学的现状

在开展跨文化的商业活动时，因为双方所处的文化背景不同，往往会根据自己所积累的知识、商业习惯、文化背景等因素来进行。然而，由于传统的日语教育观念的影响，许多老师在进行商务日语教学时，仅仅注重对学生的语言能力，也就是语法能力的培养与提升，忽略了语用能力的培养与开发。

（一）语用教学力度不够

商业日语课程具有较高的实践性，其目标在于并在持续不断地学习与实习中，对从事商业日语课程的人员进行商业交流与日语运用的能力进行训练与提升，并使他们具备从事商业活动所必须具备的各项基本技巧。这样就可以改善商业活动的效果。因此，商务日语的教育必须将商务专业知识与语言与文化相融合，使其成为一个整体。但是在现实的教育过程中，往往忽视了对商业文化与语言运用的融合，以及与之对应的商业背景知识的教授，没有得到更多的关注，导致学生仅仅关注于对专业知识和单词的掌握，缺乏相应的文化涵义及知识环境。从教学方式的角度来观察，新一轮的新课改强调了"教师主导、彰显学生主体"的新的教学理念，然而，在商务日语课教学中，人们对商务文化如何体现、商务背景知识如何介绍，以及文化背景知识如何影响到语言的运用等问题缺乏充分的认识和研究。因此，应当从商业日语的语用理念出发，强化商业日语的语用教育，使人们了解商业的基本情况，理解中日两国之间的文化差异，加深对中、美两国文化的理解，扩大与日本公司的业务往来范围，为公司带来更多商机。

（二）商务日语教学内容不全面

关于商业日语的内涵界定及作用，长期以来，在商业日语教育的发展过程中，缺少了与之相适应的相关研究，而已有的教育理论也仅局限于教学方式、语言特点等。学生对商务日语的语用不能有正确的认识，只能把它当成日语的一种表达方式，而不能从文化背景、商业环境等角度去深入研究，更好地理解它的含义。但是，在中、日两国商业交往的实践中，不仅要求双方具有较高的日语水平，还要求双方具有较高的语用水平和较高的语言水平。这样就可以避免由于文化差异等因素的影响而引起的交流双方的相互误解，使得交流难以进行，进而导致交流失败。因此，老师们应该把商业特点融入商务日语的教学中，将商务日语和语用教育融为一体，让学生和老师对语用知识有一个全面、多角度的了解。

（三）语用失误现象屡见不鲜

英国语言学家曾对语用错误做过一次理论剖析，认为语言交际双方未彻底了解对方语用内容，也没有做出合理的反应。在实际的商务交际过程中，社会语用失误所产生的影响力往往要高于语用语言失误。

四、培养日语语用能力的策略

（一）增加商务专业知识和文化背景

商务日语语用教学的对象不仅有日语语言理论知识，还有日语商务理论知识。目前，许多日语教师已经在实践中注意到了对学生商业知识和文化的渗透，并且对商业知识的渗透也有了相当程度的提高。在中日两国经济文化交流日益深化的情况下，商业日语教学应该为学生提供更多的中日两国经济文化知识，为了顺应时势，推动商务日语的语用教育发展。

（二）提升学生的商境意识

语境即语用的使用环境，是研究语用学和学习的重要基础。主要指语用和非语言的语境。语言语境所使用的语言单位主要有语法、语音等语言知识，而非语言语境指的是语言的使用对象之间的关系、语言交际 的时间和地点、所涉及的文化背景等方面。商境主要指商务环境，主要包括能够对语言表达和理解造成影响的相关的习惯、思维方式和商务专业知识等等。在各种商业环境中，员工的工作心态、企业的体制等都会对日语的语用造成很大的影响，因此，商业日语是商业日语学习中一个不可或缺的环节，要加强对学生商务日语知识能力的培养。

（三）营造真实丰富的语境和商境

在进行日语商务语用教学时，老师可以指导学生在现实生活中去体会生活，同时让还没有真正进入工作岗位的学生们加深对商业环境的了解和认知，研究怎样才能创造出一个丰富多彩、又逼真的商业环境，这就成了他们在日语学习过程中面临的一大问题。针对这一点，老师们可以将多媒体技术和互联网平台结合起来，收集新的、更丰富、更新颖的商务领域知识。老师们可以使用多种软件，来将自己的课程内容以最直观、最形象的方式展现在学生的眼前；或通过观看有关商业影片，加深对商业环境的了解和感受，拓宽了商业日语的知识面，提高了商业日语的语用水平。

（四）创设商境教学情境

为了提高学生的语用水平，在具体的商业日语课堂上，不仅要教授学生大量的新奇语用知识，而且要给他们更多的语言交流机会，让他们多参与一些演讲、游戏、角色扮演等，以最大限度地激励并提高他们对商业日语的语用水平，并协助老师有目的地引导他们，这样才能不断提高他们的语用水平。

（五）商务日语反馈指导

教师要注意对学生的信息反馈，如作业和考试的反馈，练习或学习方法的反馈，难点的反馈，以及对某个社会现象或问题的观点反馈。例如，有一个有关商务仿真的课程，包括报价、包装、询问、保险、支付、运输，要适时地指导和改正学生的语用错误，要把搜集到的资料整理好，把资料反映到课堂上来，促进学生日语语言运用能力的发展。

（六）从教学内容、手段、评价方式等方面进行教学改革

从教学内容上讲，在商务日语课堂教学中，教师可进行任务设计，创造性地重塑教材，对教材进行活用，这就要求教师增加语用知识的相关材料，弥补教材中的不足，帮助学生梳理和形成系统化知识体系，了解语言的相关理论，促使学生清楚认识中日文化的背景差异，在学习过程中逐渐形成自身对日本语言文化的敏感性。从教学手段上来看，教师亦可通过分配任务的方式让学生有目的并积极地参与到课堂教学过程中，在实施任务过程中，教师可采用案例教学，指导学生去探索和解决问题，让他们在做任务的过程中去思考和经历，从而激发他们对新的东西的学习兴趣。而在这段时间里，充分运用形成性评价，注重并关注学生语用能力的习得。

近年来，随着中日商务活动越来越频繁，随着时间的推移，商业日语的教育日益得到人们的关注。浅谈当今商业日语教育，如何传授日语语用知识和提高学生的商务语用能力，仍然是值得探讨和研究的课题，对学生的日语素养的提高和今后的日语学习和应用都有着重要的意义。教师应结合日语教学现状和实际情况，在商务日语教学过程中，积极探讨新的教育方式与策略，结合学生的日语语用程度，有目标地教授他们语用知识与技巧，并本着发展和培养学生的语用能力的目标制定有效科学的教学计划和方案，引导学生掌握和了解更加丰富新颖的语用知识。同时，由于语言传载的信息日益复杂化，更应该在多元化的背景下，提升解决问题的能力和商务日语语用能力的培养，增强中日商务活动的成功率。

第四节　跨文化交际视域下教师日语语用失误及解决策略

一、跨文化交际语用失误的概念和分类

语用失误（Pragmatic Failure）是由英国语言学家托马斯（Jenny Thomas）于20世纪80年代提出的。她在"跨文化语用失误"（Cross-cultural Pragmatic Failure）一文中使用了语用失误（Pragmatic Failure），以区别于以往的语用错误（Pragmatic Error）概念。根据托马斯的解释，语用失误是指"不能理解话语的含义"（the inability to understand what is meant by what is said），即听话人不能弄明白说话人想要表达的意图。在此概念的基础上，托马斯将语用失误分为语言语用失误（Pragma-Linguistic Failure）和社交语用失误（Socio-Pragmatic Failure），前者是语言表达结构、方式等的失误，后者指交谈双方因缺乏对彼此文化差异的认识而导致的语言表达失误。托马斯的上述概念与分类被广泛地接受、引用、研究，并围绕着这个问题展开了许多探讨。何自然认为，语用失误"是言语交际中因没有达到完美交际效果的差错"，钱冠连指出，说话人在言语交际中使用了符号关系正确的句子，不自觉地违反了人际规范、社会规约或者不合时间、空间、不看对象，这样性质的错误是语用失误。近年来，随着"跨文化交际"研究的兴起，一些学者认为托马斯关于语用错误的定义和归类已经过于狭隘，需要我们重新界定这个概念。把非言语性信息融入表述错误中，同时相应增加"行为语用失误"（pragma-behavioral failure），以充实其分类，对此，笔者深以为然。跨文化交际就是人们在服饰、语言以及表达方式上的相互沟通。在交流的过程中，会产生交际效果差错，即为语用失误，也可以分为语言类与非语言类两大类别，并进行分析和讨论。

二、中日跨文化交际语用失误的成因

中日两种语言交流中都会出现大量的语用错误，这些错误往往会造成语言交流的不愉快，甚至产生厌恶的情绪。之所以会出现这样的现象，是因为两个国家因为语言、文化背景、思维习惯的不同而产生的社会观点的差别。此外，文化定式与偏见等也有很大的联系。

（一）中日语言结构的差异

每种语言有其自成一派的词汇句法结构，中文、日语也不例外。中文隶属汉藏语系一脉，是公认的孤立语结构；日语是黏着语，语系归属有日朝新语系说、阿尔泰语系说、南岛语系说等等，学术界尚无定论。由于两种语言系统的差异，在母语为一种语言的人看来，很难准确地理解每一句话，也很难自如地转换自己的表达方式，这在现场的口头回答中尤其明显，这也是导致中、日两国之间语用上出现错误的原因之一。日语的"伺う"也有"听""拜访""询问"等多个意思，粗略一听则有发生混淆的可能性。再以句式结构为例，中文"他请我吃了饭"日文可以用"彼からご？をおごてくれた"来表达，由此可见，中文句法以主-谓-宾结构为主，主语或动作主体一目了然，动词没有时态变化，通常是借助"曾经""正在""将要"等副词区别动作做出的时间，而日语则是主-宾-谓或其他可自由搭配的句式结构，动词往往基于时态对动作时间做出区分，而且统筹以动词的形态概念、具备授受特点的词语评估主语，两者差异性比较强。

（二）中日文化背景和思维习惯不同而产生的社交理念差异

人们自身的交际语言或者行为规范都会被交际观念和模式影响，也和其自身的文化背景和思维模式相关，所以跨文化交际语用失误，往往和不同文化背景和学习行为模式下产生的多元社交理念相关。中、日都受到儒学的影响，在文化渊源上存在着共同的交点，而后又分别走向了一条富于民族特色的文化之路。中、日两国在进行跨文化交流时，若忽视两国之间的文化差别，以自身的思维方式向另一国转移，以自己的思维方式向另一国转移，因此，在交流过程中，就会出现言语失误。例如，中日两个国家都信奉着"以礼为用、以和为贵"的思想，他们的交往观念都是围绕着谦虚、礼貌、和谐等思想展开的，但是，两个国家对于"和"这个词的解读，有着很大的不同。中国人重视人与人之间和人与物之间的和谐，以个体为起点，注重人与物之间的和谐。日本强调"融和""和谐""团结"的意义，从而引出了"集体主义"的最高理念。所以，中国人注重交流时的平等，日本人则因为强烈的群体意识，会压抑自己的思想和行动，以融入周围的环境，竭尽所能地表现出自己是所有人的平等。所以，当他们在地铁上看到熟悉的面孔时，中国人会热情地和他们交谈，而日本人则会寒暄几句。"和"概念也烙印在两国的语言文字中，其中最显著的就是含糊不清的语言。这两个国家都用含糊不清的语言来表达他们的不便和不愿，但日语则表示他们的意愿、赞同、猜测。与中文相比，判断力等明显含糊不清。

（三）受文化定式和偏见的左右

美国社会学家李普曼（Lippmann）在《公众舆论》（Public Opinion）中指出，无论是人类所处的自然环境，还是人类所处的社会环境，都太过复杂，以至于对世上所有人、所有事——进行认识和经验是不可能的，为了时间效率考量，人们把拥有相同特征的人塑造成了一定的形象，这种简化了的形象即所谓的文化定式（Stereotype）。几乎每一个国家，每一个民族，在人们的心目中，都有着不同的形象，比如说，当人们提到中国人时，首先想到的就是勤劳、勇敢、谦逊、含蓄、聪明、好客，但也伴随着一些不足之处，如缺乏危机感和独立性，同时人们相信所有日本人具有克制、认真、坚韧、有序、加班狂、狡猾、凶狠、一根筋等特点。文化定式具有标签化等特点，可以提升人们的认知效率，缺点则是比较静态化、高度同质化，很多时候不够客观。我们都知道，中日两国都愿意借鉴前人的经验和方法，套用文化定式的现象较为严重。人们可能因为关注了与对方有关的一些定势而错误地认为自己已经足够理解对方，进而忽略其他的交际信息，或是把没有被交际对方个体所验证过的文化定式强加给他人，从而作为辅助工具来揣测对方的交际信息。也就是说，根据文化定式形成的、自以为是的认知错误及偏见，有可能造成跨文化非言语交际的语用失误。

三、防止中日跨文化交际语用失误的对策

对中日语言交际中出现语用错误的原因进行分析，并不能简单地将其归结为理论上的探讨，而应对其产生的实质有一个更为深刻的认识。重新考虑那些可以改进的地方，使交流更有益处。

（一）提高语言运用能力

正如英国语言学家帕默尔（L. R. Palmer）所说，语言忠实反映了一个民族的全部历史、文化、游戏和娱乐、信仰和偏见。所以，要想实现有效的交流，要有一定的语言基础及语言应用能力。词汇和句法都是语言表达的基础。在语言学习方面，除根据教学案例所设置的情境进行仿真学习外，还可以采用比较研究的方式，找出中、日两种语言之间的不同特点，从而达到准确掌握词语和句子含义的目的。与此同时，我们要更多地关注语言在日常生活中的实际应用，掌握更多的表达方法，理解词句在不同情境下的含义，减少语用失误的发生。

（二）尊重文化差异

跨文化交际的本质是以语言、行为等外在形式为基础的文化内涵的交流，因此，要降低中日两国交往中的语用错误，关键在于要培养不同文化的经验敏感性，这要从双方的文化接触程度和对不同文化的充分理解开始。"纸上得来终觉浅，绝知此事要躬行"，在对于相互文化的认识上，一个很好的办法就是，在对方的文化背景下，可以选择在对方的文化背景中增强实感，可以多花点时间，通过阅读书籍、观看影视作品、欣赏歌曲等方式来逐渐理解另一国的文化，考察对方的思想，适当地使用文化移情。除此之外，在交流过程中，不仅要克服因为痴心于自己国家的文化问题，而要与对方文化一较高下的趋向，还要避免不愿意接受，乃至拒绝与对方的文化之间存在着不同的趋势，更要避免由于不了解另一国的文化而妄加判断。

（三）合理运用文化定式

负面的文化定式用标签化的形象替代了个人交际的实际感受，限制了人

们的思维方式。在中日交往中，自觉摒弃文化偏见，有助于客观地聆听和理解对方的想法，从而减少跨文化交际语用失误。虽然彻底消除负面的文化定式极为困难，但如果能够很好地运用文化定式，突出优点，弱化缺点，将会增加交际吸引力。具体地说，在中日跨文化交际过程中，可以不局限于陈旧的形象、题材、角度，大胆地运用新的方法，贴近对方的视角，考虑对方的接受度，甚至可以向对方求教，从而获得更好的交际结果。中日两国交际的历史可以追溯至2000年前，两国在文化艺术、经济贸易及体育等领域开展了多项合作。虽然两国对彼此都进行了长期的研究，但两国之间的跨文化交际依然误会频发，对语言的理解不够精准、对社会文化的认识错位、受文化定式的干扰等，都是诱因。因此，消除中日交际语用失误是实现相互有效理解的基本前提，我们应合理运用文化定式的两面性来引导和创造良好的交际暗示。

第十章

跨文化交际视域下的日语课堂构建

第一节　跨文化交际视域下的日语课堂障碍

如何以质取胜，已经是各大学面临的一个重要课题。一所大学的命脉就是教学和教育的质量，如何提升教学和教育的质量已经变成了一所大学取得胜利的重要因素，而对创造性人才的培养更是一所大学的当务之急。正所谓"师者为本"，大学日语教学质量的高低，直接影响着大学生能否成为具有创造性的日语人才，能否在激烈的竞争中立于不败之地。本书试图从提高大学日语教师自身素质和改善教学环境两个方面，就如何提升大学的教学质量，培养具有创造性的日语人才，谈几点看法。

一、日语教师专业素养

从微观角度讲，要想跟上时代的发展角度，应对日语教育和教学改革的挑战，首先要提升日语专业老师自己的能力。要想成为一名具有创新精神的日语老师，要培养出富有创造性素质的日语专门人才，就要有创造性。这就迫切地需要大学日语老师在日语教育与教学方面进行创新。在谈到创新的教育与教学观念时，我们必须明确何谓"正确的教育观"。有的学者将教师分为两类，一类教师通过采取自身的教育方法，甄别出那些他觉得合适的教育方法，从而确定其为"优秀"的学生；之后，筛选出了一批与自己的教育方法不相符，与自己的教育方法不相匹配的学生，因此就形成了这类教师心中的不及格生。还有一种类型的老师，他们会对学生的特性展开研究，寻找与学生相适应的教育方式，从而对教育方式进行持续的完善，达到因材施教的目的。很显然，有这样一位老师，对学生和学校来说，都是一种莫大的幸运。老师要愿意蹲下来，站在学生的立场上，去理解学生的所见、所想，愿意跟学生交流、交心、交观念，努力去探究每个学生内心最深处的秘密，去发掘每个学生身上独一无二的闪光点，让他们绽放光芒。作为一名老师，最根本的条件就是要有正确的教育与教学观念，有更高的素质。创新日语教育思想的确立，旨在培养具有创新意识、创新精神和创新技能的日语专业技术人员。现代日语教育已经不能再让老师只知道死记硬背，能否培养学生自主学习日语的能力，激发他们对日语知识的渴望，才是日语老师存在的意义所在。我们一定要将这种以教师为中心的教育方式转变，我们要把这种教学方法转变成一切以学生为中心的教学方法，一直坚持运用"学生中心论"的思想。现代经济和社会的发展离不开现代科学技术的支持。所谓的现代科学技术，其本质就是一种创新，它需要具有创造性和综合素质的人才来支撑。这就需要日语教师在教学过程中根据日语专业的特殊性、个性特点，以知识、技能为载体，对日语专业大学生进行全面的素质教育，提高他们的实际运用能力，同时要针对日语专业大学生的个性差异，进行多元化的考核，营造更好的日语专业人才培养环境氛围。在课堂上，教师要听取学生的意见，这是一项非常重要的工作。大学教师要积极构建富有生机的课堂教学运行系统，把课堂转化为师生之间交流的地方，激发学生们的创作激情，使学生能在课堂上发挥他们的思维启发和兴趣激发作用，让课堂成为一个具有丰富性、知识性和趣味性的大舞台。创新并非无中生有，国外有许多先进的教育思想，在这方面，有很多可供我们参考的东西。日语教师要博采众长，在自己的日语教学中加以完善，逐渐摸索出一种具有自己特色的日语教学方法，这样才能培养出一批具有创造性的日语人才。

二、日语教学环境

从大的方面来讲，提高日语教学的总体质量，是每一所大学的生存与发展的基础，它可以被认为是高校培育创新人才的核心环节，是高校教育和教学的命脉。

（一）培养高质量的日语教学团队

高素质的日语教师队伍是日语专业教育的重要组成部分，一个好的日语教师队伍将会造就一批具有创新精神的日语人才。一支优秀的日语教学队伍，每个日语教师都要有超前的教育观念和深厚的文化底蕴、娴熟的教学技能，积极进取，勇于探索，并乐于奉献，唯有日语老师团结一致、全力以赴，才能取得优秀的日语教学成绩。日语学科的领军人物要有较高的学识，要有创新的学术理念，要有组织和领导的能力，要善于整合和利用各种社会资源，要能高效地经营好自己的教育队伍。要想组建一个高素质的日语师资队伍，就必须紧跟行业发展动向，并对专业的构建和教学改革有一个清晰的认识，对教学内容、教学方式进行改进与完善，以提升自己的日语教学水平与质量，使日语队伍得到可持续的发展。从校方来看，要想打造一批高素质的日语师资队伍，就必须营造一种良好的教育氛围，鼓励教师出国进修。学校应有针对性地进行日语教学研讨，集思广益，探索出一条新的日语教育之路，既能提升日语老师的教学水平，又能增进日语老师间的感情，增强日语教研组凝聚力。

（二）营造良好的日语学习环境

学习环境对一个人的学习行为具有较大影响。当各个国家都开始采取措施，来强化对高校的质量控制的时候，他们也应当认识到，学习环境对他们的发展和成长有很大的影响，而社会环境也可以对他们的学习环境有很大的影响。因此，很多国家都采取了一些措施，通过对学生的学习环境进行评价，以达到对学生进行教学和教育的目的。可以看出，不良的学习环境不仅对学生的学习产生了不利的影响，而且还影响着教育教学质量。大学既是一种社会文化的传播载体，又是一种社会文明的交流场所，为培养具有创造性的日语专业技术人员提供了一个可靠的基础。对于学校而言，学校应该制止各种对学生造成不良影响的社会现象。首先，高校应从自身着手，对高校毕业生进行适时、正确的德育，并对其进行有效的管控，提高学生的判断力和自制力。与此同时，要为学生们创造一个很好的学习氛围，让学生们把自己的兴趣与爱好结合起来。各高校可以结合自己的具体条件，积极营造和谐的校园文化氛围，选取高质量的教学资源构建教育平台。

（三）争取社会和家长的支持

家庭教育对于人才的培育极为关键。教育的三大支柱：家庭教育、社会教育和学校教育，应该是相辅相成、互相配合、互相辅助、缺一不可的。家长是学生的启蒙老师，对学生的身心发展起着不可忽视的作用。在大学素质教育的持续深化过程中，学校应该将社会和父母作为教育引导和服务的载体，争取社会和父母的积极合作，让它成为联系学校教育、家庭教育和社会教育的一个主要通道，从而提升教育的质量。为了使学校、社会和家长更好地协调，学校应在与社会和家长的关系上下更多的工夫。了解每个学生的家庭情况，才能有针对性地关注他们的身体和心理，并与他们的家长及时沟通。首先要加大对大学生的宣传力度，让他们更加关注高校的教学发展，使学生积极参与到教育中来。教育是一种艺术，老师与父母之间的密切配合有助于学生们养成好的学习与生活习惯，同时老师也要在实际工作中对各种问题做出解答，与此同时，教师的文化素质也在不断提高。教师、家长和社会应该共同努力，搭建信任桥梁。高校扩招是高校发展的必然要求，也是高校发展的重要内容。当岗位有限、名额有限，竞争和压力无声无息地来临时，为了完成自己的目标任务，日语系专业的学生势必要面对艰难的求职抉择。此时，具有应用价值的日语人才，便会在激烈的竞争中脱颖而出。因此，大学日语教育不可能一成不变，所有大学都要进行改革，把日语教育的质量提升摆在首位，努力为国家和社会培养出具有创新能力的日语人才。

第二节　跨文化交际视域下的日语实践教学课堂构建

为满足当今世界日益增长的对具有较高综合素质和较高应用水平的日语专业技术人才的需求，大学日语教育必须与时俱进，转变传统的教学理念与方法，积极调动学生的学习积极性。通过参加丰富的教育教学活动，学生由"要我学"变为"我要学"。就业是民生之根本，大学要高度重视教学实践活动，培养实用人才，提高毕业生就业率。

一、完善实践教学活动第一课堂的必要性

在改革开放不断深化的今天，大连因得天独厚的地理位置和独特的历史条件，成了日本外商在华投资的首选目的地。在大连，日语专业应用性更强，掌握日语的求职者更具就业优势。通过市场调研，我们可以发现，企业在招聘时尤为重视求职者的整体素质，而以过去传统的教育模式培养出来的大学生已经无法满足企业的用人需求。毕业生未找到工作心急如焚，企业找不到合适的人才同样一筹莫展。目前，我国企事业单位对人才的要求越来越高，而高校毕业生的市场适应性也越来越差，这已成为制约高校毕业生就业的主要因素。大学生是否能够顺利地找到工作，在他们找到工作之后，他们是否能够对工作岗位的需要和工作岗位进行调整，这已经是一所大学办学是否能够取得成功的一个主要标志了。它既是大学专业设置的重要基础，又是大学教学与培养机制的重要组成部分。对于学生来说，要想获得相应的知识，并提升他们的专业水平，最重要的就是要使班级之间形成一个良好的互动关系，而在这个过程中，第一课堂扮演着非常重要的角色。学生在校学习的过程中，教师可以充分利用自己的优势，这就给老师带来了新的挑战，老师必须反思他们的教育理念，对自己的教学进行持续的研究，从而不断地提升自己的水平，逐步地对实践教学体系进行完善。

二、教师需创新思路，以健康心态做到"因材施教"

目前，许多大学都在积极探索新的教育模式，在实践中出现的问题越来越多，引起人们的广泛关注。部分教师在教学过程中只照本宣科，而学生求知欲很强，枯燥乏味的课程很难激发他们的积极性。大学的根本任务是培养人才，肩负着为社会、国家输送高素质、国际化、复合型人才的使命。这就需要大学教师转变教学观念，勇于挑战自我，根据学生个体差异，有针对性地进行教学。首先，教师要将课本知识与社会实际联系起来，掌握商务日语、旅游日语。其次，教育要以社会需求为导向，尽量制造机会让学生参与实践，从而提高学生的素质。第三，鼓励学生积极、主动地参加语言活动，培养学生的日语交际能力。教师要善于学习，勇于创新，不断提升教学能力，为学

生起到示范作用。

三、采取多元化、实用型实践教学模式

（一）讨论式教学模式

讨论式教学模式是指在教师的指导下，学生自学、自讲，以讨论为主的一种教学模式。讨论式教学模式改变了传统的教师一言堂的教学模式，充分体现了以"学生为主体，教师为主导"的教学原则。在这种模式下，学生的思考更加自由，对于问题有了更多的认识和思考。先是学生思考，再是老师引导，然后学生提问，最后是教师和学生一起寻找答案。在此过程中，学生学会正确地分析问题、解决问题。

（二）情境式教学模式

情境式教学模式是指教师有针对性地创设具有一定情绪色彩、以形象为主体的情境，帮助学生理解教材，使学生的心理机能得到发展的一种教学模式。日语教师要灵活运用多媒体设备，利用音频和视频创设教学情境，使学生由消极地接受转为积极地学习，从而提高学习效果。教师也可以展示生动的图像，配上活泼的文字、具有感染力的音乐，将所要描述的情境重现出来，让学生有一种身临其境的感觉。这种教学模式在启发思维等方面具有独特的优势，能够激发学生的学习兴趣。因此，教师可根据教学计划及学生实际创设教学情境，把学生的发展放在首位，让学生在探索新知的过程中更加积极、主动。

（三）小组协作式教学模式

小组协作式教学模式是指教师将学生分成若干小组，让小组内的学生互相合作，共同完成学习任务的一种教学模式。日本企业非常重视团队合作。在日本企业的招工手册上，我们常常会发现诸如"欲征某某人才，具有良好的沟通能力及团队协作意识，工作认真负责"之类的字眼。在这种教学模式下，学生在不知不觉中培养了团队合作精神，人际关系得到了有效改善；在学习专业知识之余深入理解日本企业的工作理念，为未来就业创业奠定了

基础。

总而言之，大学应不断探索教育教学模式，将教学与实践结合起来，为学生提供多样化的实践活动；掌握当前就业趋势，加强师资队伍建设，适时调整教育模式及评价标准，提高学生的综合能力。

第三节　跨文化交际视域下的日语课堂与就业衔接

中国自改革开放以来，同一衣带水的邻国日本之间的人文交流和经贸往来日益紧密。众多日本公司在中国建立了自己的分公司，这给日语专业的毕业生带来了更多就业机会。然而，近年来日语专业学生的就业率却并没有显著提高，大部分毕业生从事外事、经贸、国际文化交流等方面的工作，一部分毕业生选择文秘和教师职业。

一、就业领域与岗位分析

当前，部分用人企业认为大学生的心理素质和工作能力相对较低，在实际工作中不能很好地运用所学知识和技能。接下来，我们就从以下几个方面进行简要分析。

（一）就业领域

日语专业毕业生的就业领域很广，毕业生可以入职生产性企业、软件外包企业、各大院校、劳务输出公司、贸易公司或其他企事业单位。

（二）工作岗位

只要是和日语相关的岗位，都可以成为日语毕业生的选择，比如翻译、人事、采购、教师等。

二、日语专业人才需求分析

为了全面了解目前我国高校日语教育中存在的问题，我们首先调查了高校毕业生对于日语教育的需求。在招聘现场，我们经常听到企业方感叹地说，学日语的人不少，真正会日语的不多。那么，"真正会"日语的人才到底是什么样的？企业需要什么样的日语人才？怎样才能培养出被企业认可的日语人才？对此，我们在大连的一些企业中，针对日语相关岗位，开展了一项关于日语专业人才需求状况的调查。调查结果显示，企业需要的是品德良好，具有相关工作经验的日语精通人才、应用型人才、复合型人才。企业对人才的要求看似很高，应届毕业生很难做到，然而这只是相对而言。任何一家企业都希望招到高素质人才，但在具体项目中，也重视员工的基本素质、团队意识及发展潜力。当前，日语专业应届生的专业水平，与市场和企业对人才的要求存在一定差距。

（一）日语水平

调查表明，多数企业在招聘日语人才时，要求应聘者至少达到日本语能力测试N2及以上的水平。传统的人才培养模式已经不能满足市场及企业的用人需求。因此，高校必须加强对学生基本素质、学习能力的培养，根据日语专业的特点设计具有指导意义的课堂教学模式，从而有效地调动学生的学习热情。怎样使学生主动参与实践，提高自身日语应用能力，是日语教师应该重视的问题。教师应改变以老师为中心的教育模式，深度挖掘生活中的教育资源，让学生在真实的情境中习得知识和技能；充分调动学生的学习热情，提高教学效率。如果连第一课堂的教学质量都无法保障，那么第二课堂、第三课堂就没有任何意义了。在日语教学中，第一课堂是关键环节。从调查结果来看，十多分钟的面谈，并不能充分反映一个人的真实日语水平，而一张日语资格证书则可以帮助公司判断应聘者日语水平。因此，双证书制度（学历证书、职业资格证书）应该被提倡，即便是通过突击学习而得到的知识，也是有价值的，这是一种为了学生切身考虑的教育方法，对于就业有着重要影响。

（二）专业技能

企业对于日语人才的专业素质和技能都有较高要求。我们调查发现，企业在招募日语人才时，除了对应聘者的日语水平有明确要求，也关注应聘者的专业技术。随着日本商务流程外包（Business Pro-cess Outsourcing，简称 BPO）业务大量涌入大连，仅日文录入一职就供不应求。通过与企业沟通，我们可以感受到企业是多么渴望优秀员工。目前，已有多家高校与日本企业签订实习协议，每年派遣学生赴日实习。学生们从BPO业务中最初级的信息处理员做起，他们工作认真、勤奋，在公司中的表现也很突出。可是，尽管高校也有计算机课程，但是学生很难将所学知识和实践工作结合起来，特别是对日文操作系统了解很少。究其原因，一是学生日语水平较差，二是高校教学与企业需求之间出现了偏差。对此，一些院校开设了日文办公自动化课程，这门课程具有很强的实用性，使学生较系统地掌握日文办公自动化软件的基本理论及操作技巧。在教学中，教师尽量缩短理论教学时间，而将更多的时间用于实践教学，及时为学生答疑解惑、归纳总结。在实践内容上，高校不应该局限于课本知识，而应尽可能地融合其他高校的成功经验，积极与企业沟通，根据学生的实际情况及时调整课程内容和教学进度，使学生在校园里接受与在企业里一样的训练。

（三）工作经验

我们发现，大部分企业对刚毕业或无工作经验的大学生持保留态度。为了解决这个问题，各大高校加强实践教学，比如大连高职院校实行"订单式"人才培养模式，通过校企联合的方式拉近与企业的距离，将企业的培训计划直接融入教学内容，将企业的实际操作能力测试融入学校实训，学生一走上工作岗位，就可以马上投入工作。另外，学生可以通过实习积累工作经验。高校要充分了解企业的用人需求，大力发展"校企合作"，例如建立实习训练基地，使学生在毕业之前能够对企业有所了解，掌握工作技能。

（四）综合素质

从企业对日语专业应用型人才的要求来看，大部分企业，特别是日本独资企业，都要求员工具有"责任感""事业心""团队协作能力"，这提示我们在教授知识的同时也要培养学生的综合素质。不能只靠某一门课程，或者一系列活动就实现育人目标。例如，在日文办公软件操作课程中，教师首先应从指导和纠正学生的坐姿、指法教起。俗话说："没有规则，不成方圆。"日本人相信，只要雇员生活习惯良好，其工作态度必然严谨，慢慢地就会形成可以在企业立足的工作风格。又比如，教师以小组为单位安排课后实践作业，要求各小组在完成作业后先互相检查并签名，再将作业交给老师，最后由老师为各小组的作业打分，使学生们懂得唯有齐心协力才能获得好的结果。面试是全面考查一个人整体素质的过程，应聘者的谈吐、形象、仪表及临场应变能力等，是企业评估的关键因素。在实习周，高校可以组织日语系学生参加模拟面试比赛，并请有日企工作经验者进行指导。学校对模拟面试所发生的各种问题进行及时总结和纠正，这种方式不仅能最大限度地发挥学生的特长，还能培养他们成为一位企业白领。此外，它还为毕业生们在将来的工作中做好充分的准备。像这样的应聘模拟公司，模拟面试是必须的，也是很重要的。

三、解决方案

从日语专业学生的工作范围和工作机会来看，企业需要的不再是单一的日语专业人才，而是全面的、应用的、综合的日语专业人才。日语专业学生在学习日语知识的同时，也要提高自己的综合素质，掌握其他职业技能，提高动手实践能力，加强团队协作与交流；能够调整自己的心理和情感，以应对不同情况。

职业技能是衡量一个人能否胜任某项工作的标准，分为两部分：一是专业技术水平，二是专业知识素养。职业技能是学生职业发展的基础，高校应开设选修课和辅导课，以提升学生的职业技能；与企业通力合作，为学生创造进入企业实习的机会，提高学生的动手实践能力；指导学生参与科研活动，强化并加深专业学习。此外，在实际工作中团队合作很重要。这就需要教师充分运用多种教育方法，培养学生的合作能力、交际能力。交际能力与人的学识、才干、品德密切相关，是衡量人们能否适应社会需求的标准之一。教师应该帮助学生明确自己的交流范围和交流对象，提升学生的交际能力。

通过这次调查，我们深入了解了大连企业对日语人才的专业需求。调查表明，日语专业毕业生要想在职场上获得更多的机会，必须具备较好的日语基本功及职业技能。同时，高校也不能忽略一个好的语言学习环境对学生的影响，需要对第一课堂、第二课堂及第三课堂进行有效结合，以培养更多符合企业需要的人才。

第十一章

跨文化交际视域下的日语文化
教学问题及解决策略

第一节　跨文化交际视域下的日语文化教学问题

一、教学模式单一

教师的专业水平直接影响教学效果，乃至影响学生的发展。当前，部分高校日语教师所采用的教学方法与时代发展脱节，注重向学生灌输理论知识，忽视了对学生实践能力的培养。对此，必须加强日语专业学生的综合素质教育，根据当代社会对大学生的要求及日语专业特色，科学合理地设计教学模式，重点培养学生的交际与实践能力。高校日语教学的目标是培养学生实际运用日语的能力，其中听、说、读、写是日语专业学生的必备能力。但目前高校日语课程设置仍以读、写和译为主，一些教师依然沿用传统的教学模式，学生疲于应付各种形式的考试，感受不到日语学习的乐趣，也无法提升自身的交际能力。久而久之，学生对"说日语"丧失信心，很难开口表达，无法与人用日语沟通。

二、教学内容陈旧

高校日语教育的主要对象是将日语作为第二语言或者外语学习的人。目前，一些院校采用的教材是《新版中日交流标准日本语》，这本教材出版于

2005年，距今已有近二十年的历史，尽管其将日语教学与日本文化进行了深度融合，也多次修订，但是内容依然过于陈旧，部分日语交流场景的设定与现在的实际情况不符。还有部分高校将《大家的日语》作为教材，该教材更加注重交流情境的设定，忽视了日语语法教学，导致学生在不熟悉日语语法的情况下仓促地面对各种日语交流情境，不利于跨文化教育的开展，学习难度较大。

三、教师专业素养有待提高

在语言教学中，教师的专业素养直接影响着育人效果，日语的学习难度相对较大，我国高校日语课程的开设时间较短，一些教师教学经验不足，教学能力、专业素养均有待提升。

第二节　问题解决策略

一、转变传统观念

一些高校日语教学依然采用传统教学理念，只重视语法、词汇教学，使学生学习的日语仅仅局限于书面，而无法进行日常交际。传统的灌输式教学模式已经难以满足现阶段高等教育及企业的用人需求。而且由于不考虑学生的实际水平，日语教学内容的实用性也很低。对此，我国高校日语教育要将重点放在培养学生运用日语知识及技能进行跨文化交际上，日语专业学生既要熟练使用日语，也要具备跨文化交际能力。

虽然中国与日本相邻，但是由于历史和文化背景不同，两国存在明显的文化差异。而有些学生对日本文化了解不多，所以在日语交际过程中出现了各种各样的误解。在教学过程中，教师要强化学生对中日文化差异的认知，可以汇总中国与日本文化方面的差异，将其罗列成条目，便于学生掌握和学习；可以使用情境教学法，将教学情境设定为工作、购物、就餐及电商等，学生在不同情境中充分认识中日文化差异，强化对日本文化的理解；可以使用角色扮演的方法，结合教材内容，或者日本电影、电视剧中的情境进行角色扮演，这样不仅可以实现理论与实践的转化，还能够让学生深刻感受日本文化的独特魅力，提升学生的共情能力，教师在表演结束以后要对学生的表现进行点评，激发学生对日语学习的兴趣，提升学生的跨文化交际能力；还可以设计各种主题活动，邀请日本友人举办跨文化讲座，学生不仅可以学习纯正的日语发音，还能够深入了解日本文化。

二、注重文化差异

研究表明，语言学习和学习者的思维之间存在着必然的联系。思维是外界事物在人的大脑中的反映。思维需要通过语言才能表露出来，语言是传达思维成果的重要工具。在不同国家生活的个体，会受到政治、文化、社会等多种因素的共同熏陶，形成了独特的思维模式，在此背景下，日语学习通常会带有浓厚的母语思维烙印。这种不同思维方式的碰撞，提升了人际交往难度。为此，教师在日语教学中，要使学生认识到交流的本质是让双方都可以理解对方所表达的内容，不会因为文化或者是思维方式差异而产生误解。要改善这种思维方式差异，学习者需要了解日本文化，在跨文化交流中了解和包容彼此，采用相互认同的交流方式沟通。

语言受文化的影响和制约，学习日语必须了解日本文化。日本文化在我国历史文化的长期影响与熏染下，遗留有我们很多历史文化符号。随着时代变迁，西方国家掀起的思想浪潮使日本文化受到侵蚀，致使日语中掺杂了大量的外语元素，使得日语更加复杂。日语带有极强的民族性及社会性特征，这些文化特质是日语学习的难点。为此，需要以跨文化教育为依托，强化学生对于中日文化差异的认知，从而提升学生的跨文化学习和交际能力。注重将日本文化引入课堂，培养学生正确运用日语的能力。

此外，中日两国受国情影响，传统价值观念的现代化转变存在较大差异。例如，在中国，双方进行业务洽谈之前，通常会嘘寒问暖，询问对方的一些个人事务，但是这些内容对于日本人而言则属于隐私，如果谈及此类话题，通常会引起对方的反感。日本人之间更多的是谈天气变化等相对客观的话题。对于价值观层面的差异，教师在授课的时候需要向学生讲明，并将一些与日本文化相关的内容融入阅读资料中，将文化作为载体，丰富学生知识的同时，使学生可以了解到日本人的思维模式与价值观念，有助于更好地实现跨文化交流。

日本是一个注重团队合作的国家，这种合作关系体现在生活的多个方面，多以群体归属感的方式呈现。比如，一个日本人做自我介绍时，会率先介绍自己所在的公司、社团，然后再介绍自己，这种群体归属感正是源于他们对国家的认同及荣誉感。因此，教师在教学时，应注意介绍这类内容，提升学生的跨文化交际能力。日本文化当中长幼有序的观念异常强烈，这种观念融入日本人生活的方方面面。不同关系的个体讨论的内容及话题是不同的，所产生的敬意程度也存在差异性。日本人在和长辈沟通的时候通常会表现出谦卑感，非常注重话题的内容及用词的准确，而且在交谈的过程中，他们会尊重别人的观点，言语之间也会表现出他们对前辈的尊敬，可是在和平辈交流的时候，则语气和话题都较为随意，不会表现出显著的尊卑关系。这是非常重要的日本文化内容，需要在教学中予以体现。

三、创新教学模式

当前，一些高校日语教师依然采用传统教学模式，导致学生学习兴趣不高，日语交际能力较弱。针对该问题，教师要注重创新日语教学模式，强化对课程的优化配置，从教学资源、课程模式等方面创新，强化学生的文化涵养，深化学生对中日文化的全面了解，产生可以灵活运用日语知识，开展跨文化交际的能力，这是目前高校日语教学对人才的培养目标。首先，教师应自觉将中华优秀文化和日本文化有机地结合到课程中，引导学生对比两种文化的差异，分析两国文化在日常表达中的渗透，从而产生对不同文化的理解与认知，助力学生更好地运用日语专业知识，摒弃中国式的日语交流方式。

面对高校日语课程中日本文化元素不足的问题，教师可以增加一些日本电影史、日本文化概论、日本文学、日本礼仪与文化以及日语视听说等内容，健全日语课程教学体系，提升跨文化教育的有效性，还可以丰富学生的知识储备，推动日语教学深入发展。此外，还需要加大日本文化在日语课程中的占比，从大一就让学生接触日本文化，充分调动学生的学习兴趣，然后每学期都要设置不同的日本文化课程，保证跨文化教育的连续性与系统性。其次，教师在课程内容的选择方面，可以合理使用网络时代的信息优势，通过补充、整合网络资源，转变将教学内容局限于教材的传统教学模式，提供更加丰富的教学资源。这样就能改变传统的教育模式，构建学生感兴趣的多元素材教学模式，从而更加灵活地将固化的课程教学与信息技术、网络技术相结合，全面提升学生文化素养。最后，由于网络资源良莠不齐，学生可能会受到不良资讯的影响，所以教师要注意帮助学生筛出其中价值观扭曲的资源，重视对学生思维能力的培养，使学生可以自主屏蔽网络上的不良信息，优选日本主流文化资源，以包容和谨慎的态度看待日本文化，客观评判两国文化差异。

四、优化基础资源

教师在选择日语教学资源时要关注内容的多样性及共时性等特征，考察其理论与实践内容的安排是否合理，实践内容是否为日常生活中常见的素材。不论是对语法的讲解还是对课程内容的讲述，都要以真实素材为基础。所有的语言内容要充分和文化内容融合，使得语言教学内容与系统性文化知识实现有机结合。例如，对于基础日语资源，可选择饮食、茶道及花道等相对简单的；而对于高阶日语资源，可选择日本文化中的价值观、消费观等内容。通过由浅入深地学习，学生增强了文化意识，提升了跨文化交际能力。

同时，教师要不断提升职业素养，教师只有具备了较高的教学能力及专业素养，才能持续提高学生的日语学习能力。教师可采用线上学习、参加研讨会、实操培训等方法，优化知识结构，丰富跨文化教育教学和育人的内涵，引导学生形成批判性思维，理性判断日本文化。

随着中日两国交流日益频繁，日语教学不应该拘泥于传统理论教学，各高校要注重跨文化教育，培养学生的日语素养，使学生在充分了解本国文化的前提下，掌握日语学习的重点与难点，从而提升跨文化交际能力。

参考文献

[1] 张梅. 跨文化教育背景下高校日语教学策略研究 [J]. 现代职业教育, 2023（07）: 114-117.

[2] 白红梅, 何桂花. 高校日语教学中培养大学生跨文化交际能力的策略研究 [J]. 太原城市职业技术学院学报, 2023（02）: 151-153.

[3] 陈思, 田甜, 滕晓明. 基于日本就业合作项目的老年服务日语教学对策 [J]. 普洱学院学报, 2023, 39（01）: 135-137.

[4] 尹凤先. 跨文化交流视域下高校日语翻译教学体系的构建——评《日语翻译教学理论与实践模式研究》[J]. 中国油脂, 2023, 48（02）: 159.

[5] 武青, 智琪. 一流本科专业建设下跨文化交际课程教学改革——以保定学院日语专业为例 [C]// 中国国际科技促进会国际院士联合体工作委员会. 2023 年教学方法创新与实践科研学术探究论文集（一）, 2023: 86-88.

[6] 余静颖. 基于 BOPPPS 教学模型的大学日语教学设计研究 [C]// 中国陶行知研究会. 第八届生活教育学术论坛论文集. 第八届生活教育学术论坛论文集, 2023: 351-355.

[7] 赵晓春. 试论日语教学改革与跨文化交际能力的培养 [J]. 现代职业教育, 2023（04）: 153-156.

[8] 赵超超. 以过程为本的文化教学模式在日语专业《跨文化交际》中的有效性研究 [J]. 牡丹江教育学院学报, 2023（01）: 80-83.

[9] 李红梅. 大学日语教学中跨文化交际能力的培养策略——评《跨文化交际视角下的高校日语教学策略探究》[J]. 教育理论与实践, 2023, 43（02）: 2.

[10] 陈燕红, 王琪. 日语专业大学生跨文化敏感度测量及培养策略研究 [J]. 东北亚日语研究, 2023, 11（01）: 88-101.

[11] 刘丹 . 跨文化交际背景下高校日语教学中本土文化的失语现象及对策研究 [J]. 山西经济管理干部学院学报，2022，30（03）：73-76+81.

[12] 吴以诺 . 高校日语教学融入中国传统文化通识教育刍论 [J]. 成才之路，2022（23）：113-116.

[13] 罗黎，蓝明凤 . 大学日语教学中文化导入的教学措施 [C]// 中国国际科技促进会国际院士联合体工作委员会 . 教学方法创新与实践科研学术探究论文集（二），2022：43-45.

[14] 朱秋兰 . 高校日语教学中学生跨文化交际能力培养探析——以文化差异为视角 [J]. 时代报告（奔流），2022（07）：158-160.

[15] 陶思瑜 . 高校日语专业人才跨文化能力养成的策略思考 [J]. 高等教育研究学报，2022，45（02）：48-54.

[16] 张雪梅，黄永亮，李琴 . 基于跨文化交际视角的应用型日语人才能力培养研究 [J]. 陕西教育（高教），2022（06）：50-51.

[17] 梁暹 . 日语跨文化交际课程的教学模式探索 [J]. 牡丹江教育学院学报，2022（05）：68-70.

[18] 魏海燕 ."互联网 +" 背景下高校日语教学中跨文化交际能力的培养 [J]. 办公自动化，2022，27（10）：25-27.

[19] 华雪梅 . 中华文化对外传播融入日语课堂教学的路径——以基础日语课程为例 [J]. 学园，2022，15（11）：13-15.

[20] 董圣洁 . 双向文化导入法与项目教学法在日语教学中的结合应用——以基础日语教学为例 [J]. 惠州学院学报，2022，42（01）：123-128.

[21] 张雪梅 . 文化自信下将中国文化导入日语教学的思考 [J]. 产业与科技论坛，2022，21（04）：116-117.

[22] 张倩荻 . 文化差异视角下高校日语教学中学生跨文化交际能力培养——评《日语会话教程》[J]. 热带作物学报，2021，42（10）：3116.

[23] 刘彬 . 中日交流文化背景下日语教学中茶文化的导入研究 [J]. 福建茶叶，2021，43（08）：129-130.

[24] 周新超 . 普通高中日语教学中的跨文化教育分析 [J]. 教师，2021（24）：

41-42.

[25] 崔雪莲 . 高职日语教学中跨文化交际能力的培养探析 [J]. 辽宁高职学报，2021，23（08）：63-66.

[26] 苏娜 . 大学日语教学中中国文化自信培养现状研究 [J]. 开封文化艺术职业学院学报，2021，41（08）：150-151.

[27] 陈丽 . 跨文化交际视角下大学日语的教学途径 [J]. 大连民族大学学报，2021，23（04）：360-361+381.

[28] 符方霞 . 跨文化交际能力的高校日语教学实践 [J]. 集成电路应用，2021，38（06）：174-175.

[29] 于立杰 . 商务日语教学中跨文化交际能力创新培养探讨 [J]. 教师，2021（16）：121-122.

[30] 刘峰 . 文化语言学视域下的日语学习者跨文化意识培养 [J]. 河北北方学院学报（社会科学版），2021，37（02）：84-86.

[31] 王梅 . 新《国标》框架下日语专业跨文化交际课程教学模式初探 [J]. 牡丹江教育学院学报，2021（03）：70-73.

[32] 赵挥 . 文化差异视域下高校日语教学中学生跨文化交际能力培养探究 [J]. 佳木斯职业学院学报，2021，37（03）：120-121.

[33] 金冰，綦婧 . 基于人文哲学的日语教学中跨文化交际能力培养策略研究 [J]. 长春大学学报，2021，31（02）：92-95.

[34] 徐哲敏 . 跨文化视角下日语教学改革与发展刍议 [J]. 长江丛刊，2021（05）：135-136.

[35] 郑丹 . 论跨文化交际视角下的大学日语教学改革——基于跨文化交际能力的提升 [J]. 文化创新比较研究，2021，5（02）：193-195.

[36] 刘娟 . 日本书学教学中学生跨文化交际能力的培养 [J]. 中国多媒体与网络教学学报（上旬刊），2021（01）：190-192.

[37] 李芳，高新艳 . 文化自信视角下日语教学中的中国文化导入研究 [J]. 产业与科技论坛，2020，19（23）：191-192.

[38] 徐秋平 . 跨文化思维培养与中日文化比较课程创新实践 [C]// 四川西部文

献编译研究中心．日语教育与翻译发展创新研究（10）．2020.

[39] 文秀秀，王蕴杰．浅谈大学日语教学与跨文化交际能力的培养 [J]. 吉林广播电视大学学报，2020（10）：53-54.

[40] 王慧鑫．跨文化传播视角下的日语教学研究——评《跨文化交际与日语教育》[J]. 新闻与写作，2020（09）：115.

[41] 洪莹．应用型本科高校日语教学中跨文化交际能力培养研究 [J]. 黄山学院学报，2020，22（04）：131-133.

[42] 余耀．跨文化教育在日语教学中的应用价值探究——评《日语教学与思维创新研究》[J]. 中国教育学刊，2020（08）：133.

[43] 李叶萌．高校日语教学中跨文化交际能力的培养路径 [J]. 现代交际，2020（10）：180-181.

[44] 刘樱．跨文化交际视域下高校日语教学中的文化导入策略 [J]. 文化学刊，2020（05）：217-219.

[45] 范文娟．高校日语教学中跨文化交际能力的培养策略 [J]. 中国多媒体与网络教学学报（上旬刊），2020（06）：116-118.

[46] 李明慧．日语教学中跨文化交际能力培养策略研究 [J]. 吉林省教育学院学报，2020，36（05）：159-162.

[47] 于学英．大学日语教学与跨文化交际能力的培养 [J]. 农家参谋，2020（08）：281.

[48] 董春芹．跨文化视域下的日语教学研究 [M]. 长春：吉林人民出版社，2019.

[49] 张韶岩．中日跨文化交际实用教程 [M]. 上海：华东理工大学出版社，2019.

[50] 张锐．现代日语教学思维创新与实践探索 [M]. 吉林人民出版社，2021.

[51] 刘晓芳，钱晓波．日语教育与日本学研究 大学日语教育研究国际研讨会论文集 2018[M]. 上海：华东理工大学出版社，2019.

[52] 宋艳军，彭远，凡素平．全球化语境下的日语文化教学研究 [M]. 青岛：中国海洋大学出版社，2019.

[53] 张锐. 现代日语教学思维创新与实践探索 [M]. 吉林人民出版社, 2021.

[54] 王俊红. 跨文化交际理论与实训 [M]. 上海: 上海外语教育出版社, 2021.

[55] 方颖琳. 跨文化交际日语学习者交际策略研究 [M]. 北京大学出版社, 2019.

[56] 郭晓雪. 互联网 + 时代的日语教学模式探究 [M]. 北京: 北京工业大学出版社, 2019.

[57] 付方霞. 日语多模态化教学与学生多元能力培养研究 [M]. 长春: 吉林大学出版社, 2020.

[58] 宋艳军, 彭远, 凡素平. 全球化语境下的日文化教学研究 [M]. 青岛: 中国海洋大学出版社, 2019.

[59] 董春芹. 跨文化视域下的日语教学研究 [M]. 长春: 吉林人民出版社, 2019.

[60] 许媛, 陈钟善, 翟艳蕾. 日语教育与语言文化 [M]. 北京: 中国纺织出版社, 2019.

[61] 王宁. 日语教学策略与创新思维探究 [M]. 北京: 北京工业大学出版社, 2019.

[62] 刘晓芳, 钱晓波. 大学日语教育研究国际研讨会论文集（2020）[M]. 上海: 华东理工大学出版社, 2021.

[63] 赵敏. 日语语言学理论研究与日本文化探析 [M]. 北京: 中国水利水电出版社, 2017.

[64] 盖晓梅. 转变传统教学模式 提升日语交际能力——评《交际型日语教学语法研究》[J]. 山西财经大学学报, 2022, 44（04）: 127.

[65] 刘昶. 日语教学在高校的文化导入研究 [J]. 湖北开放职业学院学报, 2021, 34（18）: 127-129.

[66] 崔雪莲. 高职日语教学中跨文化交际能力的培养探析 [J]. 辽宁高职学报, 2021, 23（08）: 63-66.

[67] 邢黎. SPOC 混合模式下的日语跨文化交际能力多元化培养研究 [J]. 科教文汇（下旬刊）, 2021（12）: 188-189.

[68] 张丹. 跨文化交际视域下 ISEC 项目日语课程教学策略探析 [J]. 阴山学刊，2021，34（02）：107-112.

[69] 麦明雪. 大学日语教学中学生跨文化交际能力培养分析 [J]. 国际公关，2020（03）：110.